Paula Busch
Das Spiel meines Lebens

PAULA BUSCH

DAS SPIEL MEINES LEBENS

Ein halbes Jahrhundert Zirkus

Mit zahlreichen Fotos

·NB·

Verlag Das Neue Berlin

Der Verlag dankt
Herrn Martin Schaaff,
Circus-Busch-Archiv Berlin
für die freundliche Unterstützung
bei der Beschaffung der Fotos.

ISBN 3-359-00641-0

1. Auflage
© 1992 Eulenspiegel · Das Neue Berlin
Verlagsgesellschaft mbH, Berlin
Alle Rechte vorbehalten
Fotonachweis:
Circus-Busch-Archiv Berlin
Umschlagentwurf: Jens Prockat
Printed in Germany
Satz: Graphischer Betrieb Gebr. Garloff GmbH
Druck und Bindung:
Druckerei Wagner GmbH, Nördlingen

DIESES BUCH SEI ALLEN ZUGEEIGNET

die ihre Lebensbestimmung darin sehen, mit traditionsbewußtem Stolz, mit zähem Willen, mit opferbereitem Sinn der Welt des Zirkus zu dienen und diese Stätten einer wahren Freude des Volkes auch im dritten Jahrhundert ihres Bestehens der unruhvollen Menschheit zu erhalten.

Begrüßungsansprache

Wie so viele hundertmal raffe ich jetzt meine Robe, und während die Musik zu einem Tusch ansetzt, schreite ich durch das Spalier der Stallmeister, danke für den liebenswürdigen Begrüßungsapplaus des Publikums und trete vor das Mikrophon in der Manege:
Meine Herren und Damen! Liebe Zirkusfreunde!
Nehmen Sie bitte schon im voraus meinen Dank für Ihre Bereitwilligkeit, dem heutigen Benefiz-Abend für die Zirkusdirektorin Paula Busch beizuwohnen. Die Vorstellung wird immerhin gute fünfzig Jahre dauern.
Nach einer kurzen historischen Ouvertüre
werde ich vor Ihnen erscheinen als Teenager an der Jahrhundertwende. Als solcher kutschiere ich Sie in meinem hocheleganten Break durch den Berliner Tiergarten, durch die Salons der damaligen Zeit, durch das Direktionszimmer meiner Mutter, der berühmten Madame Constanze Busch, durch die vornehme Atmosphäre, die meine Erzieherin verbreitete. In Sondereinlagen werden die Deutsche Kaiserin, Exzellenz Adolph v. Menzel sowie diverse in- und ausländische Fürstlichkeiten als Gäste meines lieben Vaters erscheinen.
In der darauffolgenden ersten Verwandlung
können mich die pp. Herrschaften in Köln am Rhein erblicken, in der damals noch seltenen Rolle einer Gymnasial-Abiturientin, die Plato liebt. Und auch ihren Griechisch-Professor dermaßen, daß der nächste Schauplatz ein versteckt liegendes Standesamt im Londoner Armeleuteviertel ist.
Der nun beginnende zweite Akt
führt das hochgeschätzte Publikum wieder hinein ins volle Zirkusleben. Ich bin meines Vaters scriptgirl bei seinen pompösen Zirkus-Pantomimen, ich werde zur Autorin befördert, übe mich als vorreinhardtsche Gestalterin von Manege-Schauspielen im Großformat, zeige mich als Darstellerin glanzvoller Frauengestalten der Weltgeschichte, und Glück, Geld, Popula-

rität – all das strömt mir zu in meinen Zirkusresidenzen zu Berlin, Hamburg, Breslau und Wien.
In der dritten Abteilung der heutigen Vorstellung
wird Ihrer freundlichen Aufmerksamkeit nicht entgehen, daß sich die Bühne zeitweise verdunkelt. Im ersten Weltkrieg machen nicht mehr alle Scheinwerfer mit, hinterher gibt's sogar mal Kurzschluß, auch im menschlich-privaten Bezirk. Aber dann strahlt der Rote Ring wieder magisch auf, und ich werde mir erlauben, Ihnen einen Originaltanz mit meinen drei herrlichen Abgottschlangen sowie meine Löwendressur zu Pferde vorzuführen.
Es findet nunmehr eine Pause statt,
in der ich dem Publico einige Erfrischungen in Gestalt von amüsanten Erinnerungen an Zirkus- und Varieté-Sterne erster Größe darbiete.
Die Glocke, die das Ende der Pause anzeigt,
ist eine Schicksalsglocke. Es tut mir leid, daß ich nunmehr den wohlgeneigten Herrschaften einige Szenen vorführen muß, die meinen Zirkus und mich nicht mehr unter mächtiger Strahlenkuppel zeigen, sondern in Hamburger Bombennächten, im belagerten Breslau und in den Straßengräben niederschlesischer Landstraßen. Der dort im Dreck kampierende Treck wird sich Ihnen als der letzte, beklagenswerte Überrest des einstmaligen Weltcircus Busch präsentieren. Und die kleine Frau P. B. im zerrissenen Schafpelz und mit dem Blechteller in der Hand möchte Sie, Damen und Herren, nicht um Mitleid, sondern um Ihr Ohr bitten, wenn sie in einem Monolog summarisch ihre Lebenswanderung über Berg und Tal darstellt.
Im Finale meiner heutigen Vorstellung
will ich Ihnen einige hochinteressante zirzensische Wiederaufbaubilder vorführen, wobei die Musik allerdings noch im Freien spielen muß. Aber zu guter Letzt werde ich doch wieder in großer Empfangstoilette im Großcircus Busch die Honneurs machen.
Ich darf mich nunmehr von Ihnen verabschieden, liebe Damen und Herren, und die Manege freigeben für das Spiel meines Lebens.

Paula Busch

ERSTES KAPITEL

Ein Zirkuspalast ist zum Tode verurteilt
Zimmermädchen Lisbeth und die Dame von Nr. 6
Audienz bei Hermann Göring
Vierzig Millionen Besucher in vierzig Jahren
Das »Monstre-Tableau von 60 Hengsten«
In Vaters Loge versagen die Nerven

Mittwoch, den 14. Juli 1937, etwa gegen 22 Uhr, war in der Pension »Helvetia« in der Nähe des Monbijouplatzes in Berlin C 2 eine Dame erschienen, die nur wenig ihren violettgrauen Schleier gelüftet hatte, als sie nach einem Zimmer fragte.

Die Dame legte Wert darauf, »nach hinten« zu wohnen. In dem ihr angebotenen Zimmer Nr. 6 zog sie rasch die Vorhänge auf, öffnete das Fenster, beugte sich prüfend hinaus und wandte sich an das Mädchen:

»Fräulein, ist Mineralwasser im Haus?« Die Stimme klang grenzenlos niedergeschlagen.

»Gewiß doch, gnä Frau!«

Als Lisbeth wieder das Zimmer betrat, war die Deckenbeleuchtung abgeschaltet, die Nachttischlampe brannte, und in ihrem Orangelicht lagen zwei hastig aufgerissene Tablettenröhrchen.

Die Dame, noch immer im Mantel, Hut und Schleier, lehnte am Fenster und starrte hinaus. Drüben, am Bahnhof Börse, donnerte die Stadtbahn, über die Spreebrücken bummelten die Menschen heimwärts in ihre heißen Hinterhofquartiere, jenseits der stillen Museums-Insel flimmerten die Lichterketten und Lichtreklamen der Friedrichstraße durch die Sommernacht.

»Wünsche angenehm zu ruhen, gnädige Frau!« sagte Lisbeth.

Ein verlorenes, tonloses »Danke!« kam vom Fenster zurück.

Wenn die mal keine dummen Sachen macht ... Fräulein Lisbeth band ihre weiße Schürze ab und holte Kitty, den Pudel der Chefin, aus dem Kontor zum Abendspaziergang ums Karree.

Etwa fünfzig Arbeiter entstiegen in der sechsten Morgenstunde des nächsten Tages, des 15. Juli 1937, auf dem S-Bahnhof Börse dem Zug, der aus Richtung Alexanderplatz kam. »Böeilen bittö!« rief der Zugabfertiger. Doch die schwerbebuckelten Männer nahmen sich Zeit, ihre zahlreichen Arbeitsgeräte auf den Bahnsteig auszuladen. Sie sprachen ein bedächtiges Platt, machten ihre Witze über das hitzige Tempo der Berliner, setzten halblange Tabakspfeifen in Brand und zogen dann rasselnd und klappernd vom Bahnsteig ab.

»So weit sind wa schon, dat se Fremde holen müssen für de Zerstörung von's alte Berlin!« murmelte der Knipser seinem Kollegen zu, mit dem er Rücken an Rücken in der Fahrkarten-Wanne saß.

Die beiden Männer blickten hinüber zum Spreebogen, an dessen rechtem Ufer jener riesige Rundbau stand, der vor vierzig Jahren mit einem Kostenaufwand von einer Million einhundertfünfundzwanzigtausend Goldmark erbaut und dessen Todesurteil bereits am Heiligen Abend des Jahres 1934 ausgesprochen worden war.

Noch hatte die mächtige Glocke von St. Marien die siebte Stunde des 15. Juli 1937 nicht ausgeschlagen, da krachten Spitzhacken in die Dachverschalung des wuchtigen Baus.

Wenige hundert Meter weiter, im Zimmer Nr. 6 der Pension »Helvetia«, fuhr eine Frau aus unruhigem Traum. Sie richtete sich auf, sie sah sich verstört um, sie hörte zum Fenster: bumm – bumm – bumm. Und da sank die Frau in die Kissen, und sie flüsterte: Die Hinrichtung hat begonnen ...

Tränen traten in ihre Augen, Tränen rannen über die blassen Wangen. Tränenbäche flossen auf das Kopfkissen, je dichter draußen die dumpfen Schläge fielen. Die Hinrichtung hatte begonnen.

Doch dann richtete sich die Weinende auf. Sie griff nach ihrem Morgenrock, sie hüllte sich fröstelnd ein und sank in den Polsterstuhl neben dem Bett. Mit gefalteten Händen starrte sie in die Sonnenkringel, die durch einen Vorhangspalt auf den grünen Teppich fielen.

Bumm, bumm, bumm! Und dazwischen das Ächzen, das Stöhnen von Eichenbalken, die ihr enges Fugenbett verlassen müssen. Dazwischen das Kreischen von Schraubengewinden, die sich im Roststaub der Jahrzehnte drehen. Immer gräßlichere Geräusche stehen in diesem barbarischen Konzert der Zerstörung auf. Bohrer heulen, Blechsägen schreien, Lastautos werden mit viel Geschrei rangiert.

Da erhob sich die einsame Frau im Zimmer 6 der Pension »Helvetia«. Sie erhob sich schnell, wie in einem jähen Entschluß. Sie zog mit fester Hand die schweren Vorhänge auseinander. Und mit tränenlosem Auge blickte die Zirkusdirektorin Paula Busch auf den weltberühmten »Circus Busch Berlin« im Herzen Berlins – seit der frühen Morgenstunde des 15. Juli 1937 dem Tode, der Vernichtung verfallen.

Die Mittagssonne dieses Tages brennt heiß in das kleine Pensionszimmer. Ich spüre sie nicht. Ich stehe am Fenster, ich will bei meinem Lieblingskind bleiben zu seinem Sterbebeginn. Es ist mir im Augenblick völlig gleichgültig, daß man im Circus Busch Hamburg und im Circus Busch Breslau die Direktorin vergeblich suchen wird.

Zimmermädchen Lisbeth fragt scheu: »Gnädige Frau, wir führen keine Küche, aber Spiegeleier könnte ich Ihnen machen?«

»Nett, Fräulein. Und bitte eine Weiße dazu!«

Ja, ich bin ganz still geworden. Der Schmerz ist hinabgesunken in meine tiefste Herzkammer. Ich blicke mit stumpfen Augen hinaus, und meine Gedanken gehen zurück.

Damals, als vor zweieinhalb Jahren die Tragödie begann, als man mir am Heiligen Abend 1934 mittags zwei Uhr das amtliche Schreiben zustellte: Ab 25. 12. 1934 wird Ihnen hiermit untersagt, noch irgendwelche Vorstellungen im Circus Busch zu geben, anderenfalls Sie für jede Übertretung mit vierzehn Tagen Haft bestraft werden – – –

Damals habe ich draußen in meiner Grunewald-Villa einen Schreikrampf bekommen. Ich habe diesen Dr. Lippert, den »Stadtpräsidenten«, verflucht, ich habe vor Herzschmerzen wimmernd die Weihnachtsglocken nicht hören können. Am Christabend ist die treue Belegschaft des Zirkus in der Manege zusammengekommen, wir haben sie beschenkt, und unsre

*Circus Busch Berlin am Präsidentenufer
Erbaut 1895 für eine Million Goldmark*

letzte Hoffnung war, daß ein Besuch an höchster Stelle das grausame Schicksal abwenden würde.

»Danke, Lisbeth. Schieben Sie bitte den Tisch ans Fenster, ich will hier essen.«

Jetzt legen sie drüben auf der Dachkuppel die Fahnenstange um. Schwarzweißrot wehte hier an Festtagen die Fahne durch dreiundzwanzig Jahre. Dann pflanzte der Soldatenrat auf sein »Hauptquartier« das rote Banner. Dann sank vor zehn Jahren die Fahne der Republik trauernd auf Halbmast, als Vater am 28. November 1927 sein stolzes Lebenswerk für immer verließ.

Ja, hätte er, der alte Rat Busch, sich vor den Machthabern des Dritten Reiches anders benommen als ich?

Ich machte meinen Besuch bei dem Generalbauinspektor Albert Speer und fragte: »Steht denn die Spreeufererweiterung, der mein Bau zum Opfer fallen soll, so unmittelbar bevor?«

Speer schüttelte den Kopf: »Ich brauche das Gelände erst 1948! Herr Lippert war wieder einmal zu voreilig!«

Der Abbruch des Circus Busch ist auf vollen Touren, als ich endlich die langerbetene Audienz bei Hermann Göring bekomme.

»Der Herr Ministerpräsident läßt bitten!« Ich stürme auf den Mammutschreibtisch los wie eine angeschossene Löwin.

Hermann lächelt: »Bin froh, daß der alte Schinken fort ist, Frau Busch!«

Ich schüttle den Kopf: »So ... Der ›alte Schinken‹ hätte aber erst im Jahr 1948 fortgemußt! Wann und wo bekomme ich einen neuen Berliner Circus Busch, Herr Ministerpräsident?«

In seiner ganzen schneeweißen Uniform-Großartigkeit hatte sich Göring erhoben: »Erst müssen wir den Fünfjahresplan erfüllt haben! Jetzt haben wir wichtigere Dinge im Kopf!«

»Nein! Nein! So lang kann ich nicht warten! Das erlebe ich nicht ——— bis dahin bin ich tot!«

Göring trat hinter dem Schreibtisch vor: »Liebe Frau Busch, das werden wir beide sehr wohl erleben, und es wird uns allen primissima gehen!«

Göring kehrte hinter seinen Schreibtisch zurück. Die Audienz war beendet. Der Gewaltige nicht jovial, der Adjutant geleitet mich hinaus. Entlassen.

Alle die hundert Eingaben, die Gutachten, die Fürsprachen bekannter und berühmter Persönlichkeiten, die Petitionen der Artisten, die Proteste ausländischer Zirkusfreunde, alle meine schlaflosen Nächte, alles, alles ist vergebens gewesen. Das sechzigjährige, weitverzweigte Unternehmen wird sein Herzstück verlieren, seinen Berliner Zirkuspalast, wird nach zweiundvierzig Jahren Glanz und Herrlichkeit aus seiner Heimatstadt Berlin verbannt sein. Als ob man sich von einem Zigeunerlager befreien wolle ...

Flußaufwärts, Herr Ministerpräsident, am nächsten Bogen der Spree, dort steht das Alt-Berliner Elternhaus des nachmaligen Königlich Preußischen Kommissionsrates Paul Busch! Aus diesem stattlichen Haus trug an einem Märztag 1850 die Hebamme Ulrike Schalke den letztgeborenen Sohn des Weinhändlers und Bürgers Paul Busch zur Taufe in die Dorotheenstädtische Kirche. Und eine kleine zierliche Frau sah dem Zug der Paten nach und sah im Geist ihr Kind auf der Kirchenkanzel stehen wir einst ihren Vater, den uckermärkischen Oberpfarrer Friedrich von Lossow ...

... Nicht mit anzusehen, wie die Vandalen da drüben auf meinem Zirkus mit schweren Hämmern den mächtigen goldenen Adler losschlagen, der auf der Weltkugel über dem weißleuchtenden Portal seine Schwingen breitet.

Es wird drei Uhr. Ich habe nach den Abendzeitungen geschickt. Sie schweigen über den begonnenen Abbruch des Circus Busch. Nur das Naziblatt vom 15. Juli bringt ein Foto: Arbeiter stehen vor dem Zirkusrestaurant. Die Leute haben sich mit aufgefundenen Überbleibseln aus dem Kostümfundus geschmückt. »Sie spielen Zirkus« die läppische Unterschrift.

Man hätte besser die Berliner fotografieren sollen, wie sie jetzt in immer größer werdenden Ansammlungen von der Friedrichbrücke her zu ihrem sterbenden Zirkus blicken. Schweigend sehen sie zu. Kopfschüttelnd gehen sie nach einer Weile weiter.

Ich mache einen kleinen Überschlag: bald vierzig Jahre stand ihr Circus Busch am Bahnhof Börse. Vom Oktober bis zum April waren seine Pforten geöffnet (anschließend spielten wir in unseren Häusern in Hamburg, Breslau, Wien), und wohl an die zehntausend Vorstellungen mögen vor jeweils vier- oder fünftausend Menschen stattgefunden haben. In diesen vierzig Jahren also haben wir so ungefähr vierzig Millionen Menschen drei festliche Stunden geschenkt, angefüllt mit Augenweide, Staunen, Nervenkitzel, Lachen, Licht und Märchenglanz.

Da drüben pfeift der Polier Feierabend. Die fünfzig grauen Ameisen kribbeln über aufgerissene Dachverschalung und verschwinden im »Laternchen«, im Kuppelturm. In einer Viertelstunde werden sie abmarschieren in ihre Massenquartiere.

Ein paar Vorarbeiter bleiben noch ein Weilchen zurück und scheinen in schwere Überlegungen versunken zu sein. Sie kratzen sich hinterm Ohr, sie messen die dicken Eisenträger ab, sie geraten in heftige Diskussionen – der Abriß des riesigen Baues bereitet mehr Schwierigkeiten als erwartet und wird längere Zeit in Anspruch nehmen als der Herr Lippert angesetzt hatte. Nicht jede Festung ist auf den ersten Handstreich der neuen Machthaber gefallen ...

Als die Sonne überm Tiergarten hinabstieg in das Kräuselgewölk eines nahenden Gewitters, als der Monbijouplatz in das Dämmern des Abends versinkt, verlasse ich auf eine Stunde die Pension. Nicht weit vom Spreeufer sieht man die Dame mit dem grauvioletten Hutschleier auf und ab wandeln. Und plötzlich ist sie verschwunden.

Durch die kleine Pforte auf der rechten Seite des Zirkus ist die junge Zirkusassistentin Paula Busch oft geschlüpft, wenn sie sich verspätet hatte und dem gestrengen Papa nicht in die Arme laufen wollte.

Im halbdunklen Reitergang lehnen gut ausgerichtet die Spitzhacken an der Wand, diese Gewehre des Exekutionskommandos. Die Türen zur Ballettgarderobe, zur Clowngarderobe sind ausgehängt. In meinem einst so behaglich-eleganten Direktionszimmer haben die Arbeiter ihre Mittagspause gemacht, auf meinen Blumenfenstern stehen leere Bierflaschen.

Ich taste mich weiter, steige eine Treppe hoch und bin an der Loge meines Vaters. Jeder Schritt hallt gespenstig in der

CIRCUS BUSCH
50 Hengsten
Tableaux von

Totenstille, in der Finsternis des riesigen Raumes wider. Mein Feuerzeug schnappt auf: die Logenbespannungen, die Polsterungen sind bereits entfernt, das nackte Holzgestühl knackt, als ich mich auf den Platz setze, auf dem der »alte Rat« als strenger Zensor der Vorstellung folgte.

Lost paradise – Verlorenes Paradies! Tastend, stolpernd, unsagbar müde verlasse ich den Manegenraum. In meinem Zimmer bleibe ich noch einmal stehen. Dort klebt an der Wand – nunmehr unrettbar verloren – die Affiche zur Eröffnungsvorstellung des Circus Busch Berlin am 25. Oktober 1895. Höhepunkt des festlichen Programms ist das Auftreten meiner Mutter:

Vorführung des großen

MONSTRE-TABLEAU

von 60 Hengsten

durch

Madame Constanze Busch

Diese Leistung ist bisher von keiner anderen
Dame ausgeführt worden!

Constanze Sidonie Busch! In ihren Adern rollte das griechische Blut ihres Vaters, das rheinische der Mutter. Sie weiß von beiden Eltern fast nichts zu erzählen, denn sie hat kein Elternhaus besessen.

Geheimnisvoll war ihr Herkommen. Und das Schicksal ersann die rätselhaftesten Lebensfügungen, um sie immer wieder in die Nähe des Menschen zu bringen, der zu ihrer Schönheit und ihrem Künstlerruhm das Herzensglück und die Heimat fügen wird.

Meine Eltern Paul und Constanze Busch sind das glücklichste Ehepaar der Welt gewesen.

ZWEITES KAPITEL

*Paul schenkt seine »Goldene Mücke« einem armen Artistenkind
Im Circus Salamonsky-Odessa zieht einer die Pistole
Die Feuerwehr rast zum Berliner Markthallen-Zirkus
Eine gefeierte Kunstreiterin wird Krankenschwester*

Im Haus der Weinhändlerswitwe Busch wurde heute zeitig zu Mittag gegessen. Es gab eine schöne Suppe von Bier und Wein, dann trug die Magd einen gesalzenen Hecht in einer kurzen Muskatenbrühe auf, die mit geriebener Semmel gedickt war.

Vor dem Teller der Hausmutter stand ein Flakon, ein vornehmer »Frantzen-Wein«, ein Petit-Bourgogne. Frau Emilie hob das Glas: »Dem jungen Gärtnermeister zur Gesundheit!«

Sohn Hermann Busch, zu kurzem Besuch im Elternhaus auf der Berliner Schumannstraße, stieß mit der Mutter an: »Endlich mal wieder zu Haus! Und dazu mein Leib- und Magengericht!«

Er nahm sich ein weiteres Stück Fisch auf den Teller, und während er es genußvoll zerlegte, hörte er sich lachend an, was der achtjährige Paul, das Nesthäkchen im Haus Busch, vorzuschlagen hatte, um sich gemeinsam an diesem schönen Maiensonnabend, diesem 22. Mai 1858, von Herzen zu verlustieren.

Knabe Paul schwärmte für »Schreyers Affentheater« in der Leipziger Straße, und auch das benachbarte »Theater für Zauberei, Athletik und Bioplastik« empfahl er seinem älteren Bruder.

»Bioplastik – was ist das Neues?« fragte Hermann.

»Bioplastik, das sind nackige Menschen! Die tun so, als ob sie aus Marmor wären. Wie die Figuren am Zeughaus!«

»Sie stellen lebende Gruppen«, erläuterte die Mutter. »Eine recht ennuyante Angelegenheit! −− Nein, Kinder, verschont mich mit solcher Jahrmarktsgaukelei! Ihr wißt, es wird mir übel, wenn ich einem Feuerkönig zusehen muß, wie er glimmende Kohlen verschlingt oder flüssigen Siegellack vernascht ... Und das arme Weib, *Minerva* nannte es sich –, mich schaudert's jetzt noch, wie sie ihr einen Amboß auf den Leib stellten und darauf Hufeisen schmiedeten! −−− Wie wär es aber mit einem Zirkusbesuch? Renz hat zwar im Augenblick geschlossen. Aber die Leute erzählen, daß in der Arena am Halleschen Tor eine exquisite Reitergesellschaft gastiert – Blennow oder so. Habt ihr Lust?« Einstimmig angenommen. Frau Emilie Busch rief nach dem Kaffee und holte die guten Tassen aus dem Schrank. Hermann bekam Vaters Barttasse:

> Caffee schlägt alle Dünste nieder,
> Caffee verscheucht der Sorgen Schwarm,
> Caffee belebt die matten Glieder
> Und unterdrückt den innern Harm.

Das stand in Goldlettern auf der Rundung dieser Tasse aus der jüngst vergangenen Biedermeierzeit.

Der kleine Paul Busch setzte sich derweilen vor die Haustür, während Mutter und ihr Ältester Kaffee tranken, an einem Liqueur aus Montpellier nippten und ein wenig sorgenvoll von der Zukunft des Nesthäkchens sprachen, das in der Schule nicht so recht mitziehen wollte.

»Ach, Mutter – sorg dich nicht! Ein Studierter, wie's deine Hoffnung war, wird er zwar nicht werden, unser Kleener, aber was wissen wir – das Glück wird ihm schon über den Weg laufen!«

Wie ahnungsvoll diese Worte! Dem kleinen Paul Busch, der da draußen vor der Tür Schiffchen im Rinnstein schwimmen läßt, wird das Glück seines späteren Lebens bereits an diesem Nachmittag des 22. Mai 1858 entgegengaloppieren. Mit kindlichem Entzücken wird er es begrüßen, wird es bemitleiden, beschenken und schnell wieder vergessen.

Die Zirkus-»Blechpuster« – es waren invalid gewordene Bergleute – hatten an jenem Sonnabendnachmittag vor der Arena am Halleschen Tor ihr schauerliches Freikonzert beendet. Mosjö Pojatz hatte ein paar Gratisspäße gemacht. Mister Henderson, das »erste Sujet« des Circus August Blennow, hatte nochmals mit grimmiger Stimme rekommandiert, daß man »die Ehre habe, sogleich eine ordentliche Vorstellung in der höheren Reitkunst, Gymnastik, Akrobatik und Pantomime zu geben. Und bitten wir um gütigen Zuspruch!«

Zwei »geschlossene Sitze«, je Platz 14 gute Silbergroschen, forderte die Weinhändlerswitwe Emilie Busch.

»En lumpijet Kind is frei!« scherzte Frau Direktor an der Kasse und deutete auf den kleinen Paul. Und der Herr Prinzipal führte die Herrschaften persönlich zu den Logenplätzen.

»Pas de deux«, ein ungewöhnlicher Anfang.

Mister Henderson, der Star der Kunstreiter, schien übler Stimmung zu sein, als er im Gewand eines Götterboten vom Olymp die Arena betrat. Finster musterte er das Publikum, dann sprang er mit nackten Füßen auf die beiden ungesattelten Dänenschimmel, nahm die Stehzügel hoch, die Blechpuster setzten ein, und die Chambrière, die große Peitsche des Stallmeisters, ging den Pferden nach und brachte sie in den richtigen Galopp.

Und da flog in die Manege eine süße kleine Libelle. Zartrosa ihr Leib, traumblau die schimmernden Flügel. Das Sylphidchen wirbelte durch den Sand, und wie von einem starken Luftzug gepackt, wurde es plötzlich auf den Rücken eines der beiden Schimmel geweht. Dort, auf dem mächtigen Pferd hin und her geschaukelt, warf es Kußfinger ins applaudierende Publikum.

Dann umtänzelte dieses Nichts, dieser anmutige Luftgeist, die Beine des Stehendreiters, hüpfte von Pferd zu Pferd, stieg in die dargebotene Hand des finsteren Mister Henderson und schwang sich auf die Schultern des Mannes, der mit gegrätschten Beinen auf den beiden galoppierenden Schimmeln Balance hielt.

Wie eine Möwe auf schwankender Mastspitze hockte das schmächtige Artistenkind auf den breiten Schultern des Kunstreiters.

»Allez!« zischte Mister Henderson und rüttelte mit der einen Hand am rechten Fußgelenk des Kindes, während seine andre Hand die Stehzügel straffte.

»Allez, du Kröte!« Harte Fingernägel fuhren in die Wade des Mädchens, krallten zu. Einmal, zweimal.

Das Kind zuckte zusammen, und angstvoll mit den Händen rudernd, erhob es sich und stand schließlich für eine halbe Runde aufrecht.

»Voilà!« schrie schrill ein Stimmchen.

Nur die am Manegenrand Sitzenden sahen, daß sich der rosa Trikot an der rechten Wade des Mädchens dunkelrot verfärbte ...

Die gutmütigen Berliner warfen der kleinen Artistin Kupfermünzen, Kuchentüten, Kandiszucker zu, als sie schüchtern im Rücken des Mister Henderson ihre Komplimente machte.

Als auch Frau Emilie Busch in mütterlicher Rührung über so hartes Kinderschicksal in dem Pompadour nach ein paar Silbermünzen fingerte, bemerkte sie, daß ihr Sohn Paul entschwunden war.

Der Knabe Paul stand dicht hinter einem Stück Zeltwand am Sattelplatz. Er beobachtete, wie das Mädchen weinend in der kleinen Wagenburg verschwinden wollte.

»Psst!« Der Junge schlich sich heran. »Du bist wunderbar!« flüsterte er. »Wie heißt du?«

Das dunkelhaarige Mädchen mit dem südländischen Auge, der feinen Nase, dem herben Mund sieht in treuherzige, tiefblaue Jungenaugen.

»Sidonie!«

»Nimm!« Ein dickes Päckchen – es sind die leckeren Abendstullen der Familie Busch – wird an den mageren Libellenleib gedrückt. In der Hand fühlt Mädchen Sidonie eine perlengestickte Kinderbörse.

Sie enthält zwei Silbergroschen, acht Kupferstücke und das Liebste, was der Berliner Junge opfern konnte, um seine Bewunderung und auch sein Mitleiden auszudrücken: ein Stück Bernstein, in dessen funkelndem Honiglicht eine Mücke in vieltausendjähriger Gefangenschaft saß. Oben am Ostseestrand, wo die Busch-Kinder ihre Ferien verbrachten, hatte es Paul gefunden. Die »Goldene Mücke« war sein schönster Besitz gewesen.

Im Circus Salamonsky, am 31. März 1876. Auf dem Sattelplatz tänzelte unruhig »Prinz«, ein prachtvoller belgischer Schimmel. Seine Herrin, der Mittelpunkt des Programms, wird sogleich die berühmte Szene zu Pferd, »Die fünf Weltteile«, vorführen.

»Monsieur Büüsch, – Sie sind noch nicht lang im zirzensischen Metier?« fragte Miß Constanze den artigen jungen Mann, der ihr beim Aufsitzen galant geholfen hatte.

»Nein, Miß Constanze! Ich habe die Gutsverwaltung erlernt. Ich war Siebzig-Einundsiebzig Soldat, freiwilliger Kürassier. Und da immer schon Pferdenarr, –– nach dem Krieg versuchte ich mich in der Dressur, hatte Glück, übernahm einen Tattersall in Reval, machte mir zwei Schulpferde fertig, unser Prinzipal Salamonsky sah mich reiten und überredete mich, als Schulreiter bei ihm einzutreten. C'est tout ... Und Sie, Miß Constanze? Sie sind natürlich altes Zirkusblut?«

»Meinen Sie?« Die dunkeläugige Reiterin prüfte nachdenklich den Sitz ihrer Brillantagraffe in den Stirnlocken.

»Monsieur – ich weiß es nicht. Mir erging es wie dem Stammvater des Circus Renz. Der ist von seinem kindergesegneten Erzeuger auch als Lehrling und Pflegekind billigst einer durchziehenden Reitergruppe vermacht worden ...«

»Miß Constanze – Ihr Auftritt!« Ein Stalldiener führt »Prinz« zum Vorhang. Die schöne Frau setzt sich in Positur und winkt noch einmal leicht zurück.

Schulreiter Paul Busch schlüpft seitlich durch den Vorhang und postiert sich unauffällig in der Draperie des roten Plüschtuchs.

Stürmisch wird der Liebling des Odessaer Publikums begrüßt. Nur ein Herr, er sitzt vornübergebeugt in der dritten Bankreihe, beteiligt sich nicht am Beifall.

»I've had enough of it!« murmelt er. Und ziemlich laut, den Blick zu Boden gesenkt, führt er sein Selbstgespräch fort: »I shall go completely crackers ... completely crackers!« Der Kopf des offenbar schwer betrunkenen Enländers pendelt tiefer und tiefer.

So schwärmerisch begeistert der junge Schulreiter auch die Evolutionen seiner großen Kollegin verfolgt, – sie macht gerade Anstalten zu einem bravourösen equestrischen Höhepunkt – Paul Busch ist empört über diesen Gentleman, der keine Bewunderung für die herrliche Ecuyère aufbringt. Wenn der's satt hat, wenn er shall go completely crackers, sich dem Verrücktsein nahe fühlt, soll er doch schleunigst verschwinden!

Ein wütender Seitenblick geht hin zu der dritten Bank, wo der Halbirre plötzlich aufschreckt. Die Musik hat ausgesetzt; Miß Constanze wird ihren sensationellen Pirouettenwirbel auf galoppierendem Pferd zeigen.

Torkelnd erhebt sich der Kavalier im grauen Reisemantel. Seine verquollenen Augen starren auf das kreisende Pferd, auf die schwebende Reiterin im weißseidenen Trikot ---

--- »she drives me crazy!« schreit der Mann und reißt eine Pistole aus dem Rock.

Noch ehe seine zitternde Hand die Waffe auf Pferd und Reiterin gerichtet hat, ist der Betrunkene von dem Schulreiter Paul Busch mit einem Schläfenhieb niedergeboxt.

»She drives me crazy, crazy ...« wimmert das Bündel, das schnellstens von derben Stallmeisterfäusten hinausbefördert wird.

In der Manege kreist noch immer »Prinz«. Auf seinem Rücken sitzt eine totenblasse Frau.

Der Kosaken-Kapellmeister hebt wieder den Taktstock. Die Musik dämpft die Unruhe der Zuschauer, die nicht recht wissen, was im Parterre links vor sich gegangen ist.

Miß Constanze hat den Schock rasch überwunden. Sie ordnet das blaßviolette Schärpenband, sie nestelt an der Diamantagraffe im Haar, sie ruft leis dem Peitschenführer zu: »Encore une fois!« Dieser telegraphiert den Befehl mit unmerklichen Gesten zur Musikerempore, Miß Constanze steht abermals leichtfüßig auf wiegendem Pferderücken. Ihre nachtdunklen Augen brennen heißer als je, ihr zarter Mund schließt sich fest, als sie sich wirbelnd nach vorn in die Luft wirft. Und federnd landen weiße Atlasschuhchen auf der Hinterhand des schweren Hengstes. Miß Constanze dankt für den donnernden Beifall mit schönster Ballettpose.

In hoher Erregung aber läuft sie dann vom Sattelplatz zu ihrer Garderobe. Den Koffer mit dem Seehundfell zieht sie unter dem Tisch hervor. Die Schlösser kreischen, die Koffereinsätze knallen auf den Fußboden. Ein Lumpenbündel liegt im untersten Fach. Es umhüllt das Vermögen der Kunstreiterin: 500 englische Pfund. Hastig schiebt Constanze die Scheine unter den Koffer, als es klopft.

Constanze Busch

»Mille pardons!« sagt Paul Busch an der Tür. »Wünschen Sie das Subjekt zu sehen, ehe wir es der Polizei übergeben?«

»Ja!« Miß Constanze ist aufgestanden. »Ja – es ist –– mein Mann!«

»Um Gottes willen, Constanze! Diese verkommene, alkoholruinierte Person – Ihr Mann? Nun gut ... Holen Sie ihn ab! Wir haben ihn hinten bei der Menagerie in den leeren Hyänenkäfig gesperrt!« Der Schulreiter will gehen.

Miß Constanze sinkt auf ihren Garderobenstuhl. »Monsieur Büüsch – bleiben Sie! Begleiten Sie mich – ich kann nicht mehr!«

Der Schulreiter hört ein Stück Ehemartyrium. Dieser Revolverheld ist der zweite Mann der Constanze. Englischer Parterreakrobat von Ruf und Schönheit. Leichtsinniges Huhn, Whiskyverehrer, Faulenzer, schließlich rabiater Tyrann, der sich von seiner Frau ernähren läßt, ihr nachreist und immer höhere Summen für seinen liederlichen Lebenswandel erpreßt.

»Und jetzt werde ich ihm alle meine Ersparnisse in den Rachen stopfen, damit ich Ruhe habe für einige Zeit! Kommen Sie!«

Vergeblich will Paul Busch das wahnsinnige Vorhaben verhindern. Constanze hat das Geld genommen, wirft ihren goldgestickten Manegemantel um, zieht den Schulreiter mit sich.

Durch die kalte Vorfrühlingsnacht schaukeln die Handlaternen der Zirkusarbeiter, die alles zur Abreise fertigmachen. Morgen geht der Circus Salamonsky weiter. Niemand beachtet das Paar.

Paul Busch schließt die Tür des Käfigs auf. Mister Winscot sitzt schnarchend an einer Wand.

»Raus, du Bursche!« Der junge Mann rüttelt den Schlafenden hoch, zerrt ihn heraus, schüttelt ihn wie einen Lumpensack.

Die junge Frau schlägt beide Hände vor die Augen.

Langsam kommt der Mensch zu sich und mit einemmal ist er hellwach. Er begreift die Situation, er ordnet seine Kleider, versucht, Haltung anzunehmen, will auf Constanze zutreten.

Doch da hat er die Faust ihres Begleiters im Nacken. Paul Busch hält ihn mit ausgestrecktem Arm von sich.

Und Constanze stopft ihrem Mann die Taschen voll Banknoten. »Da – da – da«, weint sie. »Und nun geh!«

Mit einem Ruck schleudert der Schulreiter Busch den Mister Winscot in die Nacht. Man hört ihn ins Gras plumpsen, man hört ihn aufstehen und wild davonrennen.

»Go to devil!« brüllt ihm Paul Busch nach.

Dann faßt er Constanze am Arm, geleitet sie schweigend zu ihrer Garderobe, murmelt ein »Gute Nacht!« und ist im Dunkel untergetaucht.

Miß Constanze suchte ihren Lebensretter am nächsten Morgen vergebens. Noch in der Nacht war er mit seinen beiden Schulpferden zum Bahnhof geritten.

Ein Bote brachte für Miß Constanze am Mittag ein versiegeltes Päckchen. Es enthielt nichts weiter als die Pistole ihres Mannes.

In der Stunde nach Mitternacht des 5. Oktober 1878 haben die Flaneurs der Friedrichstraße in Berlin ein Extraschauspiel: die Feuerwehr rast heran.

Wild läßt der Behelmte auf dem Handpferd des Spritzenwagens seine Kurzpeitsche spielen, wild läutet sein bärtiger Kollege die bronzene Glocke, wild schwingen drei andere, sich am Wagengerüst klammernd, lodernde Pechfackeln. Und aus dem Schornstein der hochmodernen, fahrbaren Dampfspritze quillt schwarzer Qualm.

Die müden Gäule der Pferdebusse trotten automatisch beim Klang der Feuerwehrglocke an den Rinnstein. Dickbäuchige Schutzleute laufen zu den zahlreichen Kreuzungen der Friedrichstraße. Die Kavaliere auf den Trottoirs zücken das Monokel am schwarzen Band, und die kleinen Mädchen wollen gern das Feuer sehen und tippeln dem höllischen Krawall nach.

Da kommen auch die ehrbaren Bürgersmänner aus den Weißbierstuben hervor, keuchen zum Bahnhof Friedrichstraße, zur Weidendammer Brücke, um das schauerliche Ereignis mitzuerleben: »Der Zirkus brennt!«

Der Markthallen-Zirkus brennt! Erst heute, Sonnabend, ist das Weltunternehmen Salamonsky aus Petersburg dort eingezogen, und die Premiere war wieder großartig. Zum sechstenmal kommt Salamonsky nach Berlin, zum sechstenmal versucht er, den Zirkuskönig Renz aus dem Sattel zu heben.

In der Kaserne des 2. Garderegiments wird Alarm geblasen. Unter den Linden sprengt ein Zug berittener Schutzleute heran, biegt zur Spree ab und drückt rigoros die Menschenmassen zum Bahnhof Friedrichstraße zurück.

Große Mühe macht das jetzt nicht, denn die Berliner sehen ja mit eigenen Augen, daß der Zirkus, der alte Markthallenbau, unversehrt dasteht. Nur seine rechte Längsfront wird noch vom Widerschein aufzuckender Flammen beleuchtet: ein provisorischer Pferdestall brennt langsam nieder. Aber der Schaden scheint gering; deutlich erkennt man, wie eine Menge schöner Pferde am Spreeufer auf und ab geführt werden.

»Bei so viel feurichte Ferde kann sich det Stroh schon mal entzünden!« kalauern die Berliner und verkrümeln sich.

In einem Artistenlogis in der Dorotheenstraße steht der Stadtphysikus Dr. Werther am Bett. Er schmiert dicke Schichten von Salbe auf weiße Linnenstreifen, die ihm von einer apartschönen Frau zugereicht werden. Der Helferin treten Tränen in die Augen, als der Doktor immer neue Brandwunden am Körper seines Patienten freilegt.

»Junger Freund, das hätte bös für Sie ablaufen können!« knurrt der Arzt.

»Ja, aber die Pferde mußten raus!« Der Schulreiter Paul Busch beißt die Zähne zusammen. Die Schmerzen schütteln ihn.

»Meine Pferde waren es, Doktor! Mein geliebter ›Prinz‹! Und mein alter treuer ›Aly‹!« Miß Constanze, der Stern des Circus Salamonsky, erzählt dem Doktor Werther, was vor einer Stunde geschehen ist.

In einem Gasthaus hinter der Brücke saßen die Artisten nach der heutigen Eröffnungs-Gala-Vorstellung beim Nachtmahl, als sie von einem Stallburschen alarmiert wurden: »Im Zirkus brennt es!«

Die Männer rannten die Kellner über den Haufen, die Damen schlugen ihre Schleppenröcke über den Arm, und allen stand das Herz still, als sie von fern den Pferdestall lichterloh brennen sahen.

Doch dem Himmel sei Dank! ––– im Zirkushof galoppierten die rechtzeitig abgehängten wertvollen Pferde durcheinander. Nur die beiden Panneaupferde der Miß Constanze fehlten. Sie standen in den Hinterboxen des hölzernen Provisoriums.

»Liebe Männer, rettet meine Tiere! ... Ich bin auf die Knie gefallen, Doktor, ich habe die Stallknechte angefleht ... ich habe ihnen meine ganze Monatsgage versprochen: rettet meine armen Pferde! Doch die Männer deuteten nur achselzuckend auf die schwarzen Rauchschwaden, auf die zischenden Flammenbündel, auf die stürzenden Balken ... Und ich liege auf den Knien und bete zu Gott ... Und da sehe ich es weiß aufleuchten, Doktor! Da höre ich wildschlagende Hufe ... aus dem Schlund der Hölle taucht laut schreiend ein Mensch auf und reißt links und rechts ein Pferd mit sich ... meine Pferde! Vor meinen Füßen ist dieser Mann hier zusammengebrochen!«

Miß Constanze beugt sich über ihren Kollegen Paul Busch und küßt seinen Mund zart und innig.

Ein bandagierter Arm will sich um ihren Nacken legen. Der Doktor verwehrt es.

»Constanze!« Die Augen des jungen Mannes sind voller Glück. »Constanze!«

Der Stadtphysikus packt seine Tasche. »Demoiselle«, sagt er mit bedeutungsvollem Lächeln, » ... Phönix, der Sonnenvogel, steigt aus der Asche ... Ich gratuliere Ihnen zu dieser tapferen, treuen Menschenseele! Adieu, Mademoiselle! Bis morgen, Herr Busch!«

Miß Constanze hielt Nachtwache. Die Schmerzen des Verletzten steigerten sich, er fiel in wirre Fieberträume. Schreckliche Bilder schienen ihn zu quälen. Er stöhnte, er begann zu fluchen, er nannte eine Fiebergestalt »devil«, er höhnte: »I shall go completely crackers ...«

Die junge Frau sah in das heiße Gesicht dieses Mannes, dessen Bild nicht aus ihrer Seele gewichen war seit jener Nacht in Odessa. Wenn er erwacht, will sie ihm gestehen, daß sie ihr Engagement bei Renz in Wien aufgegeben hat und zu Salamonsky zurückgekehrt ist, um ihn zu sehen ...

Die Nacht geht zu Ende. Paul Busch ist hinabgesunken in

einen tiefen Schlaf. Seine Lippen bewegen sich, seine Seele geht in ihrer Kindheit sanft spazieren.

»Hier – nimm meine Goldene Mücke!« flüstert der Schlafende. Und lächelnd sagt er leise: »Wunderbar bist du, Sidonie!«

Constanze blickt hinaus ins erste Morgenrot. Sie ist tief erschüttert. Und sie schleicht sich hinüber in ihr Zimmer, wühlt in ihrem Koffer, kommt zurück und setzt sich wieder still ans Bett.

Als Paul Busch erwachte, fand er auf seiner Brust ein Stück Bernstein liegen, in dessen funkelndem Honiglicht eine Mücke in vieltausendjähriger Gefangenschaft saß.

So romantisch-unglaubwürdig es anmutet, wie das Schicksal mit Geduld und Beharrlichkeit zwei Menschen zusammenführte – ich, die Tochter dieses Paul Busch und dieser Constanze, habe die Daten, wie sie mir Vater als unvergeßliche Marksteine seines Lebens angab, nach seinem Tod in den Büchern der Zirkusgeschichte nachgeprüft. Es hat alles auf Tag und Stunde seine Richtigkeit.

Ich hätte dem Bericht nur noch hinzuzufügen, daß die beiden jungen Leute, die am Morgen des 6. Oktober 1878 vor einem zwanzig Jahre währenden Liebesglück standen, noch lange nicht an Heiraten denken konnten. Denn sie waren beide ehrgeizig, brennend ehrgeizig, und vor ihren Augen stand das Zukunftsbild des eigenen Zirkus. Und damit wird es noch eben ein paar Jahre Zeit haben. Und noch länger muß sich die Paula Busch gedulden, in diese Welt einzutreten. Sie soll »gesicherte Verhältnisse« vorfinden.

DRITTES KAPITEL

Ohrfeigen vorm dänischen Kronprinzen
Zehn Runden »Pas de bas«
Fürst Leszcynski hat ein Fräulein im Nachthemd
auf dem Schoß
Mein Gastspiel in »Münstedts Zwergentheater«
Ein Kind beschloß, »Kapitalist« zu werden
Die Demütigung am Hackeschen Markt

Geboren wurde ich während eines Gastspiels meiner Eltern in Odense (Dänemark). In Hamburg hielt man mich über das Taufbecken. Im Warschauer Zirkus zerriß ich mein erstes Bilderbuch, und im Berliner Zirkus erhielt ich auf der Morgenprobe und in Anwesenheit des dänischen Kronprinzen Friedrich meine erste und letzte Ohrfeige von Vaters Hand.

»Willst du endlich die Zügel locker lassen!« donnerte der Zirkusdirektor Busch seine Tochter an, die wie ein verdrossenes Klammeräffchen auf dem steinalten Schulpferd »Thucydides« hockte. Der Treugediente hatte zwar ein hartes Maul, aber gegen mein trotziges Zügelreißen stellte er sich auf die Hinterbeine.

»Ich habe keine Lust mehr, Papa!« murrte ich und warf dem »Thucydides« die Zügel über den Kopf.

»Bist du wahnsinnig geworden?« rief mir Vater zu, aber da sauste ich schon vom Pferd, das erschrocken und wie in seinen besten Jahren kerzengerade in die Höhe gestiegen war.

Von sechs kräftigen Männerarmen wurde ich abgefangen, ehe mein Kopf auf der harten Piste gelandet war.

»Königliche Hoheit entschuldigen!« verbeugte sich mein Vater knapp und applizierte mir angesichts des hilfreich herbeigesprungenen Kronprinzen die bewußte Ohrfeige.

Sie schmerzte noch durch Jahre – immer wenn ich dem zweiten Zeugen meiner einzigen väterlichen Züchtigung begegnete: dem »Schwarzen Hans«. Im dunkelglimmenden Blick dieses tüchtigen Bereiters vermeinte ich Spott und Verachtung zu sehen, und das Andenken an den »Schwarzen Hans« quälte mit dämonischem Druck das Kinderherz, als man den armen Kerl

Die Schwestern Paula und Virginia

eines Maienmorgens in unserem Hamburger Zirkushof ermordet auffand.

»Artistenbrot ist ein gutes Brot und man kann's täglich neu backen!« pflegte die Mutter zu sagen, wenn sich die Eltern über die Kardinalfrage stritten, ob ihre beiden Töchter Paula und Virginia schon in jungen Jahren »zirkusreif« gemacht werden sollten.

Vorerst siegte die Mutter. Und sie schickte Madame Viole ins Kinderzimmer. »Attention, mes petites! Nous voulons exercer le ›Pas de bas!‹ Un – deux –– un – deux!«

Madame Viole, im Pariser Circus Franconi einst die Lehrmeisterin des Corps de Ballet und der Miß Constanze, hob die Volants ihres schwarzseidenen Kleides, und zierliche Greisinnenfüße tanzten uns vor.

Wir Lämmchen hüpften fröhlich mit und zeigten solches Geschick, daß Frau Pantomimenregisseur Constanze Busch uns in ein Rokokoballett einbaute. Dreimal sollten wir im Pas de bas um das Manegenrund gehen.

Kleinkinder, niedlich angezogen, haben sogleich die Sympathie des Publikums. Dessen Beifall schmeckte uns, als wir an der Piste entlangtänzelten. Der Beifall tat uns Fratzen so gut, daß wir weitere Runden zugaben, ohne dabei Rücksicht zu nehmen, daß Ludwig der Soundsovielte mit seinem ganzen Hofstaat einziehen wollte. Mutter signalisierte verzweifelt. Vergebens. Wie der Mond um die Sonne, so zogen wir um den unbesetzten Königsthron unsere Bahn.

Die Zuschauer amüsierten sich diebisch und fingen an zu zählen »9. Runde!« – »10. Runde!«

Da tat Mutter in ihrer Bedrängnis etwas Entsetzliches. Sie schickte zwei riesige Fledermäuse in die Manege. Die sollten zwar erst vor der mitternächtigen Erdolchung der Königin in Funktion treten, aber was half's! Schreiend unterbrachen wir unser kindlich-eitles Spiel, flüchteten vor den bösen Fledermäusen, und für einige Zeit waren wir zwei Kinderstars ohne Engagement.

»Du Tschiena – horch mal! Das ist Mama ihre Musik!«

Im Anbau des luxuriös eingerichteten Zirkus, der im Besitz

der Stadt Warschau war, liegen die Busch-Mädchen zu Bett. Sie lauschen.

»Nö, das stimmt nicht, Paula!« Die Kleinere hört an der Tür. »Das ist die Musik von Herrn François, wie er jetzt seinen Salto auf dem Drahtseil dreht! Ganz bestimmt!«

»Du hast Ohren wie eine alte Kuh!« streitet Paula. »Natürlich ist das die Musik von Mama. Paß auf, gleich machen die Trompeten einen Kikser, und dann haut unsere Mama dem ›Mohammed‹ eins über und galoppiert den Berg rauf!«

»Das heißt nicht Berg, sondern Kaskaren!« behauptet Gina.

»Falsch!« triumphiert Paula. »Kaskaden heißt es. Was wettest du, daß jetzt Mama arbeitet und nicht François?«

»Du darfst zweimal mit meinem Plüschaffen schlafen!« offeriert Gina.

»Und du darfst morgen und übermorgen meine süße Hustenmedizin nehmen, die ich abends kriege!« Paula rutscht aus ihrem Bett.

»Komm! Ich weiß eine Tür, wo wir in den Zirkus gucken können!«

Zwei Nachthemdchen wandern Hand in Hand durch das fremde Haus, steigen eine Seitentreppe empor, fühlen mollige Teppichläufer unter den nackten Füßen, und Paula hängt sich vorsichtig an eine schwere Messingklinke.

Ganz leise öffnet sie die Tür der Ehrenloge. Links und rechts flackern zwei Gasflammen hinter feingeschliffenen Glasschirmen.

Die Kinder klettern in die hohen Samtstühle mit den schwarzgoldenen Wappen und schauen verzückt hinab in die Manege.

»Haste verloren oder nich?« fragt grausam Paula und deutet hinunter, wo Madame Busch, die Miß Constanze von einst, vom Schulpferd steigt und sich den Vollblüter vorführen läßt, mit dem sie die Kaskaden stürmen wird.

Die Augen der Mädchen glänzen voller Stolz. Sie müssen an sich halten, um nicht ihrer schönen, eleganten, vielbewunderten Mutter Kußhände zuzuwerfen.

Da fällt das Orchester piano ein. Nach ein paar Takten winkt der Kapellmeister den Trompeten, die schlagartig losschmettern.

Der »Mohammed« setzt zum Galopp an, steigert ihn, läßt die Hufe über die Bohlenbretter donnern, schnellt in mächtigen Sprüngen steil aufwärts und steht plötzlich hoch oben auf der Oberbühne.

Im modernen, großräumigen Cirus Busch am Donaustrand führt Madame Busch ihren Kaskadenritt den Wienern sogar mit drei Pferden vor:

Infolge einer sehr hohen Wette wird Frau Direktor Busch die Kaskaden mit 3 Pferden auf einmal hinaufreiten.

Die Direktion setzt eine Prämie von fl. 200 für denjenigen aus, der mit dem eigenen Pferd die Kaskaden hinaufreitet!

Die Reiterin läßt regungslos für ein Weilchen den Beifall rauschen, wie es ihre Gewohnheit ist. Dann hebt sie ihren Feuerblick und ihr erstes dankendes Kopfnicken geht hinüber zur Ehrenloge, wo Fürst und Fürstin Leszcynski die hohen Gäste des Abends sind.

Unsre Mutter wäre beinahe vom Pferd gefallen.

Auf dem Schoß der in großer Abendtoilette prangenden Fürstin sitzt ein Hemdenmatz und winkt begeistert.

Auf dem Schoß des Fürsten in Generalsuniform sitzt ebenfalls ein Nachthemdengel und ruft in süßer Unschuld: »Mama – da bin ich!«

Das fürstliche Ehepaar, Menschen mit schönster Herzensbildung, hatte sich verspätet, hatte sich durch den Seiteneingang unbemerkt zu seiner Loge begeben, hatte seine Plätze besetzt, aber sehr schnell eine reizende Lösung gefunden, wie alt und jung in Harmonie das Zirkusspiel verfolgen konnten.

Der kleine Zwischenfall ist vom Publikum jenes Galaabends mit nicht endenwollender Heiterkeit genossen worden. Und in einer Illustrierten fanden wir uns ganzseitig wieder:

» Die lieblichen Töchter einer schönen Zirkusdirektorin im Schoß des Hochadels.«

Wohl jeder Mensch kann, rückblickend auf die Sonnengefilde seiner ersten Kindheit, ein paar Dutzend Stories erzählen. Man gibt gern diesen privaten Erinnerungsschatz an Kind und Kindeskinder weiter, und nur in stillen Stunden der Selbstbesinnung erkennt man, daß in einigen der kindlichen Spiele und Kindheitserlebnisse die Weichen gestellt, die Signallichter entzündet, die Fahrpläne für das spätere Leben entwickelt wurden.

Am Rand des Wiener Praters, wo der Circus Busch stand, fuhren die ersten Blitze in das heitere Panorama unschuldvoller, seliger Kindheit. Sie hinterließen ihre Brandmale in der jungen Seele, sie erhellten aber auch neue Gefilde, neue Welten.

»Münstedts Zwergentheater« befand sich in unsrer Nachbarschaft, und seiner Hauptattraktion, der »Schönen Fanny«, galt meine neidische Bewunderung. Nicht größer als ich war sie, und die Leute sagten »Sie« zu ihr und »Fräulein Fanny«. In einem Puppenhaus wohnte sie und mit richtigem Feuer durfte sie auf einem richtigen Herd richtige Eierkuchen backen.

»Was schaust denn, Klane?« hat der Herr Münstedt eines Tages gefragt, als ich wieder vor der Theaterbude gaffte. »Mir san komplett! Für neue Zwerg' is kein Bedarf!«

»Mein Gott, sei net so grob zu dem süßen G'schöpferl!« Frau Münstedt nahm mich mit hinter den Vorhang. Seitdem hatte ich jederzeit freien Zutritt zu den sieben und noch mehr Zwergen.

Bis eines Tages eine Zwergin vom Ballett krank wurde. »Waßt«, meinte die Zwergenmutter, »für die Nachmittagsvorstellung machst *du* halt mit, Pupperl!«

In Münstedts Wohnwagen erhielt mein Kindergesicht die erste Theaterschminke: Purpurrosen auf die Wangen, Mündchen in Herzform, blaugraue Augenschatten. Im Nu war die Vierjährige in eine Zwergendame reiferen Alters verwandelt.

»Also: red nix, aber tanz schön! Und was die andern Zwerge maulen, geht di an Schmarrn an!«

Und damit raus vor die Bude zum Annoncestehen. Dort hat

mich der Herr Münstedt, der Rekommandeur, auf den Arm genommen:

»Und hier – wenn dö Herrschaften achtgeben wollen – das Fräulein Ilonka! ... Jeschisch Mariajoseph, – is sie leicht, das Fräulein Ilonka! Und ist dieselbige nur 74 Zentimeter groß, obwohl sie über ein Alter von 38 Jahren verfügt und sehr glücklich verheiratet ist! ... Alsdann, fangen wir an, und bitte mir Folge leisten zur Cassa!«

So ist das drei Tage gut gegangen, bis Fräulein Magdalena dahinterkam. Bei der abendlichen Säuberung entdeckte sie Schminkereste hinter meinen Ohren.

Ich kann meinen vielbeschäftigten Eltern kaum Schuld geben, daß sie die Früherziehung ihrer Töchter in die Hände von »Gouvernanten« legten. Das waren damals meist sauertöpfige, ältere Jungfern mit irgendwelchem Examen, mit starren, konventionellen Gesellschaftsformen, mit einem kleinen Lebensunglück im Hintergrund, das sie verbittert und ihnen die Herzenswärme genommen hatte, die allein ein kindliches Herz gewinnt und gestalten kann.

Sofort und in der freimütigsten Weise erzählte ich meiner Gouvernante, dem Fräulein Magdalena, von meiner Nachmittagsnebenbeschäftigung.

»Du schlechtes Kind! Du Herumtreiberin! Hast du denn kein Schamgefühl im Leibe? Weißt du denn nicht, daß es Sünde ist, solche armen Kreaturen nachzuäffen, wie es die Zwerge sind?«

So dramatisierte Fräulein Magdalena das harmlose Abenteuer, und sie ließ mich abends beten: »Lieber Gott, vergib mir meine große Sünde!«

Das Wort *Sünde* fiel mir schwer auf die Seele, und ich werde zehn Jahre später, wenn ich in schmerzliche Kämpfe um mein »Weltbild« trete und mir harte Sittengesetze gebe, viel und ernst an meine »Sündhaftwerdung« in Münstedts Zwergentheater denken.

Bald darauf sollte ich mit einer anderen Macht der Welt Bekanntschaft machen.

Hatte der Vater nach der Morgenprobe Zeit, so ließ er anspannen, und wir fuhren in unsrer supereleganten Victoria ein Stück spazieren.

Bei der Rückkehr, kurz vor dem Zirkus, ließ Vater anhalten.
»Ah, der Herr Direktor! G'horsamster Diener! Bitte hereinzutreten! Für den Herrn Direktor ein Gumpoldskirchner, und für das kleine Fräulein – no natürli, ein Rosenliqueur! Für das Direktionsfräulein ein' zuckersüßn Rosenliqueur, für das feinste Tauberl in Wean! Is doch halt unser Liebling!«
Das war die übliche Begrüßung im Wirtshaus »Zur Goldenen Rose«.
Vater trank eilig seinen Wein, machte sich allerlei Notizen und strich dabei seinem Tauberl übers Haar. Dann fuhren wir wieder ab. Der Herr Bimpflinger setzte die kleinen Zechen mit auf die Rechnung, wenn er ein bestimmtes Monatsquantum Wein ins Privathaus Busch lieferte.
Alle Rechnungen gingen durch die Hände der Mutter, und ihr Sekretär, der Dr. Gutermann, mußte sie weiterleiten, oft mit Marginalien versehen, die an Drastik und Donnerwetter den Randbemerkungen des Alten Fritz nichts nachgaben.
Direktor Busch findet auf der Juliabrechnung des Weinhändlers einen Posten rot angekreuzt:

17 Rosenliqueur à 20 Kr. = 3.40 Gulden.

Daneben stand das liebenswürdige Kompliment seiner Frau: »Buveur!«
An meinem Vater haben weder Bacchus noch der Gott des Schnapses einen eifrigen Jünger besessen. Also, von wegen »Säufer!«
Die Recherchen ergaben, daß das feinste Tauberl von Wean letzthin so jeden zweiten Vormittag mutterseelenallein in die »Goldene Rose« gekommen ist und sich daselbst einen Rosenliqueur hat kredenzen lassen. »Der Herr Bimpflinger hat mich doch so gern!«
Vater Busch, der gütigste Mensch meiner Kindheit, sprach nicht von »Sünde«. Er hat seinem Schäfchen zu erklären versucht, daß man alles, alles auf diesem Stern mit Geld oder Arbeit oder Tränen bezahlen muß. Und er schloß mit einer Altberliner Redensart: »Darum, mein Paulchen, aase niemals nich mit's Jänseschmalz!«

Ich habe nicht alles von meinem ersten Wirtschaftskolleg verstanden. Doch ich bekam Respekt vorm »Jänseschmalz«, mit dem man sich Rosenliqueur, Stammbuchblümchen und Anziehpuppen verschaffen kann.

Und ich beschloß, »Kapitalist« zu werden. (Fünf Jahre später, in der Phase eines jugendlichen Idealismus, ekelte es mich vor diesem »Irrtum meiner Seele«, wie ich es in mein geheimes Tagebuch schrieb.)

In Vorbereitung war bei uns »Trouville mit Wasser«, das heißt, dem neuen Manegeschauspiel werden Über- und Unterwassereffekte nicht mangeln. Bald hundert Handwerker und Näherinnen arbeiteten mit Hochdruck im Kostümatelier, in der Perückenmacherei, in Sattlerei, Schusterei, Tischlerei des Circus Busch.

Überall erschien Paula, die jüngste Geschäftsfrau Europas, mit ihrer Puppe Volta im Arm.

»Bitte, kann ich das Schnipsel für meine Puppe haben?«

»Ja, freilich, Paulchen!« Jeder hatte das höfliche Kind des Prinzipals gern, und Paulchen besaß bald im Heizkeller des Zirkus ein Arsenal an Goldknöpfen, Brokatresten, Spitzenenden, Donnerwetterfedern für den Kopfputz – – – ich hätte getrost in einer Seitengasse des Minoritenplatzes ein Kurzwarengeschäft aufmachen können.

Als dann in den Ateliers wieder Ruhe war (und die Artisten ihre billige Hintenherumbezugsquelle nicht mehr besaßen), bin ich in Aktion getreten.

Da hat die Frau vom Kutscher Zastapschil schüchtern nach einem Stück Borte für den Unterrock gefragt. Da hat die Ballettnixe Nannerl ein Stück Flitter für das Zigarettenbrandloch von gestern erbeten, da hat der Hundedresseur gesagt: »Falls du noch einen Rest grünen Samt hast ...«

Nach Jahresfrist bin ich stolz vor die Mutter getreten und habe fünf goldene Zehnmarkstücke auf ihren Schreibtisch gelegt:

»Mama, sieh – das viele Jänseschmalz habe ich mir selber verdient!«

Leider glaubte Mutter meiner Schilderung nicht: »Du schwindelst! Das ist Geld, was dir Vater und Maria Dorée geschenkt haben. Gib her, ich bewahre es dir auf!«

Mutter ist wenige Monate später gestorben. Aus Furcht, auch vom Vater für eine Schwindlerin angesehen zu werden, habe ich von meinem sauer verdienten »Depot« in Mutters Nachlaß geschwiegen. –

So lernte ich schon als Kind mich in der nervenkostenden und später für mich so notwendigen Kunst zu üben, Erworbenes, Erspartes, hart Erstrittenes im Handumdrehen zu verlieren. Es wird sich dabei später um einige Millionen Mark handeln.

Mit einem dritten Kindheitserlebnis, es spielte sich in Berlin ab, wurde ich zunächst nicht fertig. Es blieb unverdaut in meiner Seele liegen und es trieb mich später zu schwerwiegenden Entschlüssen.

»Nun, Meister Busch«, der deutsche Kronprinz legte Mütze und Handschuhe auf die Bank, knöpfte den Mantel auf und hängte seinen Degen aus, »... Meister Busch – die Pferde Seiner Majestät sind also noch völlig roh?«

Der elegante junge Herr setzte sich auf die harte Bank an der Privatreitbahn des Kommissionsrates und musterte fachmännisch die vier andalusischen Schimmel, die Ehrengabe Wilhelms II., Königs von Württemberg, an seinen »Berliner hippologischen Freund Paul Busch«.

»Gewiß, Kaiserliche Hoheit! Zwei Jahre stramme Arbeit. Aber dann steht eine Freiheitsnummer, mit der ich bei meinem königlichen Gönner Ehre einlegen kann! ›Sultan‹ – komm her!«

»Sultan« hob seinen edlen Kopf, kam aber nicht. An der Longe wurde er herangezogen.

»Da – Kaiserliche Hoheit – diese stählerne Hinterhand! Das wird ein Steiger par excellence! ... Jetzt mußt du aber erst mal Appell lernen, mein Freund!«

»Sollen die Württemberger auch durchs Feuer gehen, Herr Busch?« fragte der Kronprinz. »Da werden Sie was erleben! Ich habe einen Andalusier in Potsdam stehen, der schrickt vor jeder noch glimmenden Zigarette auf dem Fußboden! Das liegt wohl an der besonderen Augenstellung dieser Rasse!«

Der Zirkusdirektor Busch hat die Hengste an der Bande hintereinander aufgestellt und läßt sie Schritt gehen. Er wendet sich zum Zuschauerpodest:

»Herbringen, Kaiserliche Hoheit! Bitte herbringen in Buschens Pferde-Reparaturwerkstatt! Wenn das Tier noch nicht zu alt ist, gebe ich es als Feuerpferd zurück!«

»Ich nehm Sie beim Wort, lieber Busch!« lacht der Thronerbe.

»Etzdorff, notieren Sie es!« Der Adjutant im Rücken der Bank klappt zusammen: »Zu Befehl, Kaiserliche Hoheit!«

Dem Kind Paulchen, das öfters den Morgenproben des Vaters von zehn bis ein Uhr zusah, war die Unterhaltung der Pferdenarren langweilig geworden. Es verließ seinen Stammsitz auf der abseitigen Kiste, in der Vater Sattelzeug aufbewahrte, und trollte sich aus der Reitbahn.

Vor der Tür stand das Dreirad, und Paulchen fuhr damit die Rampe hinunter in das Souterrain, ins Reich der Elefanten.

»Morgen, Jenny! Morgen, Petro! Morgen, Jumbo, du oller Kaskadenschieber!« So begrüßte ich unsre Elefanten, und ihr Kettenrasseln und Rüsselschwenken zeigte, daß sie mich gut kannten. Dann radelte ich (trotz strengem Verbot) hinaus auf die Straße, gab lustig singend Vollgas, und am Hackeschen Markt war's passiert.

In den weit vorgebauten Auslagen eines Obstgeschäftes saß ich in einem Korb Eierpflaumen und erzeugte strampelnd und schreiend aus dem Inhalt weiterer Obstkörbe Vierfruchtmarmelade.

Die dicke Gemüsetante ruderte aus ihrem Laden hervor, und ihr Zetermordio war noch lauter als mein Geschrei. Schließlich riß sie mich aus der Obstschmiere, warf das kopfstehende Dreirad auf die Straße und – plötzlich stoppte sie ihre Keiferei. Ein boshaftes Grinsen zog über das Wabbelgesicht:

»Ach, sooo is det! Det is ja de Zirkussche! Jetzt erkenn ick dir! Nu wundat mir ja janischt mehr ... Wat bei'n Zirkus rumlooft, is ja allet Kroppzeug, sogar schon die Kinder sind vadorben! ... Sicher haste Aprikosen mausen wollen. Na, recht jeschieht dir! Un die Rechnung schick ich mit de Polizei deinem Vater!«

Was war das? Kroppzeug sind wir? Stehlen tun wir Zirkuskinder?

Ich stand zitternd vor Wut dem alten Weib gegenüber: »Nehmen Sie das zurück! Oder ich sage es Papa und dem Herrn Kronprinzen! Der ist nämlich gerade bei uns!«

Schallendes Gelächter der Umstehenden. Ein kleiner Mann mit einem Stadtköfferchen klopfte mir wohlwollend auf die Schulter: »Reg dir nich uff, kleene Zigeunerin, die Menschen sind alle garstige Luder!«

Da lief ich weg, lief, rannte, stürmte hinweg. Zigeunerin! ... Kroppzeug ... Obstdiebin!

Eine zarte Kinderseele lernte die Niedertracht spießerlichen Kleinbürgertums kennen, wurde gestreift von den letzten Überbleibseln mittelalterlicher Diskriminierung, die als böser, unverdienter Fluch jahrhundertelang auf unsren armen Vorfahren lag.

Mit verweinten Augen kam die Zehnjährige zu Tisch. Fräulein Mathilde tadelte meine Gabelführung und das laute Lachen meiner Schwester.

Im Garten unsrer Grunewaldvilla setzte ich mich an meine Schulaufgaben. »Ich bin seit heute morgen ein andrer Mensch geworden«, schrieb ich mit harter Schrift in mein geheimes Tagebuch. »Ich möchte etwas mehr lernen als nur reiten!«

VIERTES KAPITEL

Adolph v. Menzel und seine »Weiße Dame«
Meine berühmte Stiefschwester Maria Dorée
läßt sich entführen
Das Konfirmationsgeschenk der Kaiserin
Sondermaßnahmen, wenn sie in den Circus Busch kam
Stallmeister Adolf bäckt Klöße für Elefantenbabies

»Mais! Mais! Sieh doch! ... dort sitzt ein Zwerg von Münstedts! Der kann sogar malen!«

»Willst du wohl!« zischte meine Stiefschwester erbost und schob mich in Vaters Loge. »Hier bleibst du sitzen, bis ich dich abhole! Verstanden?«

Da saß ich Wurm im roten Plüschsessel und sah mit brennendem Auge zu, wie meine elegante Stiefschwester im engtaillierten Reitkostüm aus weißer Seide in den Sattel ihres Lipizzaners »Conversano I« gehoben, wie die Reitschleppe geordnet wurde, und wie sie als »Weiße Dame« im Schritt hinüberritt zu dem Stuhl, auf dem der kleine Mann saß. Und ich, die ich doch aktiv in „Münstedts Zwergentheater" mitgemacht hatte, durfte meinem Kollegen nicht guten Tag sagen!

Ich riß die Augen auf, was nun geschah.

Mais (wie ich Maria Dorée nannte) verhielt ihr Pferd, ließ es aufs rechte Knie gehen, schwenkte in großartiger Form den Dreispitz und strahlte mit ihren herrlich blauen Augen das Männlein an: »Guten Morgen, Exzellenz!«

Adolph von Menzel nickte nur kurz. »So bleiben!« rief er der Grüßenden zu, und seine Hand fuhr schnell über den Zeichenblock.

»Danke!« sagte er, noch ehe »Conversano« das Komplimentmachen satt hatte.

Dann rutschte die »kleine Exzellenz« vom Stuhl, stieg auf die Piste und reichte meiner Stiefschwester die Hand. Er kannte sie gut und schien sehr an ihr zu schätzen, daß sie von schweigsamer Zurückhaltung war.

Auf der Piste blieb Menzel zeichnend stehen, als die »Weiße

*Maria Dorée auf »Petronius«,
geritten ohne Sattel und Zaum*

Dame« auf dem schwarzen Manegenteppich ihre Morgenprobe begann.

Großeltern, dieses zusätzliche Glück einer Kindheit, habe ich nicht besessen. Was Großeltern an Güte, an Extrafreuden, an lächelndem Verständnis für heimliche Kinderwünsche ihren Enkeln schenken, das empfing ich von Mais, von meiner inniggeliebten Stiefschwester Maria Dorée.

In den deutschen, in den englischen und französischen Annalen der Zirkusgeschichte wird der Name dieser jungen Frau aufbewahrt: als die tollste Wildkatze auf dem Rücken eines Jockeypferdes, als eine der meisterlichsten Schulreiterinnen ihrer Zeit, als eine Drahtseilballetteuse voll kapriziöser Eleganz und als Pantomimenschauspielerin, deren melancholisch verhängtes Temperament die Zuschauer gefangennahm.

Mir, ihrer kleinen Schwester, gegenüber war sie voller Zärtlichkeit. Sie, die Tochter aus der ersten Ehe meiner Mutter, war nicht in Luxuswohnungen aufgewachsen wie ich. In Miß Constanze hatte sie weniger ihre Mutter als ihre strenge Lehrmeisterin zu sehen. Mittags, wenn die Mutter schlief, mußte die Tochter in der Küche auf schnell gespanntem Drahtseil üben. Schon mit vierzehn Jahren sprang Maria Dorée ohne Sprungkissen auf ihr Jockeypferd und tanzte Spitze auf schwankendem Panneausattel. Bis bei einem Sturz ihre linke Kniescheibe mittendurch brach.

Professor von Bergmann flickte sie mit Silberdraht, und Circus Busch hatte seine populärste »Hausnummer« wieder.

Und bald darauf sollte er es abermals verlieren: Maria Dorée machte wahr, was sie jeden Abend viertausend Menschen in dem Manegeschaustück »Fatme« ebenso romantisch wie herzerregend vorspielte – sie ließ sich entführen.

Schon bei der Premiere des orientalischen Prachtstückes war es zu einem Zwischenfall gekommen. Die Eltern hatten mich ausnahmsweise mitgenommen, und voll inniger Bewunderung folgte ich dem Spiel meiner Mais. Wie sie als braunfarbige Prinzessin mit ihrem gezähmten Strauß spazierengehen darf, wie plötzlich ein zudringlicher Bräutigam auftaucht, wie sie ganz oben, in die Rumpelkammer des Kalifenschlosses eingesperrt wird, und wie plötzlich das Palais »brennt«.

Da hatte ich laut losgeweint: »Bitte, bitte – meine arme Mais darf nicht verbrennen!« Vater hatte sein Dummchen auf den Schoß genommen und ihm zugeflüstert: »Das ist doch bloß nachgemachtes Feuer, Paulchen!«

Als aber die »Flammen« nach der eingesperrten »Fatme« immer wilder züngelten und sie in stummer Verzweiflung die Hände wrang und wrang und wrang, rief ich mit hellstem Sopran in das grausame »Flammenknistern«: »Keine Bange, Mais! Das ist doch nur nachgemachtes Feuer!« – Aus war es mit der opera seria.

Der unmittelbar darauf in die Manege preschende Retter zügelte erschrocken sein schäumendes Roß, als er von einer Lachsalve des Publikums empfangen wurde. Mit verwirrtem Blick wickelte er seine Strickleiter vom Sattel und begab sich an den Kemenatenaufstieg.

Wobei die Berliner Galerie, durch meinen Zwischenruf ermuntert, ihre Witzchen losließ:

»Jottfried, halt dir dazu! Det Brautbett brennt schon!« – »Jottfried, spute dir, deine Sporen fangen an zu jlühn!« – »Jottfried, Vorsicht! Im dritten Stockwerk schläft die Schwiechamutta!« Und so weiter.

Gern hätte auch ich noch etwas zur allgemeinen Fröhlichkeit beigesteuert. Doch vor meinem Mund lag die kalte Hand meiner Erzieherin, und der drohende Blick dieses Fräuleins hielt mich in Schach.

Ja, drei Tage später, als ich morgens zu meiner geliebten Mais ins Bett kriechen wollte, war das Lager der Stiefschwester leer. Das Fenster stand offen, am Fensterkreuz hing die Originalstrickleiter aus der Zirkuspantomime »Fatme« oder »Die Flucht aus den goldenen Gärten«.

»Mais ist fort!« lief ich schreiend durchs schlafende Haus, und die Familie versammelte sich alsbald im Nachtgewand und völlig ratlos vorm offenen Fenster, durch das Maria Dorée in die Freiheit geklettert war.

In die Freiheit, aber nicht ins volle Glück. Die eiligst in Schottland geschlossene Ehe mit Georg Footit, dem späteren Meister der Pferdedressur, ersetzte ihr nicht den Manegenruhm im Weltzirkus.

Zwei Jahre später stand sie tiefverschleiert und verzagt vor der Tür des Elternhauses. Ich flog ihr an den Hals, ich jubelte dem Vater entgegen: »Unsere Mais ist wieder da!«, ich wurde hinausgesperrt, als die Eltern ernste Zwiesprache mit ihrer erwachsenen Tochter führten.

Am nächsten Morgen bestieg Frau Maria Dorée ihren Lipizzaner »Conversano I«, und alle Bereiter hatten sich spontan zu einem Ehrenspalier aufgestellt für die Heimgekehrte.

Als sie wenig später, in ihrem dreißigsten Jahr, eines Abends mit hohem Fieber vom Pferd sank, war dieses Leben für den Zirkus zu Ende. Die Berliner bereiteten ihrem Liebling eine rührende Totenfeier.

Am gleichen Tag war Adolph Menzel im Zirkus erschienen. Mehr denn je ging er den Menschen aus dem Weg. In der Stallgasse setzte er sich vor der Box des »Conversano« auf einen umgestülpten Wassereimer und zeichnete den schönen Lipizzaner, der seine schöne Herrin verloren hatte.

Mit den Nachfolgerinnen der Maria Dorée nahm Menzel keinen persönlichen Kontakt mehr auf. Wohl erschien er ab und zu, aber er äußerte keine Wünsche mehr wie einst an die »Weiße Dame«, die ihm besonders die neuen, vom berühmten Reitlehrer Fillis komponierten Gangarten demonstrieren und vom Sattel herunter erklären mußte.

In meiner Kinderphantasie war und blieb der ehrwürdige Probengast ein Mitglied von »Münstedts Zwergentheater«, und diese Meinung habe ich sogar der Kaiserin gegenüber vertreten.

Die Bekanntschaft der hohen Frau machte ich schon in frühem Kindesalter.

An den Pfeilern des Portals habe ich im rosa Kleidchen gestanden, mit dem dicken Veilchenbukett in den Patschhänden. Als die kaiserliche Equipage anfuhr, bin ich losgestürmt und habe am Wagenschlag geschmettert:

> Dich, Kaiserin und Mutter aller Deutschen,
> grüße ich!
> Ich liebe dich!
> Liebst du auch mich?

Das hatte ich privat gedichtet. Mein befrackter Vater war ob dieses Extempores zur Salzsäule erstarrt. Ihre Majestät aber strich der Veilchenprinzessin mütterlich über die Lockenpracht, und bei jedem weiteren Besuch befahl Auguste Viktoria die kleine Paula zu sich in die blumengeschmückte Kaiserloge des Circus Busch.

Einen letzten freundlichen Beweis ihres landesmütterlichen Wohlwollens erfuhr ich zu meiner Einsegnung.

Von der Kaiser-Wilhelm-Gedächtniskirche zurück, wo mir der Pfarrer Krummacher das Wort der Bibel mitgegeben hatte »Seid fröhlich in der Hoffnung, geduldig in Trübsal, haltet an am Gebet« – ich spreche dieses Wort jetzt in dieser Prüfungsstunde meines Lebens laut vor mich hin – stand ich im schwarzen Konfirmationskleid mit Vater vor dem Bildnis meiner frühverstorbenen Mutter.

»Wenn sie das noch miterlebt hätte – ihr Paulchen, ein junges Fräulein!« sagte der Vater in tiefem Nachsinnen. Bedächtig zog er aus seinem Gehrock ein goldenes Uhrenarmband und befestigte es auf meinem Unterarm: »Die Brillantuhr deiner Mutter, Paulchen. Ich schenkte sie ihr am 25. Oktober 1895, als wir auf dem Höhepunkt unseres Glücks standen, als wir Besitzer des schönsten Zirkus der Welt geworden waren ... Auf der Fahrt zu Dressel, wo wir in der Nacht mit guten Freunden die Eröffnung des Circus Busch gefeiert haben ... auf dieser Fahrt, mein Paulchen, habe ich meine innigstgeliebte Constanze in die Arme genommen ...«

Der große breitschultrige Mann strich sich über die Augen. »Ohne deine Mutter, mein Kind, hätte ich das alles nicht geschafft!«

Ich blickte zu Mutters Bild, ich besah verstohlen ihre Uhr an meinem Arm. Brillanten und Saphire sprühen einen märchenhaften Lichterglanz um ein winziges Zifferblatt. Nicht ahnte ich, wohlbehütete »Höhere Tochter« und spätere Millionenerbin, daß Zeiten kommen werden, wo ich die letzten Pretiosen veräußere, um Brot für Menschen und Futter für Tiere zu beschaffen. Die Brillantuhr der Mutter wird man mir aber erst im Sarg abnehmen dürfen.

Das nur zwölf Millimeter breite Zifferblatt des Ührchens

zeigte die zwölfte Stunde, als an diesem Sonntag Palmarum meine Erzieherin in den Salon stürzte:

»Herr Rat, Herr Rat ... soeben war ein Kurier aus dem Schloß hier – in einer Stunde wird Baronin L. im Auftrag Ihrer Majestät, der Kaiserin, bei uns erscheinen. Das heißt: bei Fräulein Paula!«

Vater amüsierte sich über die aufgeregte Mademoiselle Tilly, der meine Erziehung oblag. »Meine Liebe, kippen Sie man nicht vor lauter Untertanenehrfurcht aus den Pantinen! Wissen Sie, was der alte Kommerzienrat Kempinski neulich sagte, als ihm einer seiner Geschäftsführer atemlos meldete, der Kronprinz habe soeben im Restaurant Platz genommen? Der alte Kempinski hat nur gesagt: »Na und? Jeder, der sich anständig benimmt, kann doch bei uns dejeunieren!«

Damals schon verfügte Paul Busch über ein hübsches Sortiment ansehnlicher Orden in- und ausländischer Provenienz. Keiner war erschmeichelt, alle waren sie aufrichtige Beweise des Dankes und der hohen Anerkennung für den Ersten im Reich der Zirzensik.

O ja, mein Vater trug jederzeit seinen Kopf hoch. Saßen, wie so oft, hohe und höchste Herrschaften in den Logen – er grüßte sie, die Vorführpeitsche mit dem Silbergriff senkend, in der gleichen ernsten, ruhigen Würde, wie er den Rängen und der Galerie seinen Gruß entbot.

Ein wenig aufgeregt war ich schon, als ich am Fenster beobachtete, wie Thomas, der treue Leibdiener des Vaters, der kaiserlichen Hofdame aus dem Coupé half.

Vater, in der Genealogie des Hofadels wohl bewandert, verwickelte unsren Gast sogleich in Gespräche über bestimmte mecklenburgische Güter und deren Besitzer. Die ältliche Baronin, wohl nicht ganz glücklich im überzeremoniellen Hofdienst, taute reizend auf.

»Mon Dieu, Herr Rat! Sie machen mich glücklich in teuren Erinnerungen, und ich vergesse Pflicht und Auftrag, Ihrem Töchterchen Glück zu wünschen!«

Sie stand auf (und wir auch): »Ihre Majestät, die Kaiserin, meine hohe Herrin geruhte, sich am heutigen Tag Ihrer Tochter Paula Busch gnädigst zu erinnern. Mit ihren Segenswünschen übersendet ihre Majestät dies hier der jungen Konfirmandin!«

Baronin L. war zur Tür gegangen. Sie winkte hinaus zum Vestibül, und sogleich betrat hinter ihr ein kaiserlicher Lakai das Zimmer, prächtig angetan wie ein Märchenprinz. Er schritt auf mich zu und präsentierte eine kunstvolle Porzellanschale aus der Königlichen Manufaktur, überflutet von einem Meer süßer Nizzaveilchen.

Die Kaiserin kam öfters mit ihren Kindern und deren Freunden und Freundinnen am Sonntagnachmittag in die Vorstellung.

Es ist bekannt, daß die gute Auguste Viktoria über die Maßen sittenstrenge Ansichten hatte. Das wußte mein Vater, und in der Nachtprobe vor dem angekündigten Besuch fand Graf von Mirbach niemals etwas auszusetzen:

Die Schwimmerinnen auf der Leuchtfontäne trugen über ihren Venustrikots diskrete, engmaschige Schleier. Die Ballettdamen hatten in der Zirkusschneiderei ihr Dekolleté um fünf Zentimeter erhöhen lassen, den Jockeyreiterinnen war das kurze Jäckchen gegen Kosakenuniformen ausgetauscht worden.

Das Publikum bei solchen »allerhöchsten Vorstellungen« übersah freundlichst all diese Vermummungen, die manchen Wassertrick und manche Reiterbravour unmöglich machten. Es erhob sich begeistert, wenn die Kaiserin unsere Hofloge betrat und sofort das Bild warmherziger Mütterlichkeit bot. Umringt von aufgeregter Kinderschar, ordnete sie persönlich die Sitzfolge ihrer jugendlichen Gäste, dirigierte die Hofdamen auf die Hintersitze, schob einem Jungen die Locke aus der Stirn, ordnete einem Mädchen die Haarschleife, und endlich nickte die Dame im blauseidenen Kleid und leicht ergrauten Haar liebenswürdig dem Kapellmeister zu: »Sie dürfen beginnen!«

Ich, das Töchterlein des Hausherrn, hatte meinen Platz vor ihr, und des öfteren fühlte ich die Hand der kinderlieben Frau auf meinem Haar oder in der Nähe meiner Augen, wenn ich aus einer Bonbontüte zulangen sollte.

Da wurde die Manege in eine Winterlandschaft verwandelt. Ponyschlitten fuhren herein, gelenkt von Kindern, denen man das Aussehen stadtbekannter Persönlichkeiten gegeben hatte. Auch Adolph Menzels Abbild kutschierte herein.

»Majestät!« rief ich begeistert und drehte mich zur Kaiserin, »gucken Sie – das ist ein Zwerg aus Münstedts Zwergentheater! Der kann sogar malen!« Und aufgeregt erzählte ich von meiner Mitwirkung bei Münstedts. Höchst amüsiert nickte Auguste Viktoria.

In der Pause erschien sie mit ihrem Kinder-Kometenschwarm im Stall. Natürlich war für strengste Absperrung Sorge getragen.

»Majestät erlauben, meinen Stallmeister Adolf Busch vorzustellen?« fragte mein Vater. »Meinem Neffen scheint die Aufzucht zweier Elefantenbabies zu gelingen. Diese können noch nicht selbständig Nahrung aufnehmen und müssen mit der Hand gefüttert werden!«

Man begab sich hinab in den Elefantenkeller.

Adolf Busch, ein schöner junger Mann, stand zwischen »Mirja« und »Benjamin«, seinen Elefantenkindern. Nach tiefer Verbeugung zog er frank und frei seine goldgestickte Uniform aus und krempelte die Hemdsärmel hoch.

»Majestät verzeihen!« stotterte mein Vater. Verblüfft war die Kaiserin der Teilentblößung eines männlichen Körpers gefolgt, bald aber wich ihre leichte Schockierung hausfraulicher Neugier.

Der Stallmeister Busch begann nämlich, Klöße zu machen nach eigenem Rezept: aus ungeschältem Reis, gebrochenem Hafer und pampig gemachter Weizenkleie formte er Billardkugeln, wälzte sie in einem Napf mit ungereinigtem Zucker, hob die Rüssel seiner Babies wie eine Briefkastenklappe hoch und stopfte die Klöße tief in den rosa Schlund. Die Kerlchen grunzten vor Behagen. Und schlugen mit den Rüsseln um sich, wenn der Stallmeister hinterlistig einen ungezuckerten Kloß unterschmuggeln wollte.

Stallmeister Adolf Busch, der Betreuer unsrer 120 Pferde, hatte einen ausgeprägten Sinn für die »Extra's«, die »Rarebits«, die nun einmal der Zirkus braucht. Kaum hatte die kaiserliche Kindermutter wieder in ihrer Loge Platz genommen, erschien unser »Maxe«, der Zwergziegenbock des Herrn Stallmeisters. Mit den Hörnern klopfte er an die Holztäfelung, ließ ein diskretes Mähmäh vernehmen, und dann zeigte sich sein koketter Spitzbart über der Brüstung, um eine Süßigkeit in Empfang zu nehmen.

Von Loge zu Loge ging »Maxe« spazieren und kassieren, um dann in der Zirkuskantine Bier zu erbetteln. Das soff er mit Leidenschaft, und »Maxe« wäre an delirium tremens eingegangen, hätte die Direktion nicht durch Anschlag am Schwarzen Brett verboten, den »Maxe« zum Saufen zu verführen.

Hochbefriedigt sind an jenem Nachmittag unsre Gäste nach Hause gefahren. Der Kaiser bedankte sich am nächsten Morgen telefonisch bei Vater: »Lieber Busch – Sie haben meiner Frau und meinen Kindern einen wirklich schönen Nachmittag bereitet. Nehmen Sie meinen Dank!« Diese liebenswürdige Geste erfüllte meinen Vater mit größerer Genugtuung als Orden und Ehrenzeichen. – Für jede Benutzung der Hofloge im Circus Busch zahlte das Hofmarschallamt den Betrag von 100 Mark.

»Ich bin ein andrer Mensch geworden!« hatte ich mit meiner Streichholzschrift in mein Geheimtagebuch gemalt, als mich auf dem Hackeschen Markt ein Obstweib beschimpft und eine »Zirkussche« tituliert hatte.

Diese kindlich übersteigerte Behauptung schien dem Schicksal als Modell zu dienen, als es an die Gestaltung meines weiteren Lebens ging. Ich sollte wirklich ein andrer Mensch werden ...

Im Dämmer eines Winterabends kamen wir zwei Schwestern von einer Schlittenfahrt nach Haus, stampften den Schnee von den Schuhen und wollten die breite Treppe hinaufsteigen. Wie wohlig warm das Haus! Wie gemütlich das Gaslicht summt in der mattblauen Ampel des Entrees!

»Guten Abend, Kinder«, ruft uns von oben eine Stimme an. Die Stimme klingt leis, schwebt im hohen Treppenaufgang.

»Guten Abend, Kinder!« wiederholt die Mutter, schlägt ihren breiten, pelzbesetzten Mantel auf, und mit ausgebreiteten Armen steigt sie Stufe für Stufe zu uns hinunter.

Mutter ist im fahlen Licht auffällig blaß. Um ihre dunklen Augen liegen schwere Schatten. Unverwandt sieht sie uns im

*Paul Busch und seine Töchter
Virginia und Paula (rechts)*

Herabsteigen an. Der schwere Saum des Mantels ruckt von Stufe zu Stufe, und die Messingleisten des Teppichläufers klappern dabei.

Wir beiden Mädchen stehen Hand in Hand. Mutter zeigt uns wahrscheinlich eine neue Abendtoilette, sie wird vielleicht heute abend mit Vater ausgehen.

Doch plötzlich läuft Mutter schnell die letzten Stufen hinunter, beugt sich nieder, schließt uns in die Arme und zieht unsre Wuschelköpfe vor ihre Augen. »Du!« flüstert sie. »Und du!« Ihre märchenschönen Augensterne tasten unser Gesicht ab.

Jäh richtet sich Mutter auf: »Seid hübsch brav, Kinder! Ich muß schnell einmal nach Paris fahren!«

Sie küßt uns heiß, ruft: »Thomas, die Koffer!«, winkt uns »Adieu, Paulchen!« »Adieu, Gina!« und steigt in das vorgefahrene Coupé.

Acht Tage später weckt uns sehr früh die Gouvernante, jenes ältere Fräulein, das so trefflich wußte, wie man Auberginen stilgerecht verzehrt, das aber so bedauerlich versagte, wenn unsre Herzen Nahrung brauchten.

Das Fräulein zündete das Gaslicht an, und als wir die Augen aufmachten, sahen wir erschrocken in ihr verstörtes Gesicht.

Uns aus den Betten helfend, seufzte sie tief auf, räusperte sich und sagte tonlos: »Hört, Kinder ––– eure Mutter ist gar nicht nach Paris gefahren! Sie ist in eine Klinik gekommen, und heute nacht ist sie nach einer schweren Operation ––– gestorben! Geht hinüber zu Vater – er erwartet euch ...«

»Mutter! Mutter!« haben wir beiden Kinder geschrien und sind jammernd hinüber in Vaters Zimmer gelaufen. Paul Busch saß tiefgebeugt am schweren Eichentisch. Tränen liefen über seine zitternden Hände.

Eng aneinandergeschmiegt haben wir, die verlassene Familie, den Morgen dieses entsetzlichen Januartages erwartet.

Mein Vater ist durch den grausam schnellen Tod seiner Frau aufs tiefste erschüttert worden. Noch als Greis, ein Menschenalter später, hat er vor dem Eichensarg der Constanze Busch leise Gespräche mit jener Frau geführt, die so rätselhaft in sein frühes Leben getreten war, die zu erringen er unbedenklich sein Leben eingesetzt hatte, und mit der er gemeinsam aus dem

Wohnwagen eines kleinen Wanderzirkus in drei Zirkuspaläste eingezogen war.

Wer wird das kaufmännische Ingenium der Constanze Busch ersetzen? Wer wird so klug disponieren, so sorgfältig und vorsichtig den Millionenetat des Riesenunternehmens verwalten?

Wer wird für den Mittelpunkt der Programme jene erfolgssicheren Manegenschauspiele schreiben, die Constanze Busch aus ihrem künstlerischen Naturell, aus ihrer volksnahen Phantasie heraus erdacht und inszeniert hatte?

Wer wird den nun doppelt und dreifach überlasteten Vater in der Erziehung seiner beiden unmündigen Töchter unterstützen? Sollten sie nichts weiter werden als »Höhere Töchter«?

Mein Vater neigte vorerst dieser Ansicht zu. Seine Tochter Paula wird aber sehr bald ihre Kinderschuhe abstreifen und einen anderen Weg einschlagen.

FÜNFTES KAPITEL

*Zum Geburtstag: Ponys, Jagdwagen und Groom
Thomas, der Küchenschabenfresser und postillon d'amour
des Zirkus
Eine Oberprimanerin liebt Plato
Im Wiener Circus Busch stürzt ein Goldgebirge aus der
Zirkuskuppel herunter*
Abitur mit Rosen und Tränen

Einen Zettel mit »7 Thesen für mein zukünftiges Leben« hatte ich mir ein paar Jahre später in den Saum meines Konfirmationskleides eingenäht und auf diesem Geheimkatechismus kniete ich, als ich das erste Abendmahl empfing.

Sicher haben sich damals viele jugendliche Menschen ihr eigenes »Lebensprogramm« gemacht in dem instinktiven Gefühl, daß im Bürgertum jener Zeit oft Sein und Schein verwechselt wurde und man reichlich satt und zufrieden in den Tag lebte.

Draußen, im Berliner Vorort Steglitz, hatte ja schon längst Karl Fischer seine Wandervogelbewegung gegründet. Doch davon erfuhr ich nichts. Kontakt mit der Außenwelt war unerwünscht, lag nicht in Sinn und Absicht unsrer Erzieherinnen. Diese brachten ja pädagogische Lehrbefähigung mit und ersparten uns also den Besuch einer öffentlichen Schule. Ihr großer Ehrgeiz war, unser Dasein so exklusiv wie möglich zu gestalten.

Florian, der Leibkutscher des Vaters, hatte bei gutem Wetter mit der offenen Victoria vorzufahren, und wie weiland die Prinzessinnen eines der vielen deutschen Fürstenhöfe mußten wir voller Distinktion in den Wagen steigen und wurden, kerzengerade auf den blauen Polstern sitzend, angehalten, uns an den schönen Bäumen in Paulsborn zu »erquicken«.

»Virginia, unterlasse bitte das Fingerzeigen. Es genügt, mir mit Worten den Standort des dich interessierenden Objekts anzugeben!«

»Aber, Paula – nein! Bitte, nimm den Ellbogen weg! Man

lehnt sich nicht wie ein Gassenjunge über den Wagenfond!«

Zum zwölften Geburtstag stand als Geschenk des Vaters ein offener Korbwagen mit zwei englischen Poloponys vor der Tür unseres Hauses. Eine Peitsche mit Silbergriff und Monogramm P. B. sowie elegante Kutschierhandschuhe aus schwedischem Leder lagen auf dem Geburtstagstisch. Und daneben stand als sensationeller Jagdwagenzubehör ––– ein richtiger Groom. Laubgrün war seine Uniform, Silberknöpfe funkelten auf Brust und Armen, ein fesches Käppi saß über einem treuherzig-einfältigen Jungengesicht.

Ich quiekte vor Lachen: »Thomas! Süßer Dreckspatz! Was hat man denn mit dir gemacht!«

Doch da schritt die Gouvernante ein, erbost, daß ihre neue fashionable Idee so würdelos aufgenommen wurde.

Unser maskulines Aschenputtel – gebirtig, bittscheen, aus Tschaslau – grinste in seinem breitesten Böhmisch: »Olsdann, Frulein Paula, warten sich Ferdchen bei Vordertirl!«

Kutschieren konnte ich seit früher Kindheit, als ich noch im Zirkus mitmachen durfte. Aber bei dieser ersten Spazierfahrt mit dem eigenen Gefährt konsternierte mich das Gaffen der Leute beträchtlich. Sie blieben stehen und lachten.

Ich wendete mich fragend nach meinem kleinen Grasaffen auf dem Rücksitz um. Der hatte seine vorschriftsmäßige Groomhaltung längst aufgegeben, hopste auf seinem Sitz herum und drehte den Leuten lange Nasen.

»Thomas, du Lümmel! ...« Zornig fuhr meine Hand gegen seine Brust. Leider waren um diese Hand die Zügel leicht geschlungen, und da meine munter trabenden Ponys auf leisesten Zug reagierten, fuhren wir rechtwinklig von der Straße ab und landeten prasselnd in einem winterdürren Rhododendron-Rondell.

Der Thomas war uns regelrecht zugelaufen. Als sich auf einem Wiener Vorortbahnhof unser Zirkussonderzug in Bewegung setzte, war der verwahrloste Junge aufgetaucht und aufgesprungen. Meine Mutter hatte die Notleine gezogen und das Bürschchen wieder absetzen lassen. Neben dem abfahrenden Zug ist es schreiend hergelaufen, bis es Madame Constanze voller Mitleid in ihr Abteil gezogen hatte. Die Wiener Behörden sind froh gewesen, als sie das Findelkind los waren.

Unseren Thomas, der sich im Souterrain als »Putzfleck« überall nützlich machte, beneideten wir salondressierten Kinder heftig. Thomas durfte manchmal barfuß laufen, durfte rülpsen, durfte die Äpfel mit Schale essen. Und wenn unser »Fräulein« gelegentlich zur Schneiderin fuhr, schlichen wir uns in die Küche, wo Thomas vor Köchin, Stubenmädchen und Kutscher seine »beriehmte Sollo-Vorstellung« gab.

Höhepunkt: der Verzehr einer ganzen Zigarrenkiste voll lebender Küchenschaben. Dabei kniete der Feinschmecker vor unsren Stühlen nieder und ließ dicht vor unsren Augen seine weißen Zähne malen: »Sieß, Fruleins! Sieß wie Honik! Bittscheen probieren!«

Da unser Thomas der Schreib- und Lesekunst bar, bevorzugte ihn später der Ballettmeister als postillon d'amour. Unbesorgt konnte man ihn ja einen offenen Zettel in die Garderobe der Jockeyreiterin tragen lassen: »Schönes Kind! – erwarte mich nach Vorstellung in Droschke bei Brücke am Kupfergraben!«

Da Thomas aber ein wißbegieriger Analphabet war, versäumte er nicht, sich die zu befördernde Korrespondenz von seinem Freund, dem Zirkusnachtwächter, vorlesen zu lassen. Der gab dann gegen kleine Münze die Rendezvousabsichten an Interessenten und Konkurrenten weiter.

Und so fand an jenem Abend der liebestrunkene Ballettmeister merkwürdigerweise am Kupfergraben fünf Droschken vor, und als er auf gut Glück in die erste schlüpfte, fühlte er sich sofort stürmisch umhalst von einem rundlichen Mütterchen, der Frau Oberkontrolleurin der Damentoiletten im Circus Busch. Sogleich fuhr der Kutscher los, und trotz aller Proteste hielt er erst in der Dorotheenstraße vor einer bekannten Artistenkneipe, an deren Tür die versammelte Künstlerschaft des Circus Busch ihren Ballettmeister und seine Dame respektvoll begrüßte.

»Puh – die Fenster auf! Das Berliner Fräulein treibt's arg mit ihrer Parfümspritzerei! Möcht wissen, was ihre Professoren im Gymnasium dazu sagen!«

Paula Busch als Studentin in Köln

Unwillig riß die Apothekerswitwe Wendland in Köln die Fenster ihrer beiden besten Zimmer auf, die sie an die Oberprimanerin Paula Busch aus Berlin vermietet hatte.

Das »Berliner Fräulein« saß an diesem Morgen auf einer Schulbank in der Oberprima des Mädchengymnasiums zu Köln am Rhein.

Vorn, neben dem Katheder, stand der Gymnasialprofessor U. Mit sonorem Klang in der Stimme, gepackt wohl aber auch von echter Begeisterung für das hellenische Feuer, das er der Oberprima von neun bis zehn Uhr weiterzugeben hatte, versuchte dieser Altphilologe, die jungen Damen in jenen Garten beim Gymnasium des Akademos zu führen, wo der göttliche Platon jungen Athenern seine Ideenlehre entwickelte.

Im schönen Fluß seiner Rede hielt der Lehrer inne:

»Fräulein Busch – ist Ihnen etwas?«

»Bitte nein, Herr Professor. Ein Staubkorn scheint mir ins Auge gekommen zu sein!«

Der Professor griff sich eindrucksvoll an die Stirn zu erneuter Konzentration seiner Gedanken, und wenn auch seine Augen beim Weitersprechen höhenwärts gerichtet waren, so kontrollierte er doch mit schnellen, kleinen Blicken die Aufmerksamkeit der Klasse, die Wirkung seines Vortrags.

Und die ernste, verschlossene Schülerin Busch aus Berlin saß noch immer in einer Trance, in tiefinnerlichem Vergessen. In den Winkeln ihrer halbgeschlossenen Augen formten sich abermals Tränenperlen.

Jene erste Philosophiestunde im Kölner Mädchengymnasium! Weder der Lehrende noch die Lernende, weder der reife Mann noch das junge Mädchen haben damals geahnt, daß sie die philosophia, die Weisheitsliebe, nicht vor einem Lebensirrtum bewahren wird, der hart bezahlt werden muß.

Zur Stunde aber studierte die Tochter des Berliner Zirkusdirektors ihren PLATO, die Ideenlehre Platos, die ihr ganzes Wesen ausfüllte.

Brachte am Abend die mütterliche Apothekerswitwe den Tee ins Zimmer, fand sie dort ihre Tochter Anni, die Schulamtskandidatin, und das »Berliner Fräulein« in hitzigen Debatten über Platons Forderungen, die »Ideen«, die Gedanken Gottes, in voller Reinheit zu erfassen.

»Besonders aber die höchste Idee – die Idee des Guten! ... Zu dieser muß sich der Mensch bekennen! ... Im Anschauen des Schönen, im Streben nach wahrem Wissen, nach Weisheit!«

Noch heute sehe ich mich mit leuchtenden Augen am Mahagonischreibsekretär der Kölner Apothekerswitwe dozieren. Und ich höre meine Stimme – gesteigert und schwungvoll, nach Vorbild des Professors U.

»Nun trinken's aber Ihren Tee und essen's Ihre Sandwichs, Paula!« riet die Frau Apotheker.

»Später!« entschied ich erregt. »Sehen Sie bitte, hier, liebe Pflegemutter ...« ich nestelte aus dem Medaillon mit dem Bild meiner Mutter die »sieben Thesen für mein zukünftiges Leben«, » ... wie recht hat Plato: alle großen Ideen sind bereits unsrer Seele schon zu eigen, wenn sie in das irdische Dasein tritt! Das stimmt! Auch in mir wohnten bereits Platos Ideen, als ich mit vierzehn Jahren niederschrieb, daß ich der Wahrheit dienen will, daß ich wissen und erkennen will, daß ich darum allem Lebensgenuß entsagen will, bis ich fertig bin mit dem Studium!«

»Aller Ehren wert, liebes Kind!« nickte die alte Dame gedankenvoll, » ... jedoch ––– Gott spielt die Orgel und der Teufel tritt den Blasebalg, sagte immer mein seliger Mann, der seinen Goethe liebte ...«

Ich zog jugendtrotzig mein Gorge de Pigeon-Halstuch fester: »Ich schwätze Ihnen doch nichts vor, Frau Wendland! Ich handle und ich kämpfe! Ich habe mich von der Tyrannei meiner Gouvernante befreit, weil sie aus meinem Vaterhaus ein Grafenschloß in mittlerer Preislage machen wollte. Ich wollte und ich will keine Höhere Tochter werden! Kein lächerliches Goldkäferchen, das ein bißchen Klavier und Tennis spielen kann, das kindisch an den Lebensrätseln herumknabbert wie an Mandelkonfekt, und das mal von einem Kerl geheiratet wird, der Appetit auf Papas vieles Geld hat!«

»Da bist du also mehr oder minder von zu Hause ausgerückt?« fragte Fräulein Anni.

»Nein. Vater sah ein, daß die Erziehungsideale unsrer Gouvernante nicht ins zwanzigste Jahrhundert passen. Er öffnete den goldenen Käfig. Wir durften endlich in ein Lyzeum gehen, durften Freundinnen haben, durften ein wenig die Nase in die Welt stecken ... Und nun muß ich eben büffeln, um die vertrödelten Jahre meiner Kindheit nachzuholen ... Und weil in Berlin Mädchen kein Abi am humanistischen Gymnasium machen können, will ich's hier versuchen. Natürlich eine schwere Kiste!«

»Ich helf dir schon, Paula! Aber ––– laß dich nicht allzusehr von Herrn Plato becircen, wenn ich raten darf ... Sag mir lieber gleich einmal die stereometrische Formel für den Kegelschnitt! V ist gleich ...« Anni griff zu Bleistift und Papier.

V ist gleich ... Anni hat ahnungsvoll recht ... Vor meiner Seele steht das Bild des »Herrn Plato«. Und kein daimonion, keine innere Stimme warnt mich.

Nach einem Jahr habe ich es geschafft. Auf das Telegramm vom gutbestandenen Abitur kommt Vater im Nachtschnellzug von Berlin nach Köln.

Wir sitzen im Dom-Hotel.

Vater hat zum Dinner eine Veuve Cliquot bestellt. Er hebt den Champagnerkelch, und seine blauen Augen strahlen tiefe Zärtlichkeit:

»Mein Paulchen! Mein Fräulein Studentin der Philologie!«

»Specialiter der Philosophie, lieber Papa!« ergänze ich und greife zur Kristallschale.

Der Kaviar wird serviert. Vater demonstriert entzückend, daß er mit einer erwachsenen jungen Dame diniert.

Ich entfalte die Serviette, und ein Schildpattäschchen purzelt auf den Teppich.

Es enthält die Bestätigung von Cook Thos. & Sons Ltd. London, daß Fräulein stud. phil. Paula Busch in fünf Tagen an Bord des Dampfers »Christophorus« erwartet wird, Ostern im Heiligen Land erleben und anschließend einen Trip first class durch ganz Ägypten machen wird ...

»Du bist rechtzeitig zu Anfang des Semesters zurück. In Heidelberg habe ich für dich eine Dreizimmerwohnung mieten lassen, und wenn es dir recht ist, soll Berta bei dir Zofendienste verrichten ...

Vater wartet auf meine Antwort. Aber mein Herz ist jammervoll zerrissen. Einen Gaurisankar von Güte, von väterlicher Liebe baut mein Vater um mich herum. Akademische Interessen liegen außerhalb seiner Vorstellungswelt. Vielleicht schätzt er sie nur gering ein, er, der selfmademan, der Zirkuskönig ... Doch er vertraut mir, er ist stolz darauf, daß ich mich nicht vertändele, nicht voreilig vergebe, daß ich als sein »akademisches Trotzköpfchen« unbeirrt einem großen Ziel zustrebe. So denkt Vater, so fühlt Vater, der jetzt meine Hand streichelt. Wenn er wüßte ...

Ich muß reinen Tisch machen.

»Vater ...« – ich blicke ihn ernst an.

Doch da beugt sich der Kellner an sein Ohr: »Verzeihung – ein dringendes Ferngespräch aus Wien für den Herrn Rat!«

Mit müden Schritten kam Paul Busch zurück. Ich sah erschrocken in sein abgespanntes Gesicht, sah zum erstenmal, daß seine Schläfen grau wurden.

»Kind – lange mache ich dieses Hetzleben nicht mehr mit ...«

Vater aß schweigend.

Bei Mokka und Zigaretten, unterbrochen von neuen Telefonaten und Telegrammen, erfuhr ich: Schwerer Unfall in unsrem Wiener Zirkus. Premiere in Frage gestellt.

Vater wischte sich über die Stirn: »Weißt du, Paulchen, was mich jeder Pausiertag kostet? – – – 120 Pferde, 8 Elefanten, die ganze Menagerie, 50 Stalleute, 120 Ballettmädchen, 300 Mann Komparserie, 36 Mann Kapelle, meine zwei Dutzend hochbezahlter Mimiker, 12 artistische Nummern von Weltklasse, meine Herren von der Direktion – – – rechne zusammen, was das täglich kostet!

Am schlimmsten aber: unser tüchtiger Chefelektriker liegt hoffnungslos und wird wahrscheinlich den hohen Blutverlust nicht überstehen – es sind ihm beide Beine weggerissen. Vor fünf Stunden ist das Unglück passiert ...«

In Berlin hatte während jenes Winters ein Manegenschauspiel aus den Kolonien derart eminenten Erfolg, daß es immer wieder prolongiert werden mußte und deshalb nicht mit nach Wien genommen werden konnte, wo wir regelmäßig im zeitigen Frühjahr unser Zirkusgebäude am Prater eröffneten.

Die Hereros vom Waterberg, die Elefanten vom Ngami-See, das Schutztruppen-Detachement, die Farmer von Hamakari waren also in Berlin unabkömmlich. Hatten sich die Berliner an ihren endlich sattgesehen, würde es Zeit sein, mit diesem Stück in unser Hamburger Haus zu gehen, das wir den ganzen Sommer über bespielten.

KLONDIKE

Großes Manege-Stück aus dem modernen Goldgräberleben

Ich erinnerte mich: dieses Zirkusschaustück, zu dem meine Mutter noch die Idee gegeben hatte, war eine raffinierte Mischung von Wildwestromantik und lieblichem, romantischem Opernzauber.

Im ersten Akt soffen, jeuten, schossen die Desperados, die Goldsucher und ihre Hyänen, in wüsten Hafenkneipen herum. Dann folgte ein veritabler Indianer-Sketch, und am Klondike-River zeigten bei harten Kämpfen zwischen Gut und Böse, zwischen Weiß und Braun unsre Springpferde ihr Können. Und dann kam eben der prunkvolle Höhepunkt: »Der Goldene Akt«.

Aus der Zirkuskuppel senkte sich eine riesige Platte herunter und legte sich auf den Rand der Manege. Auf diese Platte war das »Goldene Tal« mit der indianischen Tempelhöhle »Speranza« aufgebaut. In diesen Felsendom aus purem Gold legt der Gris Loup, der Graue Wolf, reumütig einen entführten Knaben der Weißen nieder und entflieht. Das in einer magischen Strahlenaureole ruhende Kind wird nun umtanzt von den Genien des Goldes, von den Elfen des Glücks. Also kurzum: das große Ballett tritt in Aktion.

Das aber war choreographisch und musikalisch zu einem wirklichen Kunstwerk gestaltet worden. In den golden strah-

Wohnung bei Apothekerswitwe Wendland in Köln,
Spichernstraße 65

lenden Felsen hatte man Gongs und klingende Stäbe verborgen, die von den Tänzerinnen unsichtbar angeschlagen wurden, so daß eben das ganze Goldgebirge zu tönen begann – als Zeichen, daß die Götter des Indianerhimmels Frieden schließen mit denen, die ihr Volk schützen werden.

Heute morgen um neun Uhr war diese Zauberplatte aus zwanzig Meter Höhe in die Manege unseres Wiener Zirkus hinabgestürzt. Nicht mit einem Schlag, sondern drei, vier Sekunden hatte der (wahrscheinlich zu schwache) Motor die Tonnenlast in der Schwebe halten können, dann war's geschehen.

Noch hatte die Morgenprobe nicht begonnen, nur die Techniker waren an der Arbeit. Ihrem Chef hat ein Seilzug die Beine abgeschnitten.

Vater schwieg und blickte mit leeren Augen vor sich hin. Aus Sorgengedanken aufschreckend, zog er sein Chronometer. In einer halben Stunde geht der Schnellzug nach Wien ab.

Ich stehe vor seinem Schlafwagencoupé. Er schreibt noch zwei Telegramme, die ich sogleich aufgeben soll. Er bittet mich, Berlin anzurufen: Rapporte sollen nach Wien gehen. Er drückt heiß meine Hände, als der Mann in der roten Mütze trillert.

Ich winke lange, lange dem ausfahrenden Zug nach.

Dann gehe ich nach Haus und schließe mich ein. Ich weine über meine Feigheit. Aber hätte ich ihm, diesem müden, abgehetzten Vater, noch diesen Schock zufügen dürfen?

Hätte ich ihm berichten, beichten können, daß gestern, am Tag meiner Abiturienten-Schlußprüfung, meine Hand sich in eine andere gelegt hat – zum Treueschwur für das ganze Leben?

Ich fand keine Antwort. Die doppelte Glücksstunde von gestern, sie hat allen Glanz verloren.

Auf dem altertümlichen Schreibsekretär liegt Platos »Phaidros«, seine Ideenlehre, in der Übersetzung von Schleiermacher. Neben dem Buch steht ein riesiger Strauß dunkelroter Rosen.

SECHSTES KAPITEL

Der Rector magnificus will zu meiner ersten Premiere kommen
Zirkuspracht mit 235 Pferden
Madame Constanze Busch möchte den ersten
Kinematographen kaufen
Russische Botschaft protestiert gegen eine Zirkuspantomime,
und Mutter rächt sich
Wie der gagman Georg Footit arbeitete

Ich weiß nicht mehr, wie ich zu der Ehre kam, als simple Studentin des dritten Semesters bei einer geselligen Veranstaltung neben dem berühmten Literarhistoriker Erich Schmidt zu sitzen. Natürlich war ich auf der Friedrich-Wilhelm-Universität in Berlin begeisterte Hörerin seiner klassischen Kollegs über die »Geschichte der deutschen Literatur von Klopstock bis Schiller« und über die »Geschichte der deutschen Romantik bis Heine«.

Und nun saß ich neben ihm, dem Entdecker des »Urfaust«, dem Herausgeber der Weimarischen Goethe-Ausgabe, dem Rektor der Universität.

Erich Schmidt ließ sich von mir erzählen, welchen Studienplan ich mir gemacht habe, und wie ich mir meine akademische Zukunft denke.

»Da haben Sie sich viel vorgenommen, Fräulein Busch!« lächelte der elegante Gelehrte. »Liegt auch schon das Thema Ihrer Doktorarbeit fest?«

Ich stockte mit der Antwort. Dann faßte ich Mut: »Ja – Magnifizenz! ... Es ist allerdings etwas eigenartig und abseits ... Aber – ich möchte gern über die Geschichte und die kulturelle Bedeutung der ––– Zirkuspantomime arbeiten!«

Die Verblüffung meines Tischnachbarn war groß. Vorerst kam nur ein »Ach nee!« über seine Lippen.

Belustigt, aber durchaus aufmerksam hörte er meine Ausführungen an, die ihn allmählich ernster zu interessieren schienen. Er korrigierte einige meiner historischen Vermutungen, riß ein Blatt aus seinem Notizbuch und schrieb mir Titel von theaterwissenschaftlichen Untersuchungen auf und bat sogar einen jungen Dozenten an den Tisch:

»Das kleine Fräulein will als weiblicher Columbus amüsantes wissenschaftliches Neuland entdecken – vielleicht helfen Sie ihr dabei ein wenig, Herr Kollege!«

Von so viel freundlicher Förderung überrascht und beglückt, überwand ich alle Scheu und offenbarte auch meine schriftstellerischen Absichten, daß ich versuchen möchte, dem Zirkusschauspiel neue künstlerische Impulse zu geben ...

»Da werde ich mir also in absehbarer Zeit mal ein Zirkusbillet kaufen müssen?« fragte Erich Schmidt lachend.

»Wenn ich Eure Magnifizenz einladen dürfte ––« stotterte ich, »––– ich habe bereits ein Stück verbrochen: *Die Hexe*, und es wird schon im Zirkus meines Vaters einstudiert!«

»Ach nee!« stieß Professor Schmidt abermals hervor, abermals so verblüfft wie vor einer halben Stunde.

Nun gut, er wird kommen. Er wird sich's ansehen, das Manegedrama um Barbelina, die anno 1605 zu Jagow in der Uckermark dem Hexenwahn zum Opfer fallen sollte.

Monate später war Erich Schmidt tot.

Und die Fundamente zu meiner Doktorarbeit blieben liegen. Vom Hörsaal, vom stillen Arbeitsplatz im Germanistischen Institut hatte mich die Notwendigkeit des Lebens zwangsversetzt an das Regiepult in der Zirkusmanege, auf den Direktionsassistentenstuhl neben dem Vater.

Wenn ich die Grabstätte meiner Eltern auf dem Berliner Dorotheenstädtischen Friedhof schmücke, lege ich auch Blumen auf zwei Gräber in der Nachbarschaft. Der Altmeister der deutschen Zirkusse, Ernst Renz, schläft draußen am Wedding seit 1892, und auch Albert Schumann, meines Vaters großer Gegenspieler, ruht schon viele Jahre in der Berliner Erde.

Die Nachwelt weiß: diese drei Zirkusfürsten haben es auf dem Höhepunkt ihres Lebens zu großartigen Zirkuspalästen, zu Millionenvermögen, zu Orden und Ehrentiteln gebracht.

Die Nachwelt beneidet alle diese Erfolgreichen, weil sie in den vielgerühmten »Gründerjahren« lebten, in denen angeblich das Geld auf der Straße lag.

Wobei die Nachwelt vergißt, daß in jenem letzten Viertel des vorigen Jahrhunderts ein Zeitumbruch erfolgt ist, der vielen Zeitgenossen oft die Puste nahm – auch den Zirkusdirektoren.

Man stelle sich doch vor: Die deutsche Kleinstaaterei war zu Ende, die letzte Postkutsche ins Museum gebracht, die biedermeierliche Zipfelmütze wurde endgültig weggesteckt.

Auch der kleine Mann las jetzt täglich eine Zeitung, erweiterte seinen Blick, debattierte (leidenschaftlicher als heute) die Tagesfragen der Politik, wurde von einer nicht abreißenden Kette wissenschaftlicher Entdeckungen und technischer Erfindungen fasziniert, revidierte seine Lebensauffassung, modernisierte sein Haus, seine Kleidung, aber auch – sein Verlangen nach Abwechslung, Zerstreuung, Unterhaltung.

In diesem sich immer rascher wandelnden Panorama standen die Großzirkusbesitzer einem zunehmend verwöhnter, kritischer werdenden Publikum gegenüber, bauten riesige Zirkuskomplexe und statteten sie innen luxuriös aus, umgaben sie mit Marställen für Hunderte von Pferden, machten sich zu Schrittmachern neuer technischer Möglichkeiten und Unmöglichkeiten, und im Kampf um die Gunst des Publikums, im wütenden Gefecht mit der Konkurrenz suchten sie das Nonplusultra zu erreichen, durch das Herzstück ihrer Programme: durch die Zirkuspantomime.

Als Paul Busch im Jahr 1895 die Berliner Arena betrat, erschien gerade eine Festschrift des Circus Renz zu dessen fünfzigjährigem Jubiläum. Welche Dimensionen hatte der Geschäftsbetrieb damals schon angenommen!

>»Der Renz'sche Marstall beherbergt heute 235 Pferde, deren Einzelwerth bei den Vollblutpferden bis zu 10 000 Mark hinaufsteigt. Das Künstlerpersonal setzt sich aus 30 Herren und Damen international zusammen, deren Monatsgage bis zu einer Höhe von 10 000 Mark emporgestiegen ist. Der Betrieb des Circus erfordert mitsamt der außerordentlichen Kosten der großen Ausstattungsstücke einen jährlichen Capitals-Aufwand, bei welchem 1 Million Mark noch nicht reicht!«

Man möge diese horrenden Goldmarksummen ruhig glauben. Der atemberaubende Wettlauf mit der Zeit wird in den Geschäftsbüchern des Circus Busch den Unkostenetat noch höher ansteigen lassen.

Der Geldfresser, aber dann auch der Geldbringer, war die Pantomime. Sie wurde in Pracht und Herrlichkeit als Spezialität des Circus Busch ausgebaut.

Im rohseidenen Morgenrock saß meine Mutter in ihrem Zimmer und trank ihre Schokolade.

Ihr gegenüber, in Kleidung und Haltung ganz Vortragender Rat, referierte der Privatsekretär Dr. Schröder, ein merkwürdiger, geheimnisvoller Mensch, der am Todestag der Constanze Busch ohne Kündigung, ohne Abschied fortging und seine Spuren auf immer verwischte.

»Zeitungen gelesen, Doktor?«

»Gewiß, Madame! Die Gazetten bringen aus Sumatra neue Meldungen über das Affenkind. Dieses kleine Gayo-Mädchen soll drei Jahre lang bei einer Orang-Utan-Familie zugebracht haben. Man hat die Affeneltern abschießen müssen, um das Kind zu befreien. Wie Madame vorausgesehen hat: die Affenaffäre ist Tagesgespräch geworden, wohin man auch kommt! ...«

»Also genau das, was wir brauchen für unsre Manegenstücke! Aktuell sein, lieber Freund! Unser Publikum will große oder kleine Weltgeschichte im Zirkusspiel erleben! Neuruppiner Bilderbogen! Aber in Großformat und sozusagen mit Beene! Und mit Musik! Und neben dem Amüsement und der Sensationslust wollen die Leute auch ihren Wissensdurst befriedigen. Vergessen wir doch das nicht, lieber Doktor! Je mehr stumpfsinnige Maschinenarbeit ihre Tage ausfüllt, desto mehr wollen sie am Abend ihren Geist mit neuen Eindrücken, mit neuen Kenntnissen von der großen Welt nähren! Überall gibt's jetzt starkbesuchte Volksbibliotheken, Arbeiter-Bildungsvereine, Debattierklubs! Und darum können wir nicht sorgfältig genug unsre Vorarbeiten erledigen, um wirklich echt zu sein: in der Szenerie, in den Kostümen, in der Charakteristik der handelnden oder fremdländischen Personen!«

Paula Busch als »Lady Hamilton«

Dr. Schröder stimmte bei: »Bestimmt, Madame! Mit den ›Räubern in den Abruzzen‹ und ähnlichen Spektakelstücken von den alten Kunstreitertruppen kann man ja schon lange niemanden mehr anlocken! ... Wann werden Sie die Affenmädchen-Pantomime fertig haben, Madame?«

»Regiebuch in acht Tagen —— Ballettproben schon ab nächsten Mittwoch vormittag —— verständigen Sie bitte den Ballettmeister!«

Und um Mitternacht, als Constanze Busch aus der Vorstellung kam, warf sie das Brillantdiadem, die Armbänder, die Ringe in die Schmuckschatulle, befreite sich von ihrer Auftrittstoilette und schloß sich »mit ihrem Genius« ein, wie sie ironisch scherzend zu sagen pflegte.

Viele Nächte tat sie das. Las in den Büchern, die ihr der Dr. Schröder aus verschiedenen Bibliotheken besorgen mußte, machte sich auf blauen Billetdouxkarten Notizen, schloß die Augen, und vor ihrer Seele stand die Zirkusmanege, die sich langsam mit ihren Visionen füllte. Die Hand der Nachdenkenden griff in den Rauch ihrer Zigarette, arrangierte dämmergrüne Riesenschleier über die erste Bühne, dirigierte unsre Zirkuselefanten durch einen Steppenbrand, sah einen grandiosen Festzug am Palais des Gouverneurs vorbeiziehen und ——— Constanze entriß sich ihrem Raimundschen Zaubertheater, denn eine neue Idee nahm die realistische Seite ihres Wesens gefangen. Sie sann nach ——— wenn es gelänge, bei der Rückkehr des Affenmädchens (das Mutters Phantasie bereits zur Tochter des indischen Fürsten Ishuk erhöht hatte!) die merveilleuse Erfindung der Messieurs Auguste und Louis Lumière einzubauen? Lebende Bilder im nächtlichen Park beim Freudenfest!

Die Brüder Lumière in Paris haben Mama liebenswürdigst ihren soeben geborenen Kinematographen vorgeführt und haben der schönen Madame Busch – langjährigem exzellentem Mitglied des Pariser Cirque Franconi – ihr tiefstes Bedauern ausgesprochen, daß ihr Erfindergeist sie malheureusement noch nicht in die Lage versetzte, »lebende Photographien« auf die nötige Bildfläche von 5×5 Metern zu projizieren. (Auch Skladanowsky, der deutsche Erfinder der »bewegten Photobilder«, konnte dieses Verlangen vorerst nicht erfüllen – die spätere großartige Entwicklung der Kinematographie hat Constanze Busch nicht mehr miterlebt.)

Aber Madame la Directrice nahm aus Paris eine neue camera obscura mit, die in der Berliner Busch-Manege, im Park des Herrn Gouverneurs von Kalkutta, den geplanten »Monarchen-Corso« unerhört plastisch auf die Marmorwand des Palastes warf.

Eine Zeitungsnotiz war sensationelles Manegespiel geworden:

> **»ZSCHEUS«**
>
> *das Waldmädchen*
>
> Dargestellt von 300 Personen und dem
> aus 140 Personen bestehenden
> **Corps de ballet**
>
> Alle Einrichtungen gesetzlich geschützt!

Ich habe keine Erinnerung mehr an dieses Stück, in meiner Programmsammlung befindet sich ein fremdsprachliches Exemplar:

> **»ZSCHEUS«**
> *la fille de la forêt*
>
> Représenté par 300 personnes et le corps de ballet,
> comprenant 140 personnes

Das Manegespiel meiner Mutter war in Bausch und Bogen nach Belgien verkauft worden und machte dort genau so volle Häuser wie in Berlin, Hamburg und Wien.

Pantomimen-Chefautorin Constanze Busch geriet bei ihrem nächsten Stück heftig mit der Theaterpolizei zusammen. Beim Auswärtigen Amt war eine erregte Beschwerde der Kaiserlich Russischen Botschaft eingelaufen gegen das in Vorbereitung befindliche, überall schon plakatierte Stück: »Die Nihilisten«.

In allen Stadtteilen Berlins rissen die Schutzleute die Affichen ab. Aber hinter ihnen rückte die Klebekolonne des Circus Busch mit neuen Plakaten an:

||||||||||||||||||||||||||||||||||||||||||||||||||||||||||||||||||||||||||||||||||

Nach Sibirien!

Großes
Manege-Schaustück

||||||||||||||||||||||||||||||||||||||||||||||||||||||||||||||||||||||||||||||||||

Eine Spielhandlung aus der Sphäre des russischen Hochadels: ein Graf bringt denunzierend einen anderen ins Konzentrationslager, id est nach Sibirien.

Aber meine Mutter, die ja das zaristische Knutensystem von ihren Gastspielen in Rußland kannte und mit leidenschaftlichem Herzen haßte – Mutter sorgte ingrimmig dafür, daß der IV. Akt des Schauspiels in realistischer Deutlichkeit zum Höhepunkt herausgearbeitet wurde.

In diesem IV. Akt wird nämlich ein Transport von grausam verurteilten Männern und Frauen von den Kosaken durch den Schneesturm der Steppe gepeitscht, hin zu den Bleibergwerken Sibiriens. Im Programmheft beschrieb man die Szene ähnlich wie in der großen Romanliteratur jener Tage:

> »Zum Tode erschöpft, sinkt bald hier, bald dort einer der Elenden nieder. Niemand kümmert sich um ihn, und rohes Gelächter der eskortierenden Kosaken bildet seinen Todesgruß.«

In dieser Situation sah Mutter vollkommenstes Sinnbild des brutalen östlichen Regimes. Nächtelang wurden diese fünfzehn Minuten durchprobiert, immer wieder wechselte die Regisseurin einzelne Pantomimisten aus, die nicht dramatisch genug mit ihren Ketten rasseln und um Barmherzigkeit flehen konnten.

Nachts zwei Uhr legte die Frau Direktor eine Pause ein und ließ Tee mit Rum ausgeben. Dann ging es weiter.

»Also, Herrschaften, nun noch einmal! Bitte schon am Sattelplatz mit den Gebärden des Wehklagens beginnen!«

Jetzt, leicht alkoholbeschwingt, brannte das Feuer echter Spielleidenschaft hoch auf. So hoch, daß die Verbandkästen geholt werden mußten, weil unsre Bereiter mit ihren Kosakenpeitschen zu sehr in Hitze geraten waren.

Noch nicht genug Illustration. Mutter ließ durch ganz Europa nach Wolfskreuzungen kabeln. Acht Stück hatte man schließlich aufgetrieben. Ihre Aufgabe war, in enger Schlucht (mit seitlichen, verdeckten Gittern natürlich) zwei Pferdeschlitten blutlechzend nachzuhetzen. Das tat die wilde Meute täglich vortrefflich, den Pferden machte es weniger Spaß.

Unheimlich stark ist der Erfolg dieses Stückes gewesen. Oben auf der Galerie und unten im Parkett verstanden sie Mutters »j'accuse« und quittierten es allabendlich mit demonstrativem Beifall.

Ein vergilbtes Zeitungsblatt aus dem Jahr 1903. In 43 großen Vergnügungsanzeigen werden die knapp 2 Millionen Berliner allein in 24 Theater mit 30 Vorstellungen an diesem einen Mittwoch eingeladen.

In der Krolloper »geschlossene Vorstellung für das Offizierskorps der Landwehrinspektion Berlin«. Im Apollotheater »Vision nach dem Ball« mit der Musik von Joachim Albrecht, Prinz von Preußen. Zum 181. Mal wird im Berliner Theater »Alt-Heidelberg« gegeben. Im Lessingtheater findet die Premiere von Franz Adam Beyerleins »Zapfenstreich« statt.

Neben den Theatern Amüsement aller Art. Der Wintergarten stellt heraus: »Otto Reutter, Humorist«. Im Passage-Panoptikum ist »Eliza« zu sehen, eine 13 Jahre alte, 350 Pfund schwere Russin, im Ballhaus Englischer Garten dirigiert »Kapellmeister Nante mit seinem kleinen Cohn«, und im Passage-Theater geht »Mortonellos sensationelle Enthauptung einer lebenden Dame« über die Bühne.

Mitten auf der Vergnügungsseite dieser alten Tageszeitung stehen sich zwei scharf konkurrierende Unternehmen gegenüber: Busch und Schumann.

Im Circus Schumann: »Herr Julius Seeth mit 25 Löwen«.

Im Circus Busch: »Mr. Sawade mit seiner berühmten Tigerdressur«.

Bei Schumanns kann man Mlle. Dutrieu »den weitesten Sprung mit dem Fahrrad: 50 Fuß (= 15 Meter)« tun sehen, bei Buschens lockte eine »Quadrille aus der Zeit Friedrichs des Großen, geritten auf 10 Schulpferden«.

Doch das alles war ein Beiprogramm. Die Nasenlänge, mit der Busch in dieser Saison wieder einmal »vorn lag«, verschaffte ihm seine

---

Original-Pantomime

AUF DER HALLIG

Dem Kommissionsrat Busch hat es den Atem verschlagen, als Pantomimenregisseur Footit ihm unterbreitete, welche technischen Gags er für dieses Stück ausgebrütet hatte.

»Footit, Sie werden mich noch zum Bankrott bringen!« fauchte Vater den Mann an, der seine (früh verstorbene) Stieftochter Maria Dorée geheiratet hatte.

Busch fragte ironisch weiter: »Soll ich Ihnen vielleicht wieder eine ganze elektrische Apparatur für 10 000 Mark kaufen wie voriges Jahr? Nur damit Sie partout ein paar richtige Hochspannungsblitze in die Bäume des Teutoburger Waldes jagen können?«

Georg Burkhardt-Footit

»Unser ›*Arminius*‹-Schdigg war gein Erfolch?« erkundigte sich Vaters Stellvertreter in sächsischer Ruhe.

»Natürlich war's einer, aber ...«

»Nu sähn Se.«

Footit legte seine sorgfältig ausgearbeiteten Entwürfe auf den Tisch. Innerlich hoch begeistert, nach außen brummend, gab Vater Busch sein Placet zu einem Manegetraumspiel, das einige hunderttausend Menschen in Berlin, Hamburg, Wien tief verzaubert hat. Auch ich, damals ein Mägdelein klein, habe »Auf der Hallig« gesehen — — als schönstes Bilderbuch meiner Kindheit bewahre ich den letzten Akt im Gedächtnis.

Die Handlung: schlicht, unkompliziert, aus dem schweren Alltagsleben der Halligbewohner. Unter der Fischerjugend findet sich ein Liebespaar, und im Programmheft wird der dunkle Schatten auf ihrem Schicksal schon auf Seite 2 angedeutet:

»Liebe überwindet alles«, spricht das Bibelwort.
Überwindet sie auch das unerbittliche, aufgepeitschte Meer?

Hinrich Kröger ist mit seinem Fischerboot ins Unwetter geraten, kehrt nicht zurück, und Hanne, seine unglückliche Braut, fährt ihm in irrer Verzweiflung nach – das Meer verschlingt sie. Das Meer war unsere dreieinhalb Meter tiefe Wassermanege. Auf ihrem Grund verließ die Hauptdarstellerin schwimmend (und vom Publikum unbemerkt) das nasse Element durch einen Tunnel. Im Blitztempo hatte sie auf Seitentreppen hinauf in die Zirkuskuppel zu laufen, denn jetzt begannen Herrn Footits Zaubergags.

In blaugrünem Gewitterlicht legte sich plötzlich ein Gazevorhang zwischen kochende Manegesee und fröstelnde Zuschauer. Dieser Schleierrock um die Manege mit ihren 13 Metern Durchmesser kam von der Kuppel herunter und bildete nun eine Rundmauer von 20 Metern Höhe. Sie blieb nicht unbeweglich stehen: die ganze Farbenpracht der Meerestiefe wurde auf sie projiziert – leuchtende Fische, bizarre Meeresungeheuer, starre Korallenriffe.

So etwas hatte Berlin noch nicht gesehen. Und die weit aufgerissenen Augen der Zuschauer füllten sich jäh mit Tränen, wenn hinter der Schleierwand lautlos, mit unbewegtem Segel, das Fischerboot (aus der Kuppel) hinabsank. Am Mast festgebunden stand das Fischermädchen Hanne Lorenz im weißen Gewand, und mit geschlossenen Augen glitt sie auf ihrem Todesboot geisterhaft tiefer und tiefer.

Der Schönsten im künstlerischen Personal war diese Rolle übertragen worden, der Solotänzerin Sina Spampani. Ihr »Untergang« im Fischerboot und ihre unterirdische »Kanalschwimmerei« von der Sohle der Wassermanege ins Freie waren nicht ungefährlich. Aber das Gruseln überfiel sie jeden Abend neu, wenn sie in der Kuppel das »Todesboot« besteigen mußte. Kurz vor der »Hallig«-Premiere war im Stockholmer Zirkus das Seil gerissen, das den Schulreiter Coradini auf seinem Lipizzaner mit einem aufsteigenden Ballon verband, und Pferd und Reiter waren zu Tod gestürzt.

Nach der glanzvollen Uraufführung des neuen Stücks erschien der Herr des Hauses auf dem Sattelplatz, zog die Brieftasche und überreichte allen Beteiligten, auch der jüngsten Najade, ein Zwanzigmarkstück. Herr Footit bekam von diesem Tag an eine Gehaltszulage von 300 Mark im Monat, Fräulein Spampani erhielt für das Frühjahr einen Sonderurlaub und die Fahrkarte nach Petersburg, wo ihre Schwester als Star der Schulreiterinnen im Circus Ciniselli brillierte.

SIEBENTES KAPITEL

*Paul Busch besitzt acht Millionen Goldmark
und ist unglücklich
Wettfahrt mit Wilhelm II. auf dem Kurfürstendamm
Heimliche Trauung im Londoner Kleinleuteviertel
Monstretableau mit hundert Pferden
Die Blaue Blume der Romantik im Roten Ring
Vineta will nicht in den Fluten versinken*

Der Vater hatte mich von der Uni abgeholt, und wir fuhren durch den Tiergarten nach Haus. Florian, den Leibkutscher Papas, hatte ich mitsamt meiner schweren Aktentasche auf dem Rücksitz des Kutschwagens deponiert, hatte die Zügel genommen und freute mich, wie meine beiden amerikanischen Jucker »Blacky« und »Fairy« elegant steppten.

Diese beiden klassisch schönen Pferde gehörten mir persönlich, und ich brauchte nur den diensttuenden Zirkusstallmeister anzurufen, um meinen Wagen schnellstens vor der Tür zu haben.

Das tat ich gern am Spätnachmittag, wenn sich der Kurfürstendamm füllte. Welches Vergnügen, die Pferdehufe auf dem harten Beton in maschinengleichem Takt trommeln zu hören! Wie wundervoll, den damals noch sehr vorsichtig fahrenden Autos geschmeidig auszuweichen und jede Equipage spielend zu überholen!

Ohne je in Galopp zu fallen, ließen sich meine Jucker unheimlich im Trabtempo steigern. Das wußte ich, und deshalb berührte mich eines Tages die Mitteilung des hinter mir sitzenden Kutschers wenig. »Der Kaiser ist hinter uns, Fräulein Paula!« hatte er mir ins Ohr gerufen.

Ein schneller Blick rückwärts. Tatsächlich! Herrliche Schimmel, lackhochglänzende Hofequipage, Majestät in großer Uniform. Und wohl auch (wie immer) in größter Eile. Ich hörte seine Vollblüter schnauben.

»Fahren Sie doch beiseite, Fräulein Paula!« schrie mein aufgeregter Mitfahrer.

Ich dachte nicht daran. Sportlady Paula läßt sich nicht gern überholen. Nur leicht touchiert, gingen »Blacky« und »Fairy« aus sich heraus, daß die Wagenlaternen klirrten. Und dicht hinter meiner Brake prasselten die Hufe der kaiserlichen Pferde.

Nur flüchtig sah ich, wie das Publikum stehenblieb, wie Schutzleute erbost winkten – eine Irrsinnige fährt mit dem Kaiser um die Wette!

Vor der Halenseebrücke ließ ich's genug sein, lenkte von der Straßenmitte zur Seite, und als Wilhelm II. an mir vorbeizog, drohte er dem kessen Mädchen mit dem Zeigefinger.

Zu solchen Backfischstreichen war mir nicht zumute, als ich mit dem Vater durch den grünen Dom des Tiergartens fuhr. Der alte Herr saß neben mir, mit einem Packen Zeitungen auf den Knien.

»Paulemann – die Welt hat sich früher in einer besseren Assiette befunden, wie der Prittwitz-Gaffron zu sagen pflegt ... Komme eben vom Direktor der ›Darmstädter‹ ... auch mein Freund Magdeburger get wind of unexpected disaster, wie er sich vorsichtig ausdrückt ... Du weißt, die Herren von der haute finance hören etwas früher die Ratten pfeifen als unsereiner ...«

»Scheinst heut wieder deinen elegischen Tag zu haben, Papa?«

»Nicht doch, mein Kind! Nur ein wenig satt hab ich's ... die täglichen Aufregungen, die Reisen, den Energieaufwand. Hinter jedem muß ich herlaufen und ihm Feuer untern Frack machen ... Wozu alles? Magdeburger hat heute überschlagen: etwa an die acht Millionen Privatvermögen stehen mir zur Verfügung, und das dürfte reichen für mein Alter und für euch!«

Ich schwieg.

»Ja, ich werde älter und ich frage mich: wie soll's weitergehen? Auch wenn der Frieden uns erhalten bleibt –– werde ich je eine Entlastung haben? ... Ich anerkenne, daß du mir bei den Pantomimen hilfst, aber ––– wird dein Herz, dein ganzes Herz, jemals dem Zirkus gehören? Gehört es der Wissenschaft? Gehört es deiner Schriftstellerei? ... Dein Theaterstück ›Die Akrobaten‹ – gut, es ist schon von einem Dutzend Bühnen gespielt worden –– doch wie geht's weiter mit dir?«

Paul Busch zündete sich eine Zigarette an: »Du weißt es wahrscheinlich selbst nicht, Paulchen! Das mag auch die Unruhe erklären, die Nervosität, die ich an dir schon seit längerem beobachte ...«

Wir bogen in die Tiergartenstraße ein, und ich mußte mich auf den Straßenverkehr konzentrieren. »Später bitte, Papa!« sagte ich, und mir war so elend zumute wie bereits schon einmal am Morgen dieses Tages.

In der zehnten Morgenstunde war ich im Zirkus erschienen, um mit unserem Friseurehepaar Dyck die Perücken für mein Hexenstück durchzusprechen. Dabei war der Briefträger in meinem Zimmer erschienen:

»Morjen, Fräulein Paula! Jestatten sie eene Frage: jibt's im Circus Busch eine Frau Professor U...? Det Büro schickt mir zu Ihnen! Vielleicht kennen Sie die Dame, für die ich hier ein' Einschreiber habe?«

Ich sah den alten Brüggemann entgeistert an, und meine Stimme versagte.

Dann lachte ich schrill auf: »Nee, lieber Postrat, Professorenfrauen beschäftigen wir hier prinzipiell nicht! Da hat sich jemand einen dummen Witz gemacht!«

»Jut. Schreiben wa droff: Empfänger unbekannt! Ganzes Batalljon kehrt! Morjen, Fräulein Paula!«

Den Brüggemann habe ich mittags abgefangen, als er in sein Zustellamt zurückkehrte. Er hat mir den »Einschreiber« geben müssen. Denn ich war laut Ausweis und Urkunde – die Frau Professor Paula U... Den alten treuen Postbeamten bat ich, nach Dienstschluß auf meine Rechnung im »Nußbaum« so viele Berliner Weiße mit Strippe zu trinken, daß er bis ans Ende seines Lebens meinen neuen Namen vergißt und im Zirkus beim gewohnten »Fräulein Paula« bleibt.

Der verdammte Esel, dieser Mister Nesfield in London! Er schickt »der verehrten gnädigen Frau Professor« per Einschreiben weiter nichts als ein in der Londoner Blount Street liegengebliebenes Spitzentaschentuch!

Vor drei Wochen habe ich mir in London an diesem Brüsseler Spitzengewebe die Tränen getrocknet. Und da ich nicht recht wußte, ob es Tränen des Glücks waren, sind mir neue Tränen in die Augen geschossen, und der Herr Gymnasialprofessor Dr. U... aus Köln, mein Philosophielehrer vor zwei Jahren, hat mir sein Batisttuch gereicht und mit sonorer Stimme gesprochen: »Weine nicht, liebste Frau — es wird alles gut werden!«

In einem Gefühlswirbel von Reue, Scham und verkrampftem Glücksempfinden habe ich mich an die »Hochzeitstafel« gesetzt. Diese war mit eingeschlossen im Kundendienst des Mister Nesfield.

Seine Adresse hatten wir von einem Berliner Kammersänger, der sich auch in England hatte heimlich trauen lassen. Das war damals möglich, wenn man vierzehn Tage bei einer englischen Familie gewohnt und gewisse Formalitäten erfüllt hatte.

Unvergessen die Familie des Herrn Nesfield im Londoner Kleinleuteviertel! Er war ein verkrachter Kollege meines mir soeben auf dem Londoner Standesamt in der Gegend des Battersea-Parks angetrauten Ehegemahls. Seine Absicht, mit Correspondence Colleges, mit brieflichem Unterricht, die rapid anwachsende Kinderschar zu ernähren, war mißlungen. Der Zufall hatte Mr. Nesfield auf die Idee gebracht, durch Arrangements von Ausländer-Schnelltrauungen Geld zu verdienen. Wie bei den Beerdigungsinstituten sorgte er dabei für alles, von der Behördenlauferei bis zum Rosenbukett am Hochzeitsbett in seinem Haus.

»Bei Jupiter«, flüsterte mein altphilologischer Gatte, als wir zum Hochzeitsmahl näher an ein schmuddeliges Tischtuch rücken mußten. Nicht vom schneegekrönten Olymp, sondern aus fettdünstiger Küche trat Thalia, die Grazie der blühenden Festesfreuden. Sie, die Herrin des Hauses, stammte aus Irland. Ein lachsroter Schopf teilte sich wie ein Pferdepuschel über Stirn und Ohr und gab der Dame etwas Volksfesthaftes.

Sie hatte Hammelkoteletts en masse gebraten, und die ebenso zahlreichen wie leicht verwahrlosten Kinder leckten sich die Finger und nahmen Fippy, den Hund, hoch, damit er auch mal an der Bratenplatte schnuppern konnte.

Und nicht trat, wie wir einst am Rhein träumten, Hymenaios, die Brautfackel in der Hand, ernsten Gesichts auf uns zu. Mr. Nesfield kam mit einem Korb Flaschen angerasselt – für die Herren eine Flasche Guiness, den Damen ein Glas Port.

Auch Hesiod, der Sänger vom Helikon, mied das nachklassische Brautpaar. Ein Grammophon mit resedagrünem Riesentrichter, in den die Kinder jubelnd die Ränder des Rhabarberkuchens zum Schluß der Feier warfen, kreischte los: »Sweet Mary, come to me ...«

Jubel, Trubel, Heiterkeit. Es war unerträglich.

In den Preis für unsere amtliche Kopulierung war auch ein »Ausflug« am Nachmittag einbegriffen. Mit bierfrohen Wangen verteilte der Gastgeber Eintrittskarten für den 2-Schilling-Platz auf einer Rennbahn.

Wir Brautleute dankten herzlich. Im Battersea-Park, zwischen bescheidenem Publikum, saßen wir stumm nebeneinander. Mein Mann griff nach meiner Hand. Leis begann er, den berühmten Chorgesang aus der »Antigone« des Sophokles zu sprechen: »Eros, Allsieger im Kampf! Eros, der du gewaltig auf deine Beute fällst, der du lauernd ruhst auf des Mägdleins zarter Wange ... du schweifest umher auf der Meeresflut und zu den einsamen Stätten des Feldes ...«

Nervenüberreizt begann ich zu weinen. War es das erste Dämmern späterer bitterer Erkenntnis? Sah ich bereits im Regengrau des Lebens jenes Land entschwinden, das ich mit glühender Seele gesucht hatte? Hatte ich mich nicht in einer Halluzination verfangen, in dem Irrgarten so vieler Jungmädchenherzen, die einen großen, bewundernswerten Mann der Geschichte identifizieren mit dem, der ihnen das Bild des Großen nahebringt?

Wer war dieser Mann, *mein* Mann, da neben mir, dessen Werbung ich erhofft, erduldet und nun erhört hatte? Ein Jahr lang haben wir uns als heimlich Liebende auf Stunden gesprochen, der gemeinsamen Zukunft vertrauend, die Vertiefung und letzte Verkettung geben wird ...

Unerträglich aber war mir in dieser Stunde im Battersea-Park der Gedanke an meinen Vater. Wohl kaum hätte er, der Geradlinige, der Erdenfeste, das geistig überhitzte Liebesverhältnis eines jungen Mädchens zu einem wesentlich älteren Mann verstanden oder gar gebilligt! War es bisher die Angst vor Vaters »Nein«, so verbot es jetzt mein Stolz, des Vaters »Ja« zu erbetteln. Ich hatte mein »Ja« verpfändet, und so mag kommen, was will.

Wir verließen am gleichen Abend die ehrenwerte Familie Nesfield und ihren romantischen Schmutz und siedelten in ein Hotel über, wo man sogar Deutsch sprach.

»Gute Nacht, Frau Professor! Wünsche angenehm zu ruhen!« sagte der Portier am Fahrstuhl.

Da mußte ich zum ersten Mal lachen an diesem Tag, an meinem Hochzeitstag.

An einem Zirkusroman schrieb ich, als in Swinemünde die Zeitungsjungen auf die Hotelterrasse sprangen und an diesem Sonnabend, am 1. August 1914, der erste Weltkrieg begann.

Vater, am Telefon in Berlin, beruhigte mich. Dem einstigen Freiwilligen von 1870/71 war es selbstverständlich. »Spätestens zu Weihnachten werden unsre Soldaten abermals lorbeergeschmückt durchs Brandenburger Tor ziehen!«

Seit einem halben Jahr lebte Paul Busch als Privatmann in seiner Villa am Grunewald. Was er bei jener Spazierfahrt angekündigt hatte, war Wirklichkeit geworden: der Circus Busch ist verpachtet, der riesige Marstall aufgelöst, die Belegschaft in alle Winde verstreut. Der alte Herr wollte nicht mehr. Ärgerlich wehrte er ab, wenn ihm seine Freunde jetzt zur »guten Nase« gratulierten, die ihm rechtzeitig das »Aussteigen« ermöglicht habe. Nein – nur etwas Ruhe wollte der bald Fünfundsechzigjährige haben.

Er nahm sie sich nicht. Als das Geläut der Siegesglocken seltener erscholl, als in der Heimat zu den freiwilligen Einschränkungen die amtlich verordneten kamen, als die Pächter des Circus Busch keine besonders guten Programme zeigten, da trat der Alte aus dem Grunewald wieder hervor. Und ich trat neben ihn – vorbehaltlos, allen Privatinteressen entsagend, nunmehr mit Haut und Haaren dem Circus Busch verschrieben.

Ich werde in den nächsten Jahren Triumphe erleben, und ich werde im Staub der Landstraße liegen ...

Vater und Tochter überblicken die Situation anno 1915. Die Welt des Zirkus ist leer geworden.

Paul Busch geht die langen Stallgassen entlang. In den vereinsamten Gebäuden hallt sein schwerer Schritt wider.

Hier wurden genau einhundert Pferde zu gleicher Zeit mit vornehmstem Lederzeug gezäumt, wenn »der Rat« in der Manege sein unvorstellbar repräsentatives Monstretableau vorführen wollte: auf den sechs Tellern einer Manegenpyramide ging links und rechts herum die hundertköpfige Prachtschau edelster Hengste. Und auf der Spitze der Pyramide stand, elegant dirigierend, der stolze Besitzer und Herr! Ein Kapitalwert von einer Viertelmillion Goldmark umkreiste ihn.

Hier, auf dem nun verwaisten Sattelplatz, versammelte einst Stallmeister Adolf Busch nach genauem Aufmarschplan 120 (einhundertzwanzig!) Pferde, wohlsortiert »nach Farben« – und die Gruppen der Reiter auf den Rappen, Füchsen, Falben und Schimmeln eskortierten in der Pantomime »Die Eiserne Maske« die Staatskarossen Ludwigs XIV., vornweg unser Riesenpferd »Saragossa« mit der Kesselpauke, gefolgt von der Fanfarenkapelle der Berliner Gardekürassiere –– so zog man in den Roten Ring ein. Niemals wieder – auch in den Shows amerikanischer Zirkusse nicht – sah ich ein solches historisches (und historisch richtiges) Kolossalgemälde von so überwältigender Leuchtkraft und Schönheit!

Den Ohren von Zirkuspferden werden erhebliche Lautstärken zugemutet, doch als das Publikum im Anblick dieser Szene die vierzig Militärtrompeten mit seinem Beifallsdonner einfach erstickte, begannen die frömmsten unserer Pferde zu scheuen und zu steigen.

»Da standen meine sechzehn Schulpferde!« Vater wies bei unsrer Inventuraufnahme auf die Boxen am Ende des Stalls hin. »Weißt du noch – der ›Majestoso‹, der ›Pluto‹, der mich ein Vermögen gekostet hat ..., der ›Malachit‹, der braune Vollbluthengst, mit dem Neubert stürzte ...«

Welche equestrischen Leckerbissen konnte man mit sechzehn Schulpferden bieten! (Heute sieht das Publikum eins oder zwei im Programm!) Das waren kleine, diffizil ausgeführte »Kammerspiele zu Pferd«, wenn man so sagen darf, die wir unsrem Publikum vorführten. Und dieses schenkte dem Bau und der Leistung eines Pferdes so viel kenntnisreiche Auf-

Pferdekarussell

merksamkeit wie heute einem Kabinenroller oder einem Straßenkreuzer.

Graziöse Impromptus waren diese »Menuette zu Pferd«, diese »Völkerquadrillen«, die heiteren Spiele der Göttinnen um den »Apfel des Paris«.

Als Aphrodite hoch zu Roß auf den goldenen Siegeswagen stieg, und Paris (Maria Dorée) ihren »Conversano I« im spanischen Tritt vorangehen ließ, sprengten zur Begleitung ein paar Götterjünglinge herein, unter ihnen der eitle Ballettmeister Oresto.

Ihm haben eines Abends einige bei der Morgenprobe scharf herangenommene Ballettmädchen heimlich zwei rohe Kartoffeln an die silbernen Sporen gesteckt. Der Signore nahm die brausende Heiterkeit der Berliner als ein Sonderkompliment für seine adonisierte Schönheit und ritt mit strahlendem Gesicht eine Extrarunde.

Und mein Vater, jeder Geckerei aus tiefster Seele abhold, spielte dem sonst tüchtigen Herrn einen noch saftigeren Streich, als er zufällig hörte, daß der Maître de ballet sich auf dem Lieblingspferd des Kommissionsrates photographieren lassen wollte.

Im Verein mit dem Stallmeister war er unbemerkt auf ein niedriges Dach gestiegen, und als im Zirkushof der Meisterphotograph zum roten Gummiball griff, kam von oben ein Stalleimer Wasser auf das englische Reitkostüm des Beau. Ab ging die Post! Doch schon sprangen Vaters bereitgestellte Stallburschen aus den Türen und fingen das scheuende Pferd auf.

Am Abend schickte der Direktor in Orestos Garderobe: für das nächste Programmheft ließe er um ein recht amüsantes Photo des Ballettchefs bitten.

Vorbei die Zeiten solcher Eulenspiegeleien, zu denen der Vater – wohl als Ausgleich für seine oft übermäßig gesteigerte Reserve – neigte. Paul und Paulemann, Vater und Tochter, saßen sich in diesem zweiten Kriegsjahr gegenüber und überschlugen: kein Marstall mehr, keine großen internationalen Nummern, keine Clowns (die damals fast alle vom Ausland kamen), kein eingearbeitetes Personal. »Aber Pantomime muß sein!« entschied Vater. »Doch keine für 150 000 Mark! Erfinde die

Brillantbrosche, die 1 Mark kostet und für 10 Mark Krawall macht!« Mit diesem alten Jahrmarktswitz ließ mich Vater zum Dichten und Denken allein.

Ich sah zum Fenster hinaus. Auf der Straße trugen Frauen Schüsseln mit der berüchtigten Kohlrübenmarmelade vorbei, schimpften auf die RIF-Seife und über das zunehmende Ungemach der Kriegszeiten.

Da ging ich hin und pflanzte die Blaue Blume der Romantik in den Roten Ring. Die phantastische Pantomime, die Pantomime aus dem Bereich des Märchens und der Volksoper wurde geboren. Zur nervenberuhigenden Traumwiese soll die Manege werden, ein Buen Retiro für die müden, alleingelassenen Frauen, für die verwundeten Soldaten und Urlauber, für die Kinder.

Und sie alle – in Berlin, in Hamburg, in Breslau – kamen zur jungen Zirkusdirektorin z. b. V. Damals begann es, daß man mich kurz und bündig »die Paula« nannte und »Paula'n« mit jener Herzlichkeit begegnete, die das Herz des Volkes verschenkt, wenn man dieses Herz wirklich anspricht.

Nachts schrieb ich am Textbuch für die nächste Pantomime, tagsüber probte ich und abends bei der Vorstellung war ich Bühnenhilfsarbeiter.

Da hatte ich eine »Mondfahrt«-Premiere ganz in Spitzwegmanier inszeniert. In der versenkten Manege bietet sich eine deutsche Kleinstadt aus der Vogelperspektive. Ein Katzenballett huscht aus den Dachluken, der »Chor der jungen Schwärmerinnen« singt ebenfalls den Mond an. Das stört einen Sternwartenprofessor bei seiner Arbeit. Er ruft nach seinem Aeroplan. Und ohne Eisenhowers Mondtrabantenprojekt abzuwarten, fliegt er Frau Luna an.

Premiere vor ausverkauftem Haus. Der Professor steigt in seine geflügelte Kiste. Hinter dem Bühnenvorhang greife ich wie der Glöckner von Nôtre Dame in das Seil. Der Mondkönig (ein siebzigjähriger Artist) und die Mondkönigin helfen dabei.

Über eine Rolle in der Zirkuskuppel lief das Seil, an dem der Aeroplan mit dem ziemlich feisten Professor von der Manege zur Mondlandschaft auf der Bühne gezogen werden sollte – »als obste schwebst«. Während dieses »Flugs« ließen unsre paar Männer die versenkte Manegenplatte wieder hochgehen.

»Los Kinder!« kommandierte ich, und wir zogen am Seil. Das Flugzeug kam gut ab, stieg unter »Ah!« und »Oh!« der Zuschauer propellersurrend höher.

Jedoch – wahrscheinlich war das Kantinenfutter an diesem Tag besonders wäßrig gewesen – uns verließen plötzlich die Kräfte. Das Seil entrutschte unsren kraftlosen Händen immer mehr.

Auf den Spitzweggiebeln der Manegenstadt vollzog der Kistenbretter-Aeroplan eine dröhnende Bruchlandung. Und gleichzeitig ließ irgendein Schafskopf den Bühnenvorhang hochgehen. Der Thron des König Mond stand leer; Majestät selbst hing wie ein alter Eichkater am hochgeschnappten Seil. Die Krone der Mondprinzessin rollte blechern klappernd über die Bühne. Und ich stand in Vaters alter Joppe im Silberlicht des Mondgebirges.

Die Leute hielten das Malheur für eine humoristische Einlage und lachten dicke Tränen. Süßsaures Kompliment meinerseits, Vorhang zu.

Von einer psychologisch richtigen Betreuung der »Heimatfront« hatte man damals in den Generalkommandos keinen blassen Schimmer. Lediglich langweilige Durchhaltebroschüren wurden gedruckt und auch mir zentnerweise zugestellt zur Verteilung im Zirkusfoyer. Man nahm sie zum Feueranmachen mit.

Vergeblich setzte sich die warmherzige und kluge Frida Schanz dafür ein, der kleinen Zirkusdirektorin an der Spree das Leben etwas zu erleichtern. Mein Volksstück von der »Geyerprinzessin« hatte dieser Schriftstellerin besonders gefallen und sie veranlaßt, in den Zeitungen auf meine »Mission« hinzuweisen: ein paar Stunden Freude, Wärme, Licht ins Jammergrau der Kriegstage zu bringen.

»Unvorhergesehene Störungen in der Pantomime bitten wir in Anbetracht der durch den Krieg entstehenden Schwierigkeiten entschuldigen zu wollen.«

Diesen Satz ließ ich nunmehr fettgedruckt im Programm.

heft erscheinen. Fünfundzwanzig Jahre später stand abermals ein Sonderpassus in unsrem Zirkusmagazin:

»Ausfall einzelner Nummern ausdrücklich vorbehalten! Bei Fliegeralarm Zirkus erst auf besondere Anweisung verlassen! Es ist für alles bestens gesorgt und kein Grund zur Beängstigung!« –––

Zu Anfang des Schicksalsjahres 1918 war die Berliner Telefonnummer 3824 ständig besetzt, und schon am Mittag hörte man an unsrer Zirkuskasse: »Bedaure, alles ausverkauft!«

Für 60 Pfennig auf der Galerie, für 1,20 Mark im II. Rang, für 3 Mark auf der Tribüne bot der immer noch annehmbar geheizte und beleuchtete Circus Busch eine Sensation, die romantischen Zauber mit technischen Wundern verband:

Die versunkene Stadt

Große Wasser-Pantomime

in 1 Vorspiel und 4 Akten

Nach der Vineta-Legende frei bearbeitet und inszeniert von Paula Busch

---

Das Programm verkündete: »In einem Sturzwasserfall versinkt die Stadt Vineta mit allen Menschen. Die Wassernixe Elna wirft ihr Herz in die Flut und bewirkt dadurch das Wiederauftauchen der Stadt. Alle Bewohner und alles Getier entsteigen trockenen Fußes der Tiefe des Wassers.«

So geschah es tatsächlich Abend für Abend: 30000 Liter Spreewasser stürzten aus der Zirkuskuppel auf das sündige Vineta, und 50 Menschen mit 27 Tieren gurgelten dreieinhalb Meter hinab in die Wassermanege.

Sechs Minuten dauerte das Unwetter. Als dann die Scheinwerfersonnen wieder durchbrachen und die Sünder von Vineta

Paul Busch

mit frischgewaschenen Seelen und sogar im Sonntagsstaat aus ihren triefenden Häusern traten, waren auch die mißmutigsten Urlaubslandser baff. Und die Frauen gingen nach Haus in der stillen Hoffnung, daß doch noch alles gut werden, daß auch der verfluchte Krieg durch irgendein Wunder zu Ende gehen könnte.

Unser »Wunder« bestand in komplizierten Taucherglocken, die wir in jedes Fischerhaus eingebaut hatten und während des »Untergangs« mit Atemluft versorgten. Es gehörte für die Mitwirkenden natürlich einiger Mumm dazu, sich diesen eisernen Grabkammern anzuvertrauen, in Gemeinschaft mit Zirkuskatzen, mit Ziegen und Schweinchen.

Ende Januar fiel barbarische Kälte ins Land. Für ein Heidengeld beschafften wir uns zusätzliche Kohlen, aber es wurde auch im Zirkus nicht richtig warm.

Mir taten unsre Nixen leid, die in ihren maillots roses, in ihren Venustrikots, den Poseidon mit einem »Untergangswalzer« umtanzen mußten.

Der Meerbeherrscher hebt den goldenen Dreizack:

> Und ehe noch die Sonne in das Meer versinkt,
> sinkt diese Stadt Vineta hinterdrein!

Die Sonne sinkt. Den Vinetern ist der Fluch in die Glieder geschlagen; sie unterbrechen ihr sündiges Treiben, streben vom Markt zu ihren Häusern. Sogleich wird das Wasser rauschen. Aber in der Zirkuskuppel rührt sich nichts.

Neptun, mit nervösem Blick zum Himmel, wiederholt seinen Fluch. Abermals tanzen die Mädchen. Nix Untergang.

Ich stiebe von meiner Loge zum Sattelplatz: »Zum Donnerwetter, schlaft ihr?« Nein. Die Spritzdüsen in der Kuppel sind eingefroren. Und die Manegenplatte klemmt.

Zum dritten Mal donnert der Wassergott seinen Fluch, zum dritten Mal hopsen seine Meerjungfern.

Den todgeweihten Einwohnern von Vineta in ihren engen Glocken wird die Sache zu dumm. Bänderhauben und federgeschmückte Männerhüte schauen fragend aus den Haustüren. Schließlich ist ganz Vineta wieder auf der verklemmten Manegenplatte beieinander. Blitze zucken, die Windmaschine heult,

Poseidon setzt zur vierten Verfluchung an. Von der Galerie ruft ein Besucher: »Bitte Platz zu nehmen zum zweiten Mittagessen!«

In das einsetzende Gelächter schlägt ein Knacken in der Kuppel, das Rauschen der stürzenden Wasser folgt, ein abermaliger Knack und – die Manege versinkt im Eiltempo. Vineta ist nicht mehr.

Lieber Vater im Himmel! Ich stürze ans Haustelefon: »Wasser weg!«

Umsonst. Und schon tauchen auf dem wogenden Manegesee die ersten Vineta-Leute auf: der zittrige Großvater mit seinem Hund im Arm, die Mutter mit dem (Puppen)-Säugling, der Nachtwächter mit der Laterne, die rosengeschmückten Jungfrauen. Niemand hatte sich schnell noch in die Taucherglocke verziehen können.

Fürs Publikum war dieses Schauspiel ein Mordsgaudi, für die im Wasser ein Kampf ums Leben. Ganz abgesehen von dem Schock plötzlich in Eiswasser getunkt zu werden – das Schwimmen in mittelalterlicher Vermummung war so gut wie unmöglich.

Doch Zirkusleute lassen sich nicht im Stich. Wie die Aale schnellten die Poseidon-Nixen von der Bühne hinein in das jämmerliche Gewurle. Der Abendregisseur warf seinen Frack ins Parkett und sprang auf die prustende Bürgermeisterin von Vineta zu. Unsre zwei Teppichclowns stiegen aus ihren Kostümen und gingen im Unterzeug auf die Jagd nach den quietschenden Ferkeln.

Mit Ausnahme von ein paar rheumakranken, alten Platzanweisern befand sich bald das ganze Personal des Circus Busch im Wasser, und es hat auch tatsächlich niemand Schaden genommen. Im ersten Weltkrieg ließen sich ja noch Alkoholika auftreiben. –

Bald lagen vier harte Lehrlings- und Gesellenjahre im Direktionszimmer hinter mir. Vater Busch schob mir immer neue Verantwortungen zu, übergab mir den Circus Busch in Breslau fast völlig in eigene Regie, und immer deutlicher merkte ich, daß er sich nach ruhigen Alterstagen sehnte.

Er wird sie vorerst genießen dürfen.

ACHTES KAPITEL

Am 9. November 1918: »Imma rinn, Jenossen!«
Der Arbeiter- und Soldatenrat auf der Elefantentonne
Domglocken läuten Sturm und das Licht geht aus
Liebknechts Avantgarde erscheint
Mitternachtserinnerungen an den Zirkuskrawall
von 1903: Koch legt Eberle auf die Matte

In Vaters Grunewaldhaus am frühen Morgen des 9. November 1918.

Saphir, das treue Faktotum, setzt klirrend das Kaffeegeschirr ab. »Die Hallodri! Grad ist die Emma aus der Stadt kommen, Herr Rat –– überall laufen Burschen mit rote Fähnche umher und machen große Sprüch! Geschossen soll auch schon werden, sagt die Emma ... Bittschön, Herr Rat, werden wir heute abend zur Vorstellung fahren?«

Saphir bekam keine Antwort und entfernte sich.

Ich ging zur Balustrade und setzte mich zu Füßen des bald Siebzigjährigen, dessen Welt heute zusammengebrochen war.

Seine Verbundenheit mit dem kaiserlichen Deutschland, mit der monarchischen Staatsform hat der Kommissionsrat Paul Busch nie verborgen. Im Kaiserreich, das er als Kriegsfreiwilliger 70/71 mitbegründen half, war sein Stern gestiegen, hatte auch er es zu Glanz und machtvoller Position gebracht.

Mit Opferwillen sondergleichen ist der Zirkusbesitzer Busch in den Augusttagen 1914 an seinen Geldschrank gegangen, hat alle Goldmünzen, alle goldenen Pretiosen, einschließlich Golduhr und schwerer Kette, in einem weißen Leinenbeutel höchst eigenhändig zur »Goldablieferungsstelle« getragen und sich dann im Warenhaus eine blecherne Taschenzwiebel gekauft. Was der Kriegsbetrieb des Circus Busch abwarf, was ich mit meinen Manegenstücken einbrachte, wurde sofort in Kriegsanleihe festgelegt. Zwei Papierkörbe voll von diesen »Wertpapieren« standen später in Papas Büro.

Geld und Geldeswerte hat Paul Busch in der kommenden Inflationszeit noch in ganz andrem Ausmaß verloren. Das hat ihn erbost und verstimmt, aber es hat sein auf Treu und Glauben gestelltes Verhältnis zur Welt nicht mehr erschüttern können. Im November 1918 war es gnadenlos zerstört worden.

Das Tischtelefon summte, ich nahm den Hörer. »Was? ... was erzählen Sie da, Young? ... Keine Vorstellung heute abend? ... wie? ... der Zirkus ist beschlagnahmt ...?«

In heftiger Erregung riß mir der Vater das Telefon aus der Hand:

»Hallo! Hier Busch! Was reden Sie da für Unsinn? ... Wer hat den Zirkus beschlagnahmt? ... Wer ist denn das? Arbeiterrat? ... Nun gut, Young, sagen sie diesen Herren – in etwa einer Stunde werde ich im Geschäft sein, und dann möchte ich diese Herren in meinem Büro sprechen!«

Schöne Aussichten. Ich kenne meinen Herrn Papa. Seine verbrieften Rechte pflegt er mit Nachdruck zu vertreten. Bei all seiner Wesensruhe, im Anblick eines offenbaren Unrechts wurde er fuchsteufelswild und war dann entschlossen, es Michael Kohlhaas gleichzutun. Eine Berliner Redensart von damals hieß: »Der alte Busch hat Kies und Kurasche.«

Jetzt, im kalten, leeren S-Bahnabteil, strich er zornfunkelnd den Schnurrbart und diktierte mir mit grollendem Baß den Entwurf zu einer polizeilichen Anzeige wegen – schweren Hausfriedensbruchs, Paragraph 124 des Strafgesetzbuches: »Wenn sich eine Menschenmenge öffentlich zusammenrottet, um in das befriedete Besitztum eines anderen widerrechtlich einzudringen ...«

Armer Vater! Du wirst für die nächsten aufgeregten Jahre den Kodex deiner Sitten und Gesetze mit mancher empörten Fußnote versehen müssen. Die erste Gelegenheit dazu sollst du bereits in der nächsten halben Stunde erhalten.

Da, vor uns – das Monumentalgebäude des Circus Busch in voller Festbeleuchtung. Wogende Menschenmenge vorm Portal, Hochbetrieb im Vestibül.

Ein Riesenmensch mit schrecklich rollenden Augäpfeln schwenkt ein Riesenbanner über das Gewimmel und schreit: »Imma rinn hier! Imma rinn, Jenossen!«

Vater, auch kein Zwerg an Körpergröße, steht vor dem neuen Hausherrn: Hände auf dem Griff seines derben Grunewald-Spazierstocks, die schwarze Melone ins Genick geschoben, starrt Paul Busch minutenlang den Bannerschwenker an.

Und da schlägt in diesen bitteren Minuten bei ihm, dem Urberliner, der sarkastische Witz seiner Heimatstadt Berlin durch.

Er tippt dem Volksmann an die Brust: »Eine Frage, Herr Nachbar ... darf die Direktion vom Circus Busch ooch rinn? Ich bin Paul Busch, wenn Sie gestatten ...«

Ohne Blick nach unten antwortet der Hüne:

»Wat Direktion? Hier is die Direktion! Hier steht se!«

Und wieder laut zur Masse: »Imma rinn, Jenossen, imma rinn!«

»Entschuldigen Se gütigst, Herr Direktor!« sagte der alte Rat und ging in sein Büro.

Ich sah mir unsre neuen Gäste an. Was sich später oft wiederholen wird, war hier zum ersten Mal sichtbar: der Chor der Halbstarken randalierte, flegelte herum, gab dem ganzen Bild karikaturistische Umrisse. Das fühlten auch die Älteren, für die ja die Geburtsstunde einer neuen Zeit gekommen schien. Grauhaarige Landsturmleute jagten die schwerbewaffneten, qualmenden, schreienden Bürschchen aus den Logen, wobei es auch ein paar derbe Backpfeifen gab.

In der Mitte der Manege hatte man inzwischen eine unsrer schweren Elefantentonnen aufgestellt und sie mit Fähnchen und Papierrosen geschmückt.

Ich stand am Sattelplatz. Sicher – die links und rechts Sitzenden hatten mich erkannt. Aber die sonst üblichen, freundlich-burschikosen Zurufe unterblieben.

Gelte ich, die ich bis an den Rand des Nervenzusammenbruchs für Erholungsstunden des Volkes gearbeitet habe, plötzlich als Volksfeindin? Als verfluchte Kapitalistin?

Ach ja, ich war damals noch ein dummes Ding, mit den Schwankungen des Gunst- und Dankbarkeitsbarometers noch gänzlich unvertraut! Nicht nur der Vater, auch die Tochter wird manches dazulernen müssen.

Immer mehr bewaffnete Zivilisten und Soldaten strömten in den Zirkus und steigerten die nervöse Unruhe. Von den Rängen rief es ungeduldig: »Anfangen!«

Da kletterte einer auf die Tonne und winkte um Ruhe: »Genossen! In dieser geschichtlichen Stunde ...«

Zur Illustration dieser ersten fünf Worte tackerte draußen vor dem Hauptportal ein Maschinengewehr los. Es bekam von weither Antwort, rings um den Zirkus setzte eine tolle Schießerei ein.

Ein Mann mit roter Armbinde springt auf die Piste und schreit: »Die Versammlung ist aufgelöst! Alles sofort raus!«

Aus den Logen brüllt's: »Schweinehunde haben uns hier in eine Mausefalle gelockt!« ... »Die Lichterfelder Kadetten rücken an! Los, raus Genossen! Bewaffnete zuerst!«

Klappsitze knallen, Rückenlehnen splittern, über die Manegenplatte klappern nägelbeschlagene Soldatenstiefel ... raus! raus! raus!

Da fängt es über unsren Köpfen zu dröhnen an. Erschrocken blickt alles in die Zirkuskuppel. »Sind das vielleicht Flieger?« ruft einer. Alles rennt stolpernd und fluchend zu irgendeiner Tür.

In diesen gefährlichen Augenblicken, dicht vor einer Panik, verlischt mit einem Schlag das Licht im Zirkus. Nur die batteriegespeisten Notlämpchen glühen durch die Finsternis.

An die tausend Menschen wohl stecken noch im dunklen Käfig. Der Schreck läßt sie für Sekunden verstummen, lähmt alle Bewegungen. Nur das Dröhnen über uns bleibt –– es sind die Glocken vom benachbarten Dom.

In nie gehörtem, ruckhaftem und darum schauerlichem Brummton werden sie in Bewegung gesetzt, wahrscheinlich von ungeübter Hand.

Ich möchte Leute über den Sattelplatz ins Freie dirigieren. Als ich zu rufen beginne, kommt man mir grob: »Halt's Maul!«

Soviel ich im Schummerlicht erkennen kann, leert sich der Zirkus jetzt rascher. Ich will zu Vaters Garderobe.

Da löst sich ein Schatten hinter dem Vorhang:

»Pst! Madame!«

»Hallo – Peppo – Sie? Wo stecken Sie?« Ich bin froh, einen unsrer Artisten in der Nähe zu haben. Ist zwar nur der winzigste: der Zwergclown Peppo. Aber endlich, endlich taucht ein vertrautes Gesicht auf.

Peppo wickelt sich aus den Vorhangfalten. »Slecht, Madame, slecht, serr slecht ... Wer hat abgesalten den Elektrikstrom? Das ist Konterrevoluzzion, Madame! Das wird Sie swere Strafe kosten! Fliehen Sie fort, Madame!«

Peppo lauscht auf die Schießereien, die immer schwächer werden.

»Fortfliehen, Madame! Ich wissen von Rußland ... Kein Pardon mit Konterrevoluzzer ... Zirkus wird brennen diese Nacht!«

Mich überfällt schreckliche Angst: Sollte Vater in einem explosiven Wutanfall den wahnsinnigen Befehl gegeben haben, die Beleuchtung auszuschalten?

Peppo sieht mir achselzuckend nach, wie ich den dunklen Wandelgang durchstolpere. Liebespärchen kichern in den Winkeln.

Ich reiße Vaters Garderobe auf. Ein Rembrandtgemälde. Flackerkerze spiegelt sich in Schnapsgläsern. Zwei Gewehre sind auf Vaters Polsterstuhl gestellt, drei Männer stehen sich in lautem Disput gegenüber.

Also – Paul Busch wird verhaftet.

Ich sinke auf einen Stuhl.

»Brauchen nicht zu heulen, Fräulein!« sagt der eine im abgerissenen Militärmantel und gießt sich einen Wacholder ein. »Ihr Vater ist ein anständiger Knochen, nur ein bißchen altbacken. Begreift nicht, was gespielt wird ... Prost, alter Kamerad!«

»Prost!« antwortet der Rat. Seine Augen glühen: »Kamerad, das eine – nie werde ich gutheißen, was jetzt geschieht!«

»Abwarten! Und vorläufig mal gute Nacht!« sagen die zwei, greifen ihre Schießeisen und entschwinden.

Paul Busch lächelt hinter ihnen her: »... sie haben in den Garderoben herumgeschnüffelt, und als sie zu mir kamen, haben wir uns etwas unterhalten, und ich habe den Herren meine Meinung gegeigt!«

Mir fällt ein Stein vom Herzen. Vater scheint beruhigter. Den Zirkustumult beim Verlöschen des Lichts nimmt er nicht tragisch: »Was kann ich dafür, wenn nun auch das Elektrizitätswerk streikt?«

Ich schweige von meinem Verdacht, von meinen Befürchtungen für die kommende Nacht.

Vater wünscht den Abendregisseur, den Hauptbuchhalter, den Chefportier zu sehen. Ich muß Fehlmeldung machen. Wer noch im Haus gewesen sein mag, dürfte bei der Schießerei geflüchtet sein.

»Dann muß ich selbst auf Patrouille gehen!« sagt der alte Herr. Natürlich begleite ich ihn. Es ist 8 Uhr geworden.

Totenstill liegt der Zuschauerraum, umgeben von den rötlichen Lichtpunkten der Notbeleuchtung. Im Vestibül rascheln Flugblätter, knistern zerbrochene Fahnenstäbchen unter unsren Füßen. Alle Türen stehen offen, mich fröstelt in der Abendkühle. In der Ferne wird geschossen.

Der Rat stutzt: »Du – der Strom ist ja gar nicht weg! Der ganze Monbijou-Platz hat Licht! Wer hat da bei uns ...?«

Wir eilen zur »Elektrikerbude«, zu unsren riesigen Schalträumen. Alles abgeschlossen.

»Elektriker!! Bergmann, wo stecken Sie??« brüllt Vater wütend. Laut rufend laufen wir durch die Finsternis. Kein Bergmann rührt sich.

Ich kann nicht anders, ich muß Vater Peppos Warnung erzählen.

Er verschließt sich diesen Befürchtungen nicht. Was tun?

Der alte Herr versucht zu telefonieren, Polizeischutz zu erbitten. Das Telefon funktioniert nicht.

Es ist neun Uhr. Vater raucht eine Zigarette nach der anderen. Und Hamburg? Und Breslau? Vielleicht haben sie dort schon alles in Klumpen geschlagen ...

Ich soll heimfahren, wünscht er. Den Schlußakt brauche ich nicht mitzuerleben.

»Trinken wir einen Wacholder, Papa!« schlage ich vor und gebe mich weiter meinem Tick hin, der sogenannten Arithmonomanie: ich zähle die grünen Dreiecke im Tischtuch ab, ob wir die Nacht überstehen oder nicht. Tischdecke sagt, es wird alles gut gehen.

Draußen im Wandelgang rufen Stimmen: »He! Hausmeister! Nachtwächter! Wo steckt ihr, verdammt noch mal!«

Vater nimmt das Licht und geht hinaus.

»Dr. Denker, Chefredakteur der Roten Fahne. Warum brennt hier kein Licht?« Die Stimme ist scharf. Der Sprecher tritt ein, mit ihm eine Frau und Arbeiter mit Gewehren.

Der schwarzbärtige Mann im Schlapphut mustert uns durchdringend.

»Sie sind der Chef hier? Sofort Licht anmachen! In einer halben Stunde halte ich hier Versammlung ab, verstanden? Die Genossen sind schon im Anmarsch!«

Der alte Herr zuckt nur mit den Schultern. Auf diese Tonart will er nicht eingehen.

Ich antworte. »Der Arbeiter- und Soldatenrat hat ja bereits eine Versammlung hier abgehalten!«

Der Finstere fährt auf: »Wir sind auch A- und S-Rat! Wir sind sogar noch etwas mehr, merken Sie sich das! Also – machen Sie Licht!«

Die kleine Frau wendet sich zu mir: »Seien Sie vernünftig, Fräulein!« Der Blick der Sprecherin ist streng. Ist sie vielleicht Rosa Luxemburg, von der man in letzter Zeit so viel hört?

»Unsere Elektriker sind verschwunden«, sage ich. »Ein Laie wird mit der komplizierten Schalterei nicht fertig!«

»Führen Sie mich zum Portal!« kommandiert die Frau.

Schweigend gehen wir durch den Wandelgang. Bewaffnete Arbeiter stehen im Vestibül, lassen aber noch niemanden in den Zirkus.

»Genossen, herhören!« Die Frau ist auf einen Treppensockel gestiegen. Ihre Stimme durchschneidet mühelos den Lärm.

»Genossen! Elektriker unter euch sofort zu mir!«

Drei Männer treten vor. Ich führe sie zur »Elektrikerbude«.

Eine Viertelstunde später warfen unsere Bogenlampen ihr grelles Licht auf fast das gleiche Bild, wie wir es schon einmal gesehen. Nur, diesmal war fast jeder Besucher bewaffnet.

Und von der Elefantentonne herunter wehte schärferer Wind als vor zwei Stunden. Ich horchte auf: Genosse Doktor attackierte zwar den geflohenen Kaiser, die Generale, das »Bürgerpack«, aber seine Redekanone richtete er auch sehr deutlich gegen das Reichskanzlerpalais, wo die »Volksbeauftragten« saßen. Diesen Genossen werde man doch über kurz oder lang die Suppe versalzen müssen ...

So politisch unerfahren ich war – an jene Rede habe ich oft zurückgedacht, als die Spartakusleute in Berlin und im Reich zum Angriff übergingen.

Kurz vor Mitternacht war der Zirkus wieder leer. Vater und ich spielten Nachtwächter, schlossen die Portale ab und setzten uns frierend, hungrig, müde und in Erwartung weiterer Ereignisse in die Garderobe. Am Sonntagmorgen sollen Maschinengewehre in der »Laterne« der Zirkuskuppel aufgestellt werden. Das wollen wir unter allen Umständen verhindern. Gegen Feuer sind wir versichert, nicht aber gegen ein Bombardement.

»Mein Zirkus ist ein Revolutionstribunal!« Paul Busch läßt sich in den Sessel fallen. Er kann nicht wissen, daß zur gleichen Stunde bei Ullsteins in der Kochstraße bewaffnete Trupps den Zeitungsbetrieb gestoppt und erzwungen haben, den Zeitungskopf der »Berliner Allgemeinen Zeitung« mit dem Zusatz zu versehen: »Erscheint auf Anordnung des A- und S-Rates ab heute als Organ der Unabhängigen Sozialdemokratie.«

Und ähnlichem Machtspruch hat sich der »Lokalanzeiger« zu beugen. Seine Leser werden mächtig erschrecken, wenn sie ihn morgen als »Die Rote Fahne« aus dem Briefkasten nehmen.

»Die Petroleuse von heute abend war übrigens nicht die Rosa Luxemburg«, erzähle ich dem Vater.

»Geduld! Die kommt auch noch!« prophezeit Paul Busch. Er hat recht behalten; in den nächsten Tagen und Wochen haben die ausgezeichnete Akustik des Circus Busch viele Revolutionsredner und -rednerinnen ausprobiert; Liebknecht, Rosa Luxemburg, Frau Zietz (»hier zieht's, Frau Zietz!« rief später die Opposition in der Weimarer Nationalversammlung), Frau Agnes von der USPD.

Der alte Rat versank in Erinnerungen. »Vor fünfzehn Jahren, weißt du ... da hätten sie mir beinah auch einmal den Zirkus gestürmt ...«

Ich weiß es. Damals im Frühjahr 1903, ist beim Circus Busch der Teufel losgewesen, als wir im Anschluß an die Wintersaison einluden:

Internationale

RINGKAMPF-KONKURRENZ

um die

MEISTERSCHAFT DER WELT

Blütezeit der starken Männer! Zweiundzwanzig Kanonen massierten sich in griechisch-römischem Kampfstil auf der gepolsterten Ringmatte, und eine Viertelmillion Menschen schrien sich dabei im Circus Busch heiser.

Herr Jakob Koch und Herr Heinrich Eberle – die beiden Champions. An Kochs Trikot haben sich die ersten Ringer der Welt den Schweiß abgewischt. An Eberles Heldenbrust sind die kostbarsten Rosen der Riviera geflogen; an der Spitze seiner Verehrerinnen zog eine leibhaftige Reichsgräfin dem Meister nach. Wo Koch erschien, war Massenansturm garantiert. Nur der Thaddäus Robl, der König der Radrennen, konnte ähnlich großartig die Berliner zum Laufen bringen.

Dem Manager Heinrich Koch war es gelungen, eine furchterregende Schar von Riesen nach Berlin zu locken. Woher sie auch kamen – komischerweise zeigte sich »Pierrard de Colosse« genauso wie »Omer de Bouillon« oder »Urban Christoph, der Rheinische Riese« im Schmuck eines rechtwinklig gedrehten Schnurrbartes, Façon »Es ist erreicht!« Wenn Herr Lomberg, der »Sprecher« im Gehrock, die Paare vorstellte, pflegte die rechte Hand der Herren Gladiatoren elegant die feine Bartzierspitze zu zwirbeln, während der linke Arm sich muskelprall auf die wuchtige Lende stützte.

Und wie heute bei den Catchern war auch damals ein schwarzes Schaf engagiert zur Erzeugung und Abreaktion von Unlustgefühlen im Publikum.

»Peyrouse, der Löwe von Valencia«, nannte sich der Prügelknabe. Weniger Löwe, mehr Gorilla, verstand er es virtuos, seine niedrige Stirn büffelartig zu senken und durch tückische Blicke den Zuschauern einen neuen verbotenen Griff zu avisieren, der dann prompt ein schreckliches Gejohle hervorrief.

Als ich mal abends zusehen durfte, habe ich geweint über die Schmach, die man dem armen Spanier antat. In der Arena bekam er Dresche, von den Berlinern wurde er durch ein Pfeifkonzert aus dem Ring gejagt.

Mein Mitleid brannte himmelhoch, und meine Sparbüchse mußte herhalten. Den dummpfiffigen Thomas beauftragte ich heimlich, ein wohlgeformtes Herz aus treublauen Veilchen beim Gärtner zu bestellen. Ein Stallmeister sollte es als »Gruß einer unbekannten Dame« dem Löwen überreichen, wenn er am nächsten Sonntag wieder seine Prügel bezogen hatte.

»Die unbekannte Dame« hatte sich am Sonntagabend auf die Galerie geschlichen und zog sich vor Erregung das Röckchen glatt, als Peyrouse beschimpft abtreten mußte.

Der spanische Löwe stutzte, wie ihm der Diener mein Herz auf der Piste entgegentrug. Er hielt das Präsent für eine neue Spielart der Verhöhnung, brüllte röchelnd auf und rannte seinen gesenkten Büffelkopf in den Magen des Livrierten. Der fiel wie ein Sack dem Kampfrichter von der Leyden auf die Frackschuhe. Mein zerrissenes Herz aber ging wie ein Sprühregen schwerer Tränen auf die graue Kampfmatte nieder. Ich stahl mich davon.

Mich hat das Ringermeeting von 1903 einen kleinen Seelenriß gekostet, meinen Vater ein kleines Vermögen.

Jetzt, in der Revolutionsnacht vom 9. zum 10. November 1918, erzählt Paul Busch von dieser Sportwettnacht des 12. Mai 1903, als Koch und Eberle zum Endkampf um die Weltmeisterschaft antraten: »Die Wetten standen etwa 10 : 5 für Eberle. Er war der Jüngere, der Wendigere. Sein Doppelnackenhebel kam wie der Blitz, er drückte jede Brücke ein wie andre Leute einen Pfannkuchen, er hatte noch echten Kampfgeist, wollte an die Tête, und ich hatte den Eindruck, als ob seinem Rivalen Koch nicht mehr allzuviel am Goldenen Gürtel liege ...« Dem alten Herrn schien die Erinnerung an seinen Reinfall Spaß zu machen.

»Waren denn damals Wetten offiziell erlaubt?«

»Internationale Ringkampf-Konkurrenz um die Meisterschaft der Welt«
Zweite Reihe links außen Heinrich Eberle, sechster von links
Jakob Koch. Obere Reihe sechster von links der »Löwe von Valencia«.

»Natürlich nicht. Aber was konnte ich machen! Die Elefantenkutscher wetteten um Kästen mit Bier, in den Gängen trieben sich wilde Buchmacher umher, in den Logen wurden die Brieftaschen aus den Uniformröcken gezogen, meine lieben Freunde von der Hochfinanz stachelten sich zu immer höheren Einlagen an, und — — vier Stunden haben uns die beiden Champions die Nerven und sich die Sehnen zerrissen.

Erst nach Mitternacht war dieser wahrhaft mörderische Schlußkampf vorüber. Mein Leben lang habe ich niemals wieder eine Volksmenge so schreien hören, so gellend, so wuttobend. Ein einziges Wort schrien sie im Chor: ›Sch-ie-bung! Sch-ie-bung!‹

Koch, der Sieger, mußte sich in Sicherheit bringen: — — Bierseidel, Spazierstöcke, sogar einzelne Klappsitze flogen in den Ring, wo Eberle in höchster Erregung ein paar Worte sprechen wollte. Das Volk brüllte auch ihn nieder: Sch-ie-bung! Sch-ie-bung! Da ist auch er verduftet, noch ehe die Sanitäter die Gräfin aus ihrer Loge abtransportiert hatten. Der Dame war die Niederlage ihres Idols unfaßbar. So unfaßbar, daß sie sich in eine Ohnmacht zurückgezogen hatte ...«

Vater Busch wurde müde. »Was hat man alles erlebt! Was wird noch kommen ...«

Ich bettete den alten Herrn aufs Sofa und decke ihn mit seinem Jägermantel zu.

»Was ich noch wissen wollte, Väterchen: was war nun wirklich los bei diesem Sensationsfight von 1903? War das Wutgebrüll von Schiebung und so berechtigt?«

Paul Busch gähnte. »Das Wort Schiebung sitzt dem Publikum leicht auf der Zunge. Da aber der Kampf in meinem Haus stattfand und ich wenig Geschmack an unseriösen Affären habe, kaufte ich mir den Sieger: Wie war das möglich, Herr Koch? War das Schiebung? Aber bitte – die volle Wahrheit! Ich habe schon deshalb ein Recht darauf, weil mich Ihr Sieg bare 8000 Mark gekostet hat!«

»Und die Antwort?« fragte ich neugierig.

Der Vater erhob sich, kam mit plumpsigen Schritten auf mich zu und imitierte mit Augenrollen und wuchtigen Handbewegungen wundervoll den Heinrich Koch:

»Herr Rat – wenn ein Kampf reell war, dann ist es dieser gewesen, ja? Wie ich in der Kabine saß, is mir ziemlich schnuppe gewesen, ob der Eberle siegt, ja? Wie ich aber rinnkomme in Ihr'n Zirkus, wie ich sie dasitzen seh: den Kronprinzen, die vielen Offiziere, die Kolonne von meine alten Freunde, ja? – – – wie die ganze Bude summte, ja? – – nun, da habe ich dem Eberle zugeflüstert: Mensch, heute geht's um die Wurst – nimm alle Kraft zusammen! Und nun haben wir ehrlich, Mann gegen Mann, gerungen – und wie, Herr Rat! Der Eberle hat mir verdammt zu schaffen gemacht, ja? Bis ich ihn auf die Matte genagelt habe. Und das ist die reine Wahrheit, Herr Rat!«

Mit dem Wiegegang der Athleten tappte Paul Busch zum Sofa zurück. Ich deckte ihn lachend zu.

Bald schlief er, und ich schloß mein Tagebuch aus dem Schreibtisch.

NEUNTES KAPITEL

Ottilie Pfannstiel, Balletträtin
Als sich noch die Zirkuskutscher nachts im »Mimieren« übten
Graf Yorkens Schlachtroß als Nachtgespenst
Gottfried speist mit dem Rentier »Fritze« aus einem Topf
Die berühmte »Wasserminna« verunglückt mit dem
»Haifisch-Torpedo«
Eheabschiedsmittag bei Kempi
Ausklang eines schwarzen Freitags

»... und fordern wir Sie hiermit auf, sofort den Ballettmeister Riegel zu entlassen, andernfalls wir gegen die Direktion Maßnahmen ergreifen werden. Die Balletträtinnen des Circus Busch, gez. Ottilie Pfannstiel.«

Ich gehe mit diesem Schreiben hinüber in Vaters Büro.

»Ja«, nickt der alte Herr, »bei mir ist vor 'ner halben Stunde der Requisiteurrat gewesen. Und für heute nachmittag hat sich der Kutscherrat angemeldet. Alle wollen sie jetzt mitregieren! Soll'n se!«

»Aber Vater, ich bitt' dich! Das geht vielleicht in einer Fabrik. Aber doch nicht bei uns im Zirkus!«

Paul Busch winkt ab: »Keine Aufregung, mein Kind. Es kömmt sich alles, wie meine Großmutter zu sagen pflegte. In Revolutionszeiten muß man sich wahrscheinlich an Überhitzungen und Überspitzungen gewöhnen ... Bitteschön, habe ich zu den Herren Requisiteurräten gesagt, wenn Sie schon Budget- und künstlerisches Mitbestimmungsrecht bei unsren Pantomimen haben wollen —— bitte, meine Herren, übernehmen Sie die Gesamtleitung meiner Zirkusse! Nur eine Bedingung müssen Sie erfüllen: Meine große Zirkusfamilie, für die ich ein Vierteljahrhundert nach bestem Wissen und Gewissen gesorgt habe – diese Zirkusfamilie darf in den nächsten zwei Jahren nicht brotlos werden! Können Sie mir Garantie dafür geben? ——— Da haben die neuen Räte den alten Rat verdutzt angeschaut und sind brummend abgezogen ...«

Unsre Zirkusfamilie! Was wissen diese neuen, betriebsfremden Leute vom Zirkus und seinem Eigenleben! Von den Gründungstagen (anno 1755) an haben in einem patriarchalischen Gefüge zusammengelebt und zusammengearbeitet: der Prinzipal, seine Artisten, seine Tiere.

Bei den Urvätern des Zirkus mag es manchmal alttestamentarlich streng zugegangen sein. Aber niemals haben diese Männer einen ihrer Treuverdienten bei Krankheit im Stich gelassen oder gar ins Alterselend gejagt. Die Arbeiterschaft in den neuen Fabriken war schlechter dran.

Sieht man sich die Porträts der Zirkusgründer im vorigen Jahrhundert an: Ernst Renz, den Oskar Carré, Monsieur Charles Hinné, Albert Salamonsky, Gaetano Ciniselli, Eduard Wulff, Heinrich Herzog und wie sie alle heißen – ihre Gesichter zeigen oft harte Energie, aber in Blick und Habitus ist bei jedem menschlich-väterliches Wohlwollen zu erkennen.

Ohne solche Eigenschaften, die allein ein wirkliches »Betriebsklima« schaffen, ist auf die Dauer kein Zirkus erfolgreich zu führen. Denn den wirklichen Artisten, den Tierlehrer und Tierpfleger aus Passion, bindet nicht allein die Lohntüte an seinen Arbeitsplatz. Der Wanderer über Länder und Kontinente braucht für Herz und Seele einen Heimatersatz: die wohlgeordnete, lebenswarme Zirkusfamilie. Ihr fügt er sich freiwillig ein, ihre alten Gesetze respektiert und verteidigt er.

Es klopft an meine Tür. Minna erscheint. Minna, Dienstälteste des Balletts, Chefin unsrer Meisterschwimmerinnen, die Postillonstochter Minna Schulze aus der Artilleriestraße im Berliner Norden, erscheint mit grämlichem Gesicht.

»Na, Minna – biste auch unter die Rätinnen gegangen?«

»Ick bin schon wieda draußen, Madame. Natierlich hatten sie mir ooch jewählt. Und nach meine erste Rede jestern abend haben se mir wieda rausjefeuat!«

Ich lache: »Du als Rednerin! Schade, daß ich da nicht zuhören konnte ... Komm, rauch eine Zigarette ...«

»Allemal. Ick kann übrigens Orientalische vasorjen, Madame. Mit Joldmundstick, per Mille 250 Emmchen ... Un wat ick noch sagen wollte, Madame: det Haifisch-Torpedo, wat den Neger in die Tiefe puffen soll, det fahr ick natürlich, Madame!«

So war sie, die Wasserminna, der Liebling der Berliner und Hamburger seit dem Jahr 1900. Ihrem Motto getreu: »Lebe gefährlich, trink aber ein Schnäpschen zwischendurch!«, war sie, die urwüchsige Spreegeborene, zum Mittelpunkt nervenreißender Zirkussensationen und hochhumoristischer Soloszenen hinter den Kulissen geworden. (Später habe ich über diese Zentralfigur des alten Circus Busch ein ganzes Buch geschrieben: »Wasserminna«.)

»Hältst du denn was von der Erfindung des Ingenieurs Tiefenbacher?« fragte ich meine Getreue.

Die Wasserminna poliert abermals mit gestrecktem Zeigefinger ihre Oberlippe: »Probieren müssen wa's, Madame!« entscheidet sie.

Probieren, mitmachen, brillieren – in unsrer großen Zirkusfamilie herrschte bis hinab zum letzten Stallburschen eine Spielleidenschaft wie in den Schauspielertruppen zu Shakespeares Zeiten. Der alte Rat kannte zwei Strafandrohungen. Entweder: »Das kostet Sie Ihr Weihnachten!«, oder: »Dich will ich nicht mehr in der Pantomime sehen!«

Nicht bei der Pantomime mitmachen zu dürfen, das war mehr als Strafe, das war eine Kränkung. Im Krönungsgefolge wollte jeder Kutscher kostümiert zu Pferd mittun. Jeder Bereiter drängte sich zu einem gefährlichen Kaskadenritt, jede Tänzerin oder Schwimmerin nach einer Sonderaufgabe.

Und alle wußten sie, daß es bei einer Pantomime nicht nur auf artistische Leistung ankommt, sondern auch auf mimisches Mitspiel. Und so übte sich jeder in der Kunst des »Mimierens«, und oft habe ich heimlich beobachtet, wie unsre Kutscher auf der Stallgasse oder hinter der Futterkiste mit größtem Ernst ihre Gebärdenspielrolle lernten, um als schwedische Landsknechte der Prinzessin »mimierend« kundzutun: Du mußt sterben! Einen Außenstehenden hätten solche gespenstischen, nächtlichen Stallszenen leicht zu der Meinung gebracht, in eine Gesellschaft Geisteskranker geraten zu sein.

Bei den Mimikproben war es manchmal nötig, den Übereifer zu dämpfen und den kleinen Chargen zu zeigen, daß Grimassenschneiden noch kein Gebärdenspiel ist ...

Aber augenblicklich spielt man im Circus Busch noch ein wenig »Räteregierung«. Und einige der neuen, betriebsfremden Herrschaften geben sich nebenbei lukrativem Schwarzhandel hin. Später wird man amtlich feststellen müssen, daß während der ersten Revolutionsmonate in Deutschland Heeresgut im Wert von fünf Milliarden Mark spurlos verschwunden ist ...

Wie ein Spürhund durchstreift der alte Busch die abgelegensten Winkel seines Zirkus. Und als er dabei in einem Magazinschuppen ein ganzes Sortiment alter Heeresautomobile entdeckt, mit dem ein früherer Clown dicke Geschäfte macht, läßt er den Herrn ohne Gnade hochgehen.

Daß auch die kleinen Ballettmädchen mit rotgestempelten Tausendmarkscheinen oder mit alten Gebissen unter der Hand Geschäftchen machen, daß sie deshalb unpünktlich zur Probe kommen, ist alltäglich. Du lieber Himmel! Die Tafel Schokolade kostet ja bereits 10 Mark. Und ein goldenes Zehnmarkstück bringt 120 Mark, für jeden Zahn aus einem alten Gebiß wird »mindestens 8 Mark« geboten, und an den Rotgestempelten hat man eben mindestens 50 Mark.

Was so nebenbei verdient wird, jagten die Männer in der Lebensgier der Zeit zumeist durch die Kehle. In unsrem historischen Manegestück »1806« befiehlt Generalfeldmarschall York von Wartenburg sein Pferd. Er muß zu Fuß von der Bühne in die Schlacht von Jena ziehen, weil sein Reitknecht Gottfried stockbetrunken neben Yorkens Schlachtroß in der Box liegt und den Auftritt verschlafen hat.

Zwei Stunden später, wir sitzen nach der Vorstellung sorgenschwer über unsren Abrechnungen, geht im finsteren Zuschauerraum ein Mordsspektakel los. Die Uhr zeigt auf eins.

Das Poltern, Klappern, Krachen wird immer stärker. Her mit dem Lederjakett! Her mit der Stallaterne! Deutlich hört man jetzt Hufeklappern, angstvolles Gewieher. Eine Räuberbande! Gestern nacht erst hat man in der Jungfernheide einen ganzen Kiefernwald verschwinden lassen. Jetzt kommen unsre Pferde dran!

Ich entsichre meinen niedlichen Browning und laufe kuraschiert los.

Ziemlich blümerant wird mir zumute, als ich im Blendschein meiner Laterne sehe, was los ist.

Oben, auf den Holzbrettern der zweiten Bühne, zehn Meter über dem Manegenrand, donnert ein Pferd mit stampfenden Hufen herum. Es bäumt sich zitternd auf, wenn es von einer schwankenden Figur hart an den Abgrund gerissen wird, es stößt mit dem Kopf den Taumelnden zu Boden, es wiehert herzzerbrechend, und der am Zügel verkrampfte Mann gröhlt: »Herr Graf – Euer Pferd! ... Herr Graf – Euer Pferd!«

Gottfried, der alkoholverseuchte Stallknecht, ist es. Im Rausche erwacht, hat er das Pferd neben sich stehen sehen, und letzter, wenn auch reichlich verspäteter Funke der Pflichterfüllung ist in sein vernebeltes Hirn geschlagen: Das Pferd muß auf die Bühne!

So ist er also mit dem ungesattelten Tier losgetorkelt. Nichts hat ihn auf seiner Reise ernüchtern können – weder der stockfinstere Zirkus, noch das rebellierende Roß. Pferde sehen im Finstern ausgezeichnet. Nur deshalb sind die beiden Nachtwandler nicht von der schmalen, hohen Bühne abgestürzt.

Endlich kommt der Stallmeister, und es gibt einen harten Kampf, ehe wir Yorkens Reitknecht die Zügel entwinden können.

Und wo ist die Stallwache, die doch sofort hätte eingreifen müssen, wenn mitternachts ein Pferd aus dem Stall entführt wird? Die beiden Herren spielen in einer Spreekneipe „Meine Tante, deine Tante«.

In früheren Zeiten hätte man sich beeilt, einem solchen Suffkopf wie Gottfried viel Glück auf fernerem Lebensweg zu wünschen. Aber heute werden wir wohl kaum die Zustimmung des »Kutscherrats« dazu erhalten.

Gottfried hat sich, höchst verwunderlich bei einem so schweren Alkoholiker, späterhin gewandelt. Er entsagte dem Schnaps, wurde einsilbig, einsiedlerisch, ernährte sich vegetarisch und war glücklich, als er in einem unsrer nicht bespielten Zirkusgebäude als Wächter angesiedelt wurde. Ein krankes Rentier blieb außerdem in seiner Obhut. Nach Meinung des Tierarztes würde der Hirsch nur noch ein paar Wochen haben. Gottfried liebte den »Fritze«, nahm ein paar Zentner Moos für ihn im Empfang und war froh, als wir ihn allein ließen.

Ein Vierteljahr später komme ich unvermutet zu Kontrollbesuch. In der Kantinenküche sitzt Gottfried vor einem Riesenpott mit zusammengekochtem Gemüse. Neben ihm steht »Fritze«, und beide futtern nach Herzenslust aus dem Topf. Das Rentier per Zunge, Gottfried per Löffel.

»Wünsche wohl zu speisen!« sage ich höflich.

Der Rentiervater nickt nur. Als der Topf schön sauber ausgekratzt und ausgeleckt ist, schneidet Gottfried den Nachtisch auf: Brot mit Limburger Käse. Für »Fritze« einen Happen, für Herrchen einen Happen.

So geht es eine Viertelstunde, während der ich meinen einst sterbenskranken, jetzt direkt unanständig fetten Hirsch bewundern kann. Es klatscht appetitlich, als Gottfried seinem Tischgast aufs wohlgepolsterte Schulterblatt einen Klaps gibt, worauf »Fritze« voll und faul zu seinem Stall aufs Heu pilgert.

Man entschuldige die Abschweifung zu dem Käse fressenden Rentier »Fritze«. Aber es scheint ein Stück Selbstschutz der Menschenseele zu sein, daß sie neben zu lang betrachtete trübselige Erinnerungsbilder geschickt eins stellt, das humorvollere Lichter zeigt.

Kehren wir in die Zeit zurück, in der immer wieder in Deutschland Aufruhr losbrach, wo im Rheinland die Engländer den Belagerungszustand verhängten und männliche Personen nur einzeln und in Abständen von fünf Metern die Straße bis sechs Uhr abends passieren durften, wo allein zwei alte Arbeitspferde schon zwölftausend Mark kosteten.

Es ist schlimm für eine Frau, wenn ihr Herz verwaist. Die beiden großen Lieben meines Herzens hatten ihren Goldschimmer verloren, hatten sich gewandelt, hielten mich nicht mehr beseligend fest, zeigten sich in Formen, die mich erschreckten.

In der Herzenshälfte, die dem Zirkus gehört, wächst Verbitterung. Junge, noch nicht ganz im geschäftlichen Realismus versunkene Menschen verdüstern schnell (wenn auch Gott sei Dank nicht lebenslänglich), sobald die böse Welt ihre in idealistischem Elan vorgetriebene Lebensarbeit mit Unverständnis und Undank quittiert.

Dem Mann aber, dem einst mein ganzes Herz gehörte, dem ich zum heimlichen Traualtar nach London folgte, dessen geistige Welt auch mir verhelfen sollte, das rechte Maß der Dinge zu finden —— zu diesem Mann lockerten sich die Fäden immer mehr.

Meinem Vater hatte ich mich ein halbes Jahr nach meiner Verheiratung offenbart. Tief betroffen von meinem übereilten Schritt hinter seinem Rücken, hatte er schließlich doch seinen väterlichen Segen gegeben und dazu eine noble Aussteuer.

Nach drei Jahren dieser Ehe standen »Professors« an der Wiege ihrer Tochter Micaela. Aber das Elternglück konnte nicht ein Eheglück festigen, um das sich zwei, in ihrem Wesen entgegengesetzte Menschen ehrlich und nervenaufreibend bemühten ...

Und nun wirft mir das Schicksal an einem Freitag gleich eine ganze Handvoll harter, zentnerschwerer Nüsse an den Kopf.

Es ist zehn Uhr an diesem Freitagmorgen. Der nervös schwatzende Ingenieur Tiefenbacher steht auf der Manegenplatte neben seinem Haifisch-Torpedo. Die Wasserminna im schwarzen Badetrikot hört ihm fröstelnd zu.

Der Erfinder nennt sie »gnädiges Fräulein«. Minna grient dazu wie ein Lama, ehe es spuckt. Dann tritt sie vor:

»Is jut, junga Mann. Ick bin doch nich von Dummsdorf. Habe alles kapiert. Rechta Jriff: Haifischoogen leuchten uff. Linka Jriff: Fahrstuhl jeht uffwärts! Een' Notausjang haben Sie nich innjebaut?«

»Nein, gnädiges Fräulein! Mein Torpedo funktioniert jederzeit und todsicher. Werden sehen, es läßt sich steuern wie ein Mercedes!«

Minna stülpt die Badekappe über und kriecht in die Attrappe. Sie winkt mir zu: »Madame, wenn ick vasaufe — scheen' Jruß an Mutta'n!«

Minna macht keine großen Worte, wenn es mal wieder für sie auf Leben und Tod geht.

Vor fünfzehn Jahren hat sie die gleichen Worte gesprochen, als sie sich im Manegenschauspiel »Marja« vom »Blitz« treffen und mit einer hohen Eiche ins Wasser schleudern ließ.

Die Wasserminna

Mit den gleichen Worten ist sie vor fünfzehn Jahren als Marquise de Veillon auf ihren »Punsch« gestiegen: »Die erste Dame, die von einem fünf Meter hohen Felsen zu Pferd ins Wasser springt!« Mit einem schrillen »Voilà!« hat das Mädchen aus der Artilleriestraße zum Sprung angesetzt. Der »Punsch« ist bei der Premiere mit dem linken Hinterhuf hängengeblieben, und Roß und Reiter wirbelten als rotierender Knäuel in die Tiefe, in das Wasser der Manege, wo sie den entsetzten Augen des Publikums entschwanden. Die Reitschleppe der Marquise war an der Sattelgabel hängengeblieben, und der Unterwasserkampf zwischen »Punsch« und Minna muß Nerven gekostet haben.

Aber dann tauchte das Pferd und neben ihm seine tollkühne Reiterin wieder auf, die sich bleich, blutend und schon wieder keß lächelnd auf den schwimmenden Vierbeiner schwang und mit der Reitgerte die Rosensträuße des Publikums aus dem Wasser angelte.

»Mach mir keene Zicken, Minnachen!« rufe ich ihr jetzt berlinerisch zu, als sich das Torpedo schließt. Die perforierte Manegeplatte sinkt ins angewärmte Spreewasser, und Minna in ihrem Haifischgewand durchzuckt das Bassin wie eine Daphnie, wie ein Wasserfloh. In der Vier-Meter-Tiefe läßt sie die Haiaugen grünlich aufleuchten, ein gruseliger Anblick.

Der Negersänger setzt sich auf den Manegenrand und schraubt an seiner Hawaiigitarre herum. Während er seiner Dulcinea ein Lied bringt, soll er vom Hai gegriffen und in den Orkus gezogen werden.

Minna, auf kühlem Meeresgrund, ist in ihren Bewegungen langsamer geworden. Doch mit ihren schrecklichen Haifischaugen blinkert sie uns immer häufiger zu. Wir ahnen nicht, daß Minna Notsignale gibt ...

Ingenieur Tiefenbacher stellt sich in Positur: »Nun bitte – Frau Direktor? Denken Sie sich jetzt noch eine Portion Gelblicht von den Turmscheinwerfern aufs Wasser! Und von der Seite her zwei Linsenscheinwerfer in Grün auf den Neger –– ist doch wohl eine ganz phänomenale Chose!«

Ich bin beunruhigt, daß die Wasserminna nicht endlich ihre Attacke auf den Neger zeigt.

Das Spreewasser im Manegebassin ist heute wieder sehr trüb. Doch plötzlich sehen wir: Minna funkt nicht mehr mit ihren Leuchtaugen, Minna krabbelt nicht mehr, die Haifischminna liegt als dunkler Schatten auf dem Meeresgrund.

»Platte hoch!« schreie ich dem Bühnenmeister zu.

Die Motoren surren, triefend steigt die Zentnerlast der durchlöcherten Holzplatte mit ihren zwölf Metern Durchmesser hoch, und auf ihr liegt leblos der Hai.

Unsre Leute machen kurzen Prozeß mit der verdammten Erfindung des Ingenieurs. Sie wird aufgebrochen, aufgerissen und die leblose Minna herausgezogen.

Die Haussanitäter, der Arzt, haben lange zu tun, ehe Minna die Augen aufschlägt.

Sie sieht sich um, erkennt mich und grient: »Madame ... ersaufen is nich scheen. Aba ersticken und ersaufen, det is direkt lebensjefährlich!«

Der »Torpedo« war undicht geworden und hatte zudem den Kopf der Unglücklichen abgeklemmt. Dem leichtsinnigen Erfinder Tiefenbacher wollten die empörten Artisten, die zugesehen hatten, an den Kragen, ließen ihn aber laufen, als er der Verunglückten ein Schmerzensgeld zugesagt hatte.

An diesem Morgen setze ich den Schlußpunkt unter die artistische Karriere meiner Minna. Ich will nicht, daß dieses Mädchen dem Schicksal derer anheimfällt, die sich gegen den Tod gefeit fühlen und deshalb immer kühner mit ihrem Leben spielen.

Minna nimmt Trikot, Posaune, Reitkleid und andere Erinnerungen an ihre ruhmreiche Zirkuszeit mit in das Privatzimmer meines Hauses, in dem sie viele Jahre ihre Madame »bekochen und befummeln« wird, wie diese Getreue ihre neue Lebensaufgabe umreißt.

Zur Mittagsstunde dieses schwarzen Freitags holt mich mein Mann zum Essen ab. Wir fahren zu Kempi, bekommen unsre gewohnte Ecke im oberen Speisesaal, dessen chinesische Lichtlampen mir so gut gefallen, und es steht noch nicht die Suppe auf dem Tisch, da habe ich schon ein Ultimatum meines Professor-Gatten entgegenzunehmen:

»Bitte – so geht es wohl nicht mehr weiter mit uns! ... Entscheide dich also zwischen mir und deinem Vater! Entweder gehörst du deiner Familie, oder du gehörst dem Zirkus!«

Die Trennung ist da, der Schlußakt der großen Liebesromanze aus Jugendtagen beginnt. Denn auch er, der Vater meines Kindes, weiß genau, daß unsrem Nebeneinanderherleben nicht mehr der Ehrentitel einer »Familie« gebührt, und daß deshalb auch seine soeben ausgesprochene Forderung eine Farce ist – nichts weiter, als die Kaschierung der bittern Notwendigkeit, auseinanderzugehen. Zeigen die Männer bei der Eroberung einer Liebe gewissen Mut – vor einem anständigen Begräbnis erkalteter Liebe laufen viele hasenfüßig davon.

Es tut mir weh, meinen einstigen Lehrer, den Abgott meiner Jungmädchenjahre, um etwas mehr Zivilcourage bitten zu müssen und sich nicht hinter einem Ultimatum zu verstecken.

Der Professor schweigt. Steht auch ihm das lichte Bild unsres Liebesfrühlings vor Augen? Sieht er uns wandeln in Gesprächen, die fern von allen irdischen Nichtigkeiten um Platos Ideenlehre kreisen? Erkennt auch er, daß wir aus den Trümmern jener Welt wenigstens das eine mitnehmen müssen: Selbstbeherrschung – auch in dunkler, schmerzvoller Abschiedsstunde?

Wir besprechen in wenigen Worten und in maßvoller Zurückhaltung die weiteren, für eine Scheidung nötigen Schritte. Dann reichen wir uns die Hand und stehen auf.

In der Autotaxe allein, tut mir das Herz weh. Ich erinnere mich an ein Wort, daß Georg Hermann kurz vorm Krieg vom Kleinkrieg der Ehe schrieb: »... auch die edelsten Pferde beißen sich eben am Schluß an der leeren Krippe. Da ist nun einmal nichts zu machen ...«

Doch ist das Trost? Ein inhaltsschweres Kapitel meines Lebens ist am heutigen Tag beendet, ein Stück nicht sehr vorteilhaft abgeschlossenes Lebensexamen. »Jede Ehescheidung ist eine gefährliche Hochtour des Herzens ...«, ich fühle es in dieser Stunde tausendfach.

Geduldig warten der Chauffeur und unser Portier vorm Zirkusportal auf mein Aussteigen. Ich tue es schließlich und gehe mit müden Schritten zu Vater.

Es ist die vierte Stunde dieses in Schwarz gefärbten Freitags.

Vater macht sich zur Fahrt nach Haus bereit. Sein Lux, der Schäferhund, umwedelt ihn.

»Nur einen Augenblick noch, Vater!« bitte ich.

»Tausend Augenblicke, mein Paulchen!« sagt eine ruhige Stimme.

Nicht eine Sekunde lang leuchtet Triumph in den aufmerksam blickenden Augen des Greises, als ich ihm meine Entscheidung berichte. Er verbietet sich jede Äußerung, daß er von Anfang an das Unglück kommen sah. Die Noblesse seines Herzens hindert ihn, die geringste Spur von Freude und Befriedigung zu zeigen, daß er seine Tochter erlöst sieht aus ihrem Ehe-Irrgarten, daß er sie wiederhat. Still zieht mich Paul Busch an seine Brust, und ich bin wieder das kleine Mädchen, das sich an Vaters Schulter ausweint.

»Du ißt bei mir nach der Vorstellung Abendbrot. Ich warte auf dich!« bestimmt er, und sein guter Blick ruht auf mir. Dann verläßt er das Zimmer.

Und eine Minute später steht unser kaufmännischer Direktor vor mir und läßt mich wissen, welcher Donnerschlag vor einer Stunde den Herrn Rat getroffen hat.

Unser Wiener Zirkus war verkauft worden, da es bei den damaligen Verhältnissen nicht mehr tragbar war, dieses so entfernt gelegene Haus mitzubespielen. Eine gute Summe hatte der Palast am Wiener Prater erbracht.

Aber diese gute Summe ist an diesem dreifach schwarzen Freitag in einem der damals häufigen Bankkrachs so ziemlich restlos verlorengegangen. (Was später noch zu retten gewesen – dafür hat sich Paul Busch nicht mehr kaufen können als ein Schulpferd!)

Dem altgedienten Geschäftsführer ist es schwergefallen, die Hiobsbotschaft seinem Chef zu überbringen. Paul Busch hatte durch Krieg und anschwellende Inflation natürlich auch empfindliche Einbußen an seinem Privatvermögen erlitten.

Entgeistert hat er auf die Unglücksdepesche gestarrt, hat allein sein wollen und ist in dumpfes Sinnen gefallen.

Bis ich ins Zimmer trat und Trost bei ihm suchte. Gesegnet das Andenken an diesen, meinen Vater, der eigenen Kummer schweigend verbarg, um den meinen mitzutragen.

ZEHNTES KAPITEL

Im Zirkusfundus hängen 5000 Kostüme
Professor Haas-Heye zerschneidet ein Vermögen
für die neue Pantomime
Der Mimiker Terzy mit der untergeknöpften Wärmflasche
Über den Umgang mit Riesenschlangen
Man soll nicht brennend auf ein Pferd springen
Der Zauberring der Durgha

Im Hexensabbath der Inflation. Man schreibt Herbst 1923. Ende Oktober fahre ich mit der S-Bahn für 1600 Millionen in den Zirkus. Für 65 Milliarden Mark kaufe ich mir ein Paar Strümpfe, und dem Bettler an der Brücke werfe ich ein dickes Bündel Zehntausendmarkscheine in den Hut. Jeder Schein ist momentan noch $^{15}/_{1000}$ Pfennig wert.

Monsieur George Blanvalet, Tänzer und Ballettmeister von Rang, hat sich eben eine Drei-Milliarden-Zigarre angezündet und steht im Zirkushof vor einem Auto der Firma Hagenbeck, Hamburg. Zentnerschwere Holzkisten werden ausgeladen. Sie enthalten den Hals- und Brustschmuck der Frau Direktor Paula Busch, die in einem indischen Fabelspiel noch nie gesehene Pracht und Sensation entwickeln will.

Trotz der gefährlich weiterrollenden Inflationsflut werden allein in der »Vermählungsfeier des Maharadscha« 150 Tänzerinnen in Seidenstoffen und Goldbrokat daherrauschen, deren Milliardenwert nur ein Elektronenhirn ausrechnen könnte ...

Kein einziges Kostüm zu der neuen Pantomime wird aus unsrem Fundus, aus unsren Magazinen stammen, wo auf 400 Ständern 5000 Kostüme hängen. Aus aller Herren Länder, aus allen Kulturepochen, in allen Größen. Ein Blick in das Inventarverzeichnis genügt:

Magazin, Ostflügel, Ständer 13 a

Schwedisches Militär zu Gustav Adolfs Zeiten:
200 Mannschaftsuniformen,
    4 blaue Uniformfracks für Offiziere,
  10 Kaiserliche Dienerlivreen usw.

Magazin, Westflügel, Ständer 3–15:
Altrömische Kostüme:
200 weiße Togen,
200 Legionärs-Ausrüstungen,
200 Gladiatoren-Ausrüstungen,
2 Röcke für Janitoren (angekettete Hausportiers),
Sandalen, Goldhelme, ein Sortiment Bäuche usw.
Auf keinen dieser Schätze wird diesmal das Licht der Manegescheinwerfer fallen. Und unsre Schneiderstuben stehen leer, alle zweiundzwanzig Näherinnen und Schneiderinnen sitzen im Atelier des Professors Haas-Heye in der Kurfürstenstraße. Unter seiner Direktion, nach seinen Entwürfen schaffen sie aus völlig neuem Material die Luxusausstattung zu meinem Manegeschaustück »Die Schlange der Durgha«. Es wird das letzte große Stummspiel, die letzte Pantomime im großen klassischen Zirkusstil sein. Ihr opfere ich die Zentnerballen an Seide, Damast und Brokat, die noch aus seliger Friedenszeit in meinem Geheimtresor liegen. Bühnenbildner, Innenarchitekt, Kostümkundler, Hochschullehrer, Ausstattungszauberer Haas-Heye verschwendet sie mit genialer Freigebigkeit, mit königlichen Prachtgelüsten, in einem künstlerischen Rausch, der ihm immer neue Ideen eingibt. Ein Riesenvermögen zerfällt unter der Schere, ein Riesenvermögen wird diese Pantomime einbringen: in Berlin wird sie einen ganzen Winter laufen, in Hamburg den überheißen Sommer lang ausverkaufte Häuser machen, in Breslau wird sie die nächste Saison glanzvoll eröffnen.

Alte und neue Schauspielergeneration stehen nebeneinander im Zirkusvestibül vor den Hagenbeck-Kisten.
»Monsieur Blanvalet – wir werden uns Madame Busch vom Hals halten müssen«, brummt der alte Mimiker Terzy, »ich möchte mir nicht gern die Knochen zerdrücken lassen!«
Herr Terzy, in jungen Tagen berühmter Stehendreiter, ist noch von Constanze Busch in die heute vergessene antike Kunst des Gebärdenspiels eingeführt und spezialisiert worden auf das, was man im Sprechtheater »Heldenvater« nennt. Unvergleichlich die Würde seiner Erscheinung, die Großartigkeit

seiner Handbewegungen, die stumme Sprache seines Gesichts, wenn er als ein Herrscher oder Feldherr Krieg oder Frieden proklamierte.

Dabei war der arme Mensch schwer gallenleidend. Vater Busch klopfte öfter seinen hochgeschätzten Terzy, der im Frack an der Manegenpiste stand, auf den Bauch, um sich zu überzeugen, daß der Kranke sich eine heiße Wärmflasche unter die weiße Weste geknöpft hatte.

»Bien, Monsieur Terzy!« meint Blanvalet, der als Fürstensohn mein Liebespartner sein wird, »Madame Busch riskiert viel! Mit fünf Riesenschlangen tanzen ... une experience dangereuse!«

Lang und hager ist der dritte Mann vor den Schlangenkisten, der Mimikmeister Alfred Delbosque. Sein Name hatte schon Glanz, als er noch im Clownskostüm arbeitete in der Soloszene mit einer Pfauenfeder. Ihr jagte er durch die ganze Manege nach, bis sie schließlich unbeweglich auf seiner Nasenspitze stand und Delbosque das Hauchgebilde hinausbalancierte. Das hat ihm niemand nachgemacht.

Später hat sich der Spaßmacher Delbosque völlig der Pantomime verschrieben. Wie so viele große Clowns war er von ernster melancholischer Gemütsart; bald wandelte sich der ehemalige Clown zu einem Vertreter düsterer, tragischer Stummrollen.

Im neuen Spiel wird er als Oberpriester der Brahmanen mein grausiges Schicksal verkünden; Tod auf dem Scheiterhaufen.

Delbosque hätte Lehrer für Mimik in einer Theaterschule sein können. Er war es bei mir. Jeden Morgen versammelte er seine Schüler vor den großen Spiegeln im Foyer und probte. Zunächst das Gebärdenspiel der Hände, des Körpers und das »Gesichtsprechen«. Seine Studien zum Kapitel »Haß« etwa zeigten acht Varianten, acht »Kombinationen«.

Mit dürren Knöcheln beklopfte er jetzt die Schlangenkisten: »Ja, meine Herren, mit Schlangen gab's hier schon einmal ein ziemliches Theater! Anno 1907 hatten wir uns für das Ballett achtunddreißig Stück kommen lassen. Die Hälfte der Mädchen rückte vorher aus, die andere Hälfte hat schon am ersten Abend in wahnsinniger Angst ihren Schlangen den Hals abgedreht. Und dabei sind es nur Schlängelchen gewesen! Bin neugierig, wie unsre Paula mit den Drei-Meter-Brocken fertig wird!«

»Das werden Sie am Montag bei der Stellprobe sehen, meine Herren!« gebe ich zur Antwort. Die Wasserminna hatte mir die Ankunft der Kisten gemeldet und mich ins Vestibül geholt.

»Aber nicht wahr, Madame«, fragte Blanvalet voller Besorgnis, »Sie werden doch den Rat des Herrn Hagenbeck befolgen und den Schlangen beim Auftreten Haarmaulkörbe anlegen?«

»Mal sehen! Vielleicht auch nicht ...«

Die Herren Mimiker ziehen sich ins Restaurant zu einem Sherry zurück. Ich packe in meiner Garderobe die Schlangen aus und um. Sie erhalten elektrisch beheizte Wärmekisten, ein kleines Wasserbassin und einen Baumast zum Muskelstrecken.

»Na, wo sind denn unsre Aalecken?« greift die Wasserminna in die Körbe. Vorsichtig und sachgemäß faßt sie die Schlangen hinter dem zweiten Halswirbel. Faul und schlapp kommt »Kleopatra«, die größte ans Tageslicht. Ich lasse mir die schöne Boa constrictor, die Königs- oder Abgottschlange Südamerikas, auf den Schoß geben. Minna ringelt sie auf: »Wie bei de Feuerwehr, wenn se die Schläuche zusammenrollen!«

Das Tier spielt mit seiner schokoladenfarbenen, fein gespaltenen Zunge, hebt den Kopf, will in die Wärme meines Ärmels fahren.

»Kleo, da erstickst du!« Ich habe keine Scheu vor Tieren. Nur mein Abscheu vor Menschen, die Tiere quälen, ist grenzenlos. Und das wissen vielleicht die Tiergeschöpfe Gottes, daß ich mein ganzes Leben als ihr Sachverwalter tätig war und bin, und sie sind deshalb gut zu mir. Und ich erleichtere ihnen diese Einstellung, indem ich Kontakt halte mit der Wissenschaft und mich von ihr immer aufs neue belehren lasse über die Ergebnisse der modernen Tierpsychologie.

Letzter Schlüssel aber zu den Geheimnissen der Tierseele ist des Menschen Herz, das im Tier unsren Grenznachbarn sehen muß. Werden seine Lebensrechte brutal verletzt, sind wir Mitschuldige, wenn wir schweigen.

Als Schulmädchen habe ich mich von einem rohen Kutscher

in Köln blutig schlagen lassen, so blutig, wie er seine auf dem Glatteis gestürzten Pferde geschlagen hat. Ich hatte ihn gebeten, den Tieren eine Decke unterzulegen. Ich hatte es gefordert, und ich lief nicht weg, als eine wütende Faust nach mir schlug.

In Vaters Zirkus habe ich effektvolle Schreikrämpfe inszeniert, um zu erreichen, daß bei einem Bühnenspiel nicht ein Hase von einem Hund gehetzt wurde.

Meine schöne Palästinareise, Belohnung für gutbestandenes Abitur, ist mir verekelt worden, als ich in Jerusalem zusehen mußte, wie man ein kraftloses Schimmelchen mit dem Messer stach. Die gaffenden Araber, völlig verständnislos für meine Proteste, haben mich unisono ausgelacht und verhöhnt. In Unkenntnis der Funktionen einer Auslandsvertretung bin ich zum deutschen Konsul gelaufen, um dort Hilfe für das mißhandelte Pferd zu holen. Und dann habe ich kurzerhand das Land verlassen, in dem Schandtaten gegen ein Tier ungestraft blieben.

Ich werde später noch oft Gelegenheiten haben, mich vor Tiere zu stellen, die Menschen in niedriger Gesinnung oder aus dumpfer Gedankenlosigkeit quälen. Und ich lerne dabei, nicht nur als Engel mit dem Flammenschwert zu fungieren, sondern auch als unermüdliche und manchmal nicht ganz erfolglose Predigerin der Tierliebe in die Wüste der Verständnislosigkeit zu ziehen.

Ich werde jetzt nicht allzugern in meiner Bürogarderobe besucht. Man nennt sie die »Schlangengrube«, obwohl sich dort nicht so »schreckliche« Szenen ereignen wie fünfundzwanzig Jahre später in einem amerikanischen Film.

Zur Phantasieerhitzung des Publikums scheinen Riesenschlangen beinah so vortrefflich geeignet zu sein wie die altgediente Seeschlange, die sich selbst gegen die Fliegenden Untertassen siegreich behauptet.

Da stand doch Ende des Jahres 1955 eine reizende Filmstory in den Gazetten: bei amerikanischen Filmaufnahmen in Mexiko hat eine Riesenschlange mitgewirkt von vier Metern Länge und mit dem erstaunlichen Gewicht von drei Zentnern (die Boa hat wahrscheinlich vorher einen kleinen Mastochsen verschlungen!). Dieses wohlgenährte Tierchen hat man an

Paula Busch in der Pantomime
»Die Schlange der Durgha« mit »Kleopatra«

einem Mangrovenbaum »befestigt«, damit es dort über den Köpfen der Schauspieler malerisch pendele. Der Schlange hat diese Tierschinderei nicht gepaßt. Wie die Zeitung berichtet, habe sich die Boa befreit, und in der ausbrechenden Panik sei es dem Schauspieler Widmark gelungen, seine Partnerin »in letzter Sekunde aus dem Weg der Riesenschlange zu reißen«. Die Boa habe ihm dabei die Schulter gestreift und ihm Hautabschürfungen beigebracht. Wörtlich: »Ein Glück, daß die Boa constrictor im Augenblick mehr verängstigt als hungrig war! Sonst hätte sie auf der Stelle die süße Filmschauspielerin Jane Greer aufgefressen ...«

Ein hübsches Gemisch von Dichtung, Wahrheit und menschlicher Dummheit. Ich habe mich schwer gehütet, eine abgefütterte Riesenschlange irgendwo wie einen Dekorationsgegenstand zu »befestigen«. Selbst »Kleo«, meine Lieblingsschlange, kam nicht wie sonst auf leisen Zähnpfiff, wenn sie ihr Kaninchen verzehrt hatte. Wäre ich ihr dann in den Weg gekommen, würde sie mich nicht nur »gestreift« haben (was nie zu Hautverletzungen führen kann), sondern die Nadelzähne der »Kleo« wären tief in Arm oder Schulter gedrungen. Was trotz der Ungiftigkeit der Schlange keine ungefährliche Sache ist, weil Schlangen oft recht unreine Mäuler besitzen und weil ihre Dolchzähne schnell abbrechen.

Niemals – weder im scharfen Scheinwerferlicht der Manege noch im Spiel am Schreibtisch – haben mir meine Königsschlangen einen Schaden zugefügt. Ihr »Auftreten« machte ihnen sogar Vergnügen. Kam ich im ersten Akt als armes Hindumädchen auf die Bühne, so brauchte nur der wärmende Strahl eines Linsenscheinwerfers auf meinen Schlangenkorb zu fallen, schon kamen »Kleo« und »Astra« neugierig emporgezüngelt, und das Publikum klatschte begeistert, weil es an die Magie der Flöte glaubte, die das arme Hirtenmädchen blies.

Sehr brav und dekorativ ringelten sich dann die beiden Schlangen um Schultern und Oberarme ihrer tanzenden Herrin, die aber niemals mehr als zwei Windungen des Schlangenkörpers erlaubte, denn sonst würde der Muskeldruck bei Erschrecken oder Ärger der Tiere für mich knochenknackend gewesen sein.

Ja, sogar ein kleines Mitspiel konnte ich meinen Tiermimikern abfordern. Fast regelmäßig tat mir »Kleo« den Gefallen, ihren bildschönen Kopf gegen das Purpurhalstuch des Maharadschah zu schießen, als ob die Schlange kundtun wolle: Du Scheusal mußt sterben! Der alte Herrscher hatte mich nämlich seinem Sohn, dem Prinzen, geraubt und mich zwangsgeehelicht in diesem indischen Fabelspiel.

Bums – war er tot. Und ich, die so jäh verwitwete Schlangenkönigin, mußte nach gutem alten Brauch meinem Gebieter auf den Scheiterhaufen folgen.

Unsre fünf motorbetriebenen Opferbecken lodern, und unsre Elefanten stehen dazwischen und schreien erregt, als die Zirkus-Pyrotechniker unter dem Holzstoß die Pfannen mit Rotfeuer in Brand setzen. Der Chor der rachsüchtigen Priester singt heuchlerische Klagelieder um meine Jugendschönheit, deren Grillierung sie fordern.

Ich, die Amara, küsse noch einmal meine Schlangen, dann steige ich aufs prasselnde Schafott. Jetzt heißt es aufpassen: mein göttlicher Prinz stürmt auf edlem Araber in die Manege, macht sich mit der Karbatsche Platz, prescht im Carracho an meiner Folterstätte vorbei und reißt dabei Feinsliebchen zu sich auf den Sattel. Mein fürstlicher Gatte muß allein schmoren.

Wohlgemerkt: diese kitzlige Szene ließ ich nicht durch ein Double spielen. Das hätte mich in den Augen meiner alten Artisten ein gutes Stück meines Renommees gekostet. Jene neuen Schreier aber, die in mir nur die rahmschöpfende »Kapitalistin« sehen wollten, hielten endgültig das Maul, als sie sahen, wie »Paula« jeden Tag ihre Haut zu Markte trug.

Eines Abends bin ich sogar allzu feurig meinem Prinzen in die Arme gesprungen; der weiße Witwenschleier hatte Feuer gefangen, mit einem Kometenschwanz von Funken sind wir zum Sattelplatz galoppiert, wo man uns in letzter Minute »ablöschte«.

»Monsieur Blanvalet«, habe ich nach dem ersten Schreck gesagt, notdürftig in eine Pferdedecke gehüllt, »in Zukunft werden Sie einen Minimax an den Sattel hängen, wenn Sie zum Scheiterhaufen reiten!«

Diese echt Berliner Ironisierung einer schweren Gefahr scheint dem Juniorenkreis des Personals ein wenig imponiert zu haben. Am nächsten Vormittag steht ein schöner Blumenstrauß auf meinem Schreibtisch. An der Vase lehnt eine Stallschiefertafel mit wenigen Worten: »Hut ab vor Paula Busch!«

Um die Mittagszeit des gleichen Tages erscheint Professor Haas-Heye. Er sitzt fast jeden Abend in seinem Zauberreich. Mit liebenswürdig dargebotenen Pralinés beschwichtigt er die Wehklagen der einhundertfünfzig Tänzerinnen, denen er pfundsschwere, einhundertzwanzig Zentimeter hohe Turbane aufkonstruiert hat, und die von diesen »Papierkörben« Kopfschmerzen bekommen. Er, der Schöpfer meiner letzten Stummpantomime, klettert immer wieder auf die Beleuchterbrücken, ordnet Farbe und Weg der sogenannten Personenscheinwerfer neu und dosiert das Licht – namentlich bei meiner Verklärung zur Himmelsgöttin – in so künstlerischer Vollendung, daß Professor Reinhard in Begeisterung davon spricht, als er nicht viel später seine Mirakelspiele im Circus Busch inszeniert.

»Das Schlußbild, gnädige Frau! Das Schlußbild ...«, sagt jetzt Haas-Heye, »hat mir eine Impression gegeben, die ich auf dem Stein dieses Ringes verwirklicht habe. Er trägt die Symbole jener menschlichen Güte, die unser Spiel zeigen will: auch die armen, verachteten, treuen Hindus haben ihre Durgha, ihre Schutzgöttin. Sie wird ihre Qualen mindern, ihr Dasein bessern und verschönern ... Nehmen Sie, die Inkarnation der Durgha nach fünftausend Jahren —— nehmen Sie von mir diesen Ring als Andenken für unsre glückliche Zusammenarbeit!«

Ich habe das Schmuckstück treu gehütet und an seine geheimnisvolle Kraft geglaubt. Als wir einundzwanzig Jahre später über Nacht die Festung Breslau verlassen mußten und mit unsrem Treck in die Winterstürme gerieten, habe ich den Ring auf der Landstraße verloren. Durgha, die Göttin der Güte, hatte ihr Haupt abgewendet von all dem Menschenjammer.

ELFTES KAPITEL

*Ich schlage mein Artistenalbum auf
Zwergclown François reitet auf einem Dackelpferd
in den Weltruhm
Renzens Chefclown vor dem Boudoir der Constanze Busch
Ich lerne Clown-Dompteuse beim Trio Fratellini und
»arbeite« vor der Kronprinzessin
Die Rasso-Krawatte: jeder Mann ein Kraftmeier!
Als Vom-Auto-Überfahrenwerden noch eine Zirkusnummer war
Ich schenke den Sachsen einen neuen August den Starken
Mister Houdini und die preußischen Schutzleute
Der Herr, der Frösche ohne Mostrich aß
Kapitän Schneiders Löwen fressen täglich zwanzig Märtyrer
Yoghi Blacaman mit dem lila Totenhemd
Zwei denkwürdige Geburtstage mit der Weißen Dame*

Wenn ich mich jetzt auf das Podium der Erinnerungen stellen würde, um den Vorbeimarsch aller großen Nummern zu befehlen, die mir im Reich der Artistik begegnet sind, dürfte dieses Kapitel meines Lebensberichtes ein Buch für sich beanspruchen.

Denn die Weltgeltung des Circus Busch war ja aus der Tatsache erwachsen, daß Paul Busch mit dem Scharfblick eines Adlers sogleich erkannte, wo auf dem internationalen Markt Menschen oder Dinge den Keim zu Größerem, zur Einmaligkeit in sich trugen. Sehr schnell ist der spätere Zirkusgewaltige in der Lage gewesen, Weltnummern mit Märchengagen zu engagieren. Sein wirkliches Vergnügen aber war, Starter zum Weltruhm für diejenigen zu sein, deren Sonderklasse er traumhaft sicher aufgespürt hatte. Strikt hielt er sich dabei fern von jenen Managermethoden, mit denen heutzutage mancher kurzatmige Blitzerfolg »arrangiert« wird.

In Ruhe ließ Vater Busch junge zirzensische und artistische Begabungen reifen und auswachsen und schuf damit eine Atmosphäre, die alle Ehrgeizigen unsres Fachs magisch anzog. Auch der kleinste Bereiter des Circus Busch hatte seinen Marschallstab in der Kleiderkiste.

»Emmerich, bravo! Wiederholen Sie doch den Galoppwechsel – will ihn noch mal sehen!« Paul Busch, in weißer Jacke und Mütze, winkt seinen Chefdresseur heran: »Footit – Ihre Meinung über den Mann?«

Footit, selbst bei Buschens großgeworden, nickt nur: »Ich setze den Ankner morgen auf den ›Sixtus‹. Mal sehen, ob's zur Schulreiterei langt ...«

Ein junger Reiter bekommt die Chance seines Lebens. Ankner benutzt sie mit glühendem Eifer. Und nach Jahresfrist ruft ihn der Rat in seine private Probiermanege, korrigiert nur Kleinigkeiten an Sitz, Haltung, Zügelführung des ehemaligen Bereiters und läßt ihn absitzen.

»Ankner – im nächsten Programm stelle ich Sie raus! Ich gratuliere Ihnen, Herr Schulreiter Ankner!«

Wie einen Ritterschlag hat Emmerich Ankner diese Minuten in der kleinen Manege empfunden. Die Karriere eines großen Reiters begann. Und als er nach Jahren des schönsten Erfolges wieder nach Deutschland zurückkam, holte ich ihn zu uns zurück und ließ mich stets von diesem hervorragenden Pferdekenner begleiten und beraten, wenn ich in Ostpreußen Trakehner kaufte.

Da kribbelte François im Sand der Manege herum, wohl der erste bedeutendere Zwergclown der neueren Zeit. Mein Vater verstand etwas vom Wesen der Komik. Er beobachtete lange Abende seinen kleinen Freund, und es ward immer klarer: etwas fehlt an dieser Produktion: ein Gegenspieler. Ein Mensch? Ein Tier?

Busch rief im Büro nach den »Pferde-Offerten«. Täglich gingen ja Angebote von Gestüten, von Bauern, von Privatzüchtern ein.

Man wußte, Paul Busch, der Pferdenarr, zahlt horrende Preise, wenn er sich in ein besonders schönes Pferd verguckt.

Ein besonders schönes Pferd bringt der Herr Rat nicht mit von seinem Tagesausflug nach Pritzwalk.

»Det is iebahaupt keen Ferd, det is' n Dackel!« sagte die vorlaute Wasserminna bei der Besichtigung der Marstall-Neuerwerbung.

François mit seinem Dackelpferd

»Hast recht, Mädchen!« nickte Paul Busch.

»Sieht aus wie unsa François: jroßa Kopp un kleene Beene!« schwatzt Wasserminna weiter.

Der Rat klopft seiner Wasserjungfer auf die Schulter, sagt ein bedeutungsvolles »Na also!« und geht lächelnd weiter.

Die Zirkusbesucher winseln vor Lachen, als François zum ersten Mal ins Rund marschiert mit dem Bauernpferd aus Pritzwalk, das ihm direkt auf den Leib geschnitten ist.

Diese Mißgeburt aus der Ostpriegnitz dackelt auf schrecklich krummen, aber kräftigen Beinen hinter seinem Zwergherren her, der sie wie ein Spielzeug in die Mitte zerrt. Dort reiben sich zwei überdimensionale Köpfe zärtlich aneinander. Und nun steigt François auf und spielt den Schulreiter.

Natürlich kommt das Pferdchen ins Stolpern mit seinen O-Beinen. François liegt in den Sägespänen und nicht nur das. Der Dackelhengst wird wild, jagt Monsieur François um den Ring, und der Kleine rettet sich in eine Futterkiste. Später ist dieser Szenenschluß oft kopiert worden: das Pferd holt seinen Herrn (eine Puppe) aus der Kiste, schüttelt ihn durch und schleppt ihn in den Zähnen hinaus.

Auf dem Dackelpferd ist der kleine François in den dicksten Weltruhm geritten, und nie hat er es an Dankesbezeugungen für seinen Freund und Förderer Paul Busch fehlen lassen. Zur Madame François wählte er sich später die hübscheste aus unsrem Ballett, und dieses junge Fräulein hat zu Hause ihren Mann wirklich auf Händen getragen, wie es die Bibel gebietet. Zeigte sich das Ehepaar in der Öffentlichkeit, wußte Frau François auf unerklärliche Weise und völlig unbemerkt dicke Bücher auf den Stuhl zu zaubern, den ihr Gatte im nächsten Augenblick benutzen wollte.

Die Bomben auf Hamburg haben das Leben des alten, lieben François grausam beendet.

Ich sehe, wenn ich in früheste Jugend zurückblende, noch einen anderen Clown mit internationalem Namen vor mir.

Ein junger melancholischer Mann war das, dessen Ruhmessonne im Circus Renz aufgegangen war, dessen Lebenssonne aber im Circus Busch erstrahlte: meine Stiefschwester Maria

Dorée. Zwei Stars, zwei schöne junge Menschenkinder, zwei Liebende.

Und nun entschloß sich der Götterjüngling zur Brautwerbung. In einer Droschke I. Klasse fuhr er am Haus meiner Eltern vor, und einen Strauß indischer Lilien enthüllend, ließ er sich bei Madame Constanze Busch melden. Ich, ein kleines, neugieriges Mädchen, schnupperte an den schwer duftenden Blumen, die der junge Herr aufs Spiegeltischchen gelegt hatte.

Und Friedrich, der Diener, meldete der Mutter: »Mister Lavater Lee bittet, empfangen zu werden!«

Lavater Lee! Würdiger Träger und Mehrer eines großen Zirkusnamens! Was von den Leistungen seines Vaters erzählt wird, dünkt uns heute als zirzensische Saga, von denen so viele in der Welt herumschwirren.

Aber es ist nicht zu bezweifeln, daß der Stammvater der Lees seine Salti mortali über vierzehn Pferde zu machen pflegte! Den ersten Salto drehte er über acht, verschwand auf ein elastisches Sprungbrett zwischen achtem und neuntem Pferd, tauchte wie ein Gummiball wieder auf und schlug den zweiten, diesmal doppelten Todeskreis über dem restlichen Halbdutzend Pferden.

Das Trampolinspringen, auch »akademische Voltige« genannt, ist wohl noch bis zur Jahrhundertwende fleißig betrieben worden (oft stürmten zwanzig Springer gleichzeitig in die Manege!), dann war es mit dieser hohen Kunst vorbei.

Jener Lavater Lee vor dem Boudoir meiner Mutter konnte sich einen wahrhaft universellen Zirkuskünstler nennen. Er hatte als Todesspringer begonnen, verfügte als Clown über ein hintergründiges Feuerwerk von Witz und Einfällen, und sein mächtiger Gestaltungswille führte ihn schon in jungen Jahren an die Spitze der großen Mimiker in den Prachtpantomimen der Zeit.

Das silberne Glöckchen der Frau Constanze erklingt heftig. Ich hörte ein überraschtes »Monsieur?« der Mutter, dann schließt sich die Tür hinter dem großen Lavater Lee. Und in einer anderen Tür winkt mich die geliebte Maria Dorée heran, die Adorée des Herrn Lavater Lee. Sie drückt mich an ihr klopfendes Herz.

Und läßt mich entgeistert zu Boden gleiten, als sie die laute Stimme unsrer Mutter vernimmt: »Non! Non! Non, Monsieur!« Das dringt bis zu unsrem Zimmer. Frau Constanze macht einem jungen Mann erregt klar, daß im Zirkus die travail wichtiger ist als l'amour, daß Lavater Lee in drei Jahren wieder vorsprechen möge, dann werde man sehen ...

Wir stehen hinter den Stores, sehen den jungen Herrn die Tabatière ziehen und mit einem Schwefelholz eine Zigarette entzünden. Lavater Lee wirft einen nachdenklichen Blick auf das Haus und fährt davon. Die Schwester sinkt weinend in den Sessel.

Mutter hat nie ein Wort über diesen Besuch verloren. Ihre mir noch heute unverständliche, harte Ablehnung eines menschlich und fachlich wertvollen Mannes hat sie mit späterem Kummer bezahlen müssen. Maria Dorée war kein Kind mehr, wollte auch nicht ewig als unmündig behandelt werden und brannte ein paar Jahre später ungestüm durch, wie ich ja schon erzählt habe. –

Das Andenken an Lavater Lee mag heute bereits verblichen sein. Schönste Erinnerung aber wird man noch haben an ein Dreigestirn großartigen Zirkushumors. Es stieg im ersten Jahrzehnt unsres Säkulums auf: Paul, François, Albert Fratellini – Officiers de l'Académie Française, Professoren an der École des Comédians, Ehrengäste der Comédie Française, Herzenslieblinge des Volkes in Paris, Berlin, Madrid, Rom und in allen übrigen Hauptstädten Europas.

Ein Stück Heimat ist für sie der Circus Busch gewesen. Denn dieses Unternehmen mit seinen vier festen Häusern gab ihnen stets ein Engagement für zwei Jahre. Und wo ich in der Welt später die Brüder traf: in dankbarster Erinnerung sprachen sie vom Circus Busch, in dem ihnen Monsieur le Directeur Büüsch die Möglichkeit zur letzten Perfektion gegeben habe.

Eine ganze Literatur ist über die Fratellinis vorhanden. In ihrer Garderobe trafen sich ja allabendlich Schriftsteller, Schauspieler, Politiker zu einem Apéritif und zu Gesprächen, die sich vielleicht schon am nächsten Tag in einer quickneuen Szene widerspiegelten, wenn die drei eine volle Stunde lang das Haus erbeben ließen von Gelächter.

Das taten sie bekanntlich in raffiniertester Abstimmung ihrer Mittel.

Albert war der Mann mit der Direktwirkung auf das Zwerchfell. Er hatte sich bis ins Phantastische verschminkt, ließ seine Perücke rotieren, ließ am Hinterteil ein Lämpchen aufleuchten, war in jeder Form der Groteske, im Gegensatz zu seinem Bruder Paul, der aus der Figur des klassischen August das Ridiküle herauskristallisierte.

Paul erschien zumeist in der Silhouette eines Provinzspießers, der in lächerlicher Distinktion sich über den albernen Albert mokierte.

Und jenseits dieser doppelten Verschrobenheit stand François — weißgepudert, mit halbgeschlossenem Auge, mit tänzerischer Grazie, mit Clownsprüngen von bravouröser Technik.

Eines Tages läßt der Rat das Fräulein stud. phil. Paula dringlich zu sich bitten. Das Hofmarschallamt hat angerufen, die Frau Kronprinzessin höchstpersönlich sähe gern, wenn ich im Kreis andrer junger Damen der Gesellschaft bei einem Wohltätigkeitsfest auftreten würde. Irgendein zirzensischer Spaß wäre besonders erwünscht ...

»Soll der Sawade dir seinen gefährlichsten Tiger geben, und von dem läßt du dich auf offener Bühne auffressen! Das wäre doch ein hübscher Spaß für die Leute!«

Aus diesem kaustischen Witz sprach Vaters starker Unwille gegen den damals üblichen Wohltätigkeitsrummel der high class. Von Wohltun und von Aktionen zur Beseitigung der Not hatte er eine andre Vorstellung. Und für die Pflege von public relations auf gesellschaftlicher Grundlage hatte Paul Busch überhaupt nichts übrig.

Ich lächelte: »Sag bitte dem Hofmarschallamt, daß ich seit meinem vierten Lebensjahr striktes Auftrittsverbot im Circus Busch habe!«

Jetzt lacht der alte Herr: »Und Münstedts Zwergentheater? Wo du hinter unsrem Rücken die Annonceuse vor der Bude gemacht hast? Also, mein Kind — laß dir gefälligst was einfallen für den Abend der Wohltätigen!«

So kam es, daß ich als Clown-Dompteuse zu den drei Fratellinis in ihre mir liebenswürdig angebotene Lehre ging.

Jede Nacht – wir hatten nur vierzehn Tage Zeit – erschien ich mit zwei Kommilitonen in der Manege. Die beiden Studenten wurden von Monsieur François als Vorder- und Hinterteil des Salonelefanten »Jonathan« zusammengeschweißt. Und Monsieur Paul zeigte und verriet mir mit himmlischer Geduld, wie man eine Dompteuse charmant travestiert.

»Non, Mademoiselle Paulette ... nicht so naturellement die Peitsche führen! La chambrière est pour vous eine ligne, eine Angelschnur! Und Elefant eine große Fisch, was mit seine Rüssel schnappt!«

Dieser echte Fratellini-Spaß, geboren in einer Mitternachtsstunde, wurde sogleich vom Trio weiter ausgebaut. In der Zirkusschneiderei konstruierten die Brüder für unseren Studentenulk einen Greifrüssel, mit dem »Jonathan« ein Würstchen von meinem Peitschenende abreißen und schmatzend ins Maul schieben konnte. Sowohl die Elefantenhaut als auch mein Dompteurkostüm waren voller Lustigkeit, echte Fratellini-Entwürfe. Auf Jonathans Hinterbacken rutschten Bajaderen abwärts und hielten sich dabei am Elefantenschwanz fest. An der Taille des Tieres waren links und rechts Balkonkästen mit wild blühenden Fuchsien aufgemalt, und die Elefantenohren hatte man in grüner Seide mit Languettenstichen zierlich gesäumt.

Unter der meisterlichen Kostüm- und Schminktechnik des Paolo Fratellini entstand aus mir ein Mittelding zwischen altindischer Fürstentochter und montenegrinischem Hirtenmädchen. Wie ich ja zwischen schweigender Hoheit und hysterischem Geschrei meinen Dressurakt vorzuführen hatte.

Er brachte mir einen riesigen Erfolg bei jenem Fest in den Zoohallen. Als sich die Kronprinzessin die jeunesse dorée Berlins vorstellen ließ, versäumte das Elefantentrio nicht, Ihrer Kaiserlichen Hoheit das große Clowntrio Fratellini als spiritus rector zu offenbaren. Was sie veranlaßte, bald darauf im Circus Busch zu erscheinen und den drei Göttlichen für eine Lachstunde und für die direkte Mithilfe am Zoo-Abend mit ihrem liebenswürdigsten Lächeln zu danken.

Nicht nur ihr Söhnchen hat damals in unsrer Kaiserloge die Fratellinis mit strahlendem Auge angeschaut. Als man diese

Gebrüder FRATELLINI

drei Männer im Jahr 1923 zu Offizieren der Französischen Akademie machte, ist ein Minister vorgetreten und hat ihnen dafür gedankt, daß sie abseits ihrer starken Verpflichtungen tausend und aber tausend herrliche Erlebnisstunden den armen und kranken Kindern der ganzen Welt geschenkt haben.

Niemand konnte diese Kinderliebe der Fratellinis besser bezeugen als wir Buschens. Denn bei uns ist ja im Jahr 1909 der vierte jener Brüder, Louis Fratellini (geboren 1867) nach einer Kindervorstellung bewußtlos zusammengebrochen. Obwohl ihn ein Herzleiden zu strengster Schonung verpflichtete, trieb ihn der Jubel der Kinder zu immer neuen Extempores. Er hat sie mit dem Tod bezahlt.

Tragisch auch, was sich nach dem Tod Alberto Fratellinis (1950) ereignet hat. Als er zwei Jahre zuvor seinen Bruder Paolo begraben mußte, trat ein gewisser Gabriel Geretti an dessen Stelle.

Dieser namenlose Clown, nun bekannt als »dritter Fratellini«, glaubte sich wieder vor dem Nichts, als nach Albertos Hinscheiden das Trio aufgelöst wurde. Er warf sich vor einen Zug der Pariser Metro ...

An andrer Stelle habe ich erzählt, wie bei dem noch so gemütlichen Anfang unsres Jahrhunderts die starken Männer sich in muskelknackenden Ringkämpfen austobten.

Nach dem siebziger Krieg war für die starken Männer eine goldene Zeit gekommen. Die ganze Nation fühlte sich stark, und man zeigte auf allen Gebieten gern, über welche Kraftguthaben man verfügte. Und so sah man eben auch mit Begeisterung die Nachfahren des seligen Simson, die Männer von besonderer Körperstärke.

Überall in den deutschen Städten gab es Athletenvereine, und daher konnte man fachmännisch mitsprechen, wenn etwa der ehemalige Medizinstudent Rasso sich in der Manege ein Reitpferd vorführen ließ, mit dem rechten Arm in dessen Gurthenkel griff, das Roß hochstemmte, und es wie ein Lämmchen zum Sattelplatz trug.

Dann verpustete sich Rasso ein wenig und fixierte dabei die Zirkuskapelle, deren Kapellmeister ihm nicht zu gefallen schien. Er stieg bedächtig zur Empore hinauf, wuchtete sich dort das Klavier auf den Rücken und schien nicht zu merken, daß er auch den Klavierspieler auf seinem Stuhl mit aufgebukkelt hatte. Dieser hämmerte »Preußens Gloria« auf die Tasten, das Orchester fiel dröhnend ein, und Rasso marschierte mit seinem Huckepack federnd durch den Ring.

Der ebenso schöne wie starke Gottfried kurbelte sogar die Mode an! Herren, die trotz Mangel an Masse auf den Widerschein der Kraftmeierei nicht verzichten wollten, imponierten ihren Damen mit Hüten und Krawatten à la Rasso. Die Schönen aber schwiegen dazu und trugen *sein* Bild in ihren Herzen ...

Amüsant, wie Vater Busch eine Titanenattraktion aktualisierte. Er ahnte nicht, daß er damit ein Modell zeigte für ein Schauspiel, das wir heute gratis haben und von dem wir uns mit Entsetzen abwenden.

Doch damals stürmte man zum Lustgarten, um mit wollüstigem Schaudern zuzusehen, wie sich Kraftmensch Mirano – von einem Auto überfahren ließ.

Ein Jahr später war Marino, wie er jetzt genannt wurde, die Sensation in Amerika. In Hammersteins Varieté ging das rechte Vorderrad eines Autos mit sechs Personen über die Rückfront des Herrn Marino. Und die Schwägerin des Herrn Hammerstein hatte bei diesem Anblick allabendlich als Logenbesucherin in Ohnmacht zu fallen. (Zwischen den Weltkriegen ist Mirano wieder eine große Nummer in einem unsrer Programme gewesen.)

Etwa um 1910 herum wurde es stiller um die starken Männer. Man fand sie, wie einst, wieder in den Buden und Zelten der Schausteller.

Und dort, auf dem Bremer Freimarkt, sah ich im Oktober 1919 einen, der in Gesellschaft zweier Feuerfresser und einer tätowierten Dame vor einer mickrigen Bude stand und vortrat, als der Rekommandeur loskrächzte:

;... und sähen Sie bei uns auch Sigismund, das stählerne Wundär allär Zeiten. Sälbiger ist imstand, mit der bloßen Faust Nägäl einzuschlagen, wie er Ihnen sogleich vordemonstrieren wird! Bittä, Härr Sigismund!«

Nicht nur das machte der junge Mensch. Er wickelte sich auch ein Stück Bandeisen um den linken Unterarm, als ob er sich aus Blumendraht einen Armreif zurechtbiegen wollte.

»Kommen Sie, lieber Max Friedländer, den Burschen sehen wir uns an!«

Und der bekannte Hamburger Druckereibesitzer schob Muttchen an der Kasse ein paar Tausender hin, worauf wir zu den Ehrenplätzen geführt wurden.

Wir sahen uns die Vorstellung zweimal an, dann war unser Entschluß gefaßt: wir werden versuchen, ob man das großstädtische Zirkuspublikum nach so langen Jahren wieder einmal mit starken Männern füttern kann – mit diesem abseitigen Jahrmarktsartisten, der sich Sigismund Breitbart nennt und ein Mirakulum an Körperkräften zu sein scheint.

Friedländer fragt: »Paula – für Kraft und Größe auch in der simpelsten Form dürfte man zur Stunde nicht viel übrig haben, schätze ich. Man will Exzentrisches, Lautes, knallende Sensationen, Nervenkitzel, Mondänes ... Aber wir werden's trotzdem versuchen! Einverstanden?« Wiederum war der Rat Friedländers von großem Nutzen.

Und noch am gleichen Abend haben wir den Eisernen Sigi von seinem Chef losgeeist und ihn in Marsch gesetzt nach Dresden, wo wir im Sarrasani-Gebäude gastierten.

Vierzehn Tage später ist die Premiere. In den Seelen der Elbflorenzler werden historische Reminiszenzen wach. Sie haben den starken Mann auf sächsischem Königsthron nicht vergessen:

»Nu gugge, das is ja där reene August der Schdarge, wie er leibt und läbd! Nä, Frau Semmelmilch, dän missen Se sich zu Kemiede fiehrn! Schon, wie där auf einer goldnen Kwadriga reinfuhrwergen duhd in Zärgus – lings un rächds renn' Schdiggr zwanzsch Kladiadohrn neben seiner gomischen Gudsche her ––– mir machn noch mal in Zärgus Busch, un mir nähm sogar unsern Großbabba midd, weil där'sch nich glaubd, was mir ihm von Breidbahrd erzählt ham!«

Genau der gleiche unvorstellbare Andrang in Leipzig, wo es auch noch immer neue politische Unruhen gab. Erlebte man auch ab und zu Schießereien in den Straßen, am Abend fand

Sigismund Breitbart, das »Stählerne Wunder aller Zeiten«

sich tout Leipzig in der Alberthalle ein, um andächtig zuzuschauen, wie man zentnerschwere Mahlsteine aus den Mühlen im Muldental auf dem Brustkasten unsres Sigismund zerschlug.

Um die Bandeisen, die er mit bloßen Händen zu Ornamenten formte, riß man sich, und die Damen der neuen Gesellschaft standen und froren in der Schützenstraße, um ihren Heros mit amerikanischen Zigaretten und amerikanischer Schokolade bombardieren zu können.

Ich habe damals oft im Café Merkur, im Leipziger Literatencafé, gesessen, wo die Erzeuger der »anna-blume-Lyrik«, wo die Mitarbeiter der satirischen Zeitschrift »Der Drache« anzutreffen waren. Dem Sigismund Breitbart widmete man allerlei Betrachtungen voller Ironie, aber auch voller Verwunderung über die Tatsache, daß in diesen chaotischen Umsturzzeiten das Volk einen simplen Kraftmenschen umjubelt, der eben nichts anderes vorzuweisen hat als die Urkraft seines Körpers. Vielleicht manifestierte sich hier schon unbewußt das spätere Verlangen nach einem »Starken Mann« in rebus politicis ...

Ich ging mit unsrer kostbaren Entdeckung von Leipzig nach Breslau. Da erschienen biedere Schlossermeister aus ganz Schlesien, brachten ihre Eisen mit, und Breitbart verarbeitete sie ohne Schmiedefeuer, allein durch die Kraft seiner Hände.

Und verließen die Herren der Schmiedeinnung die Manege, traten die Maurer an, türmten mitgebrachte Basaltbrocken auf die zottige Brust des geduldig lächelnden Athleten und zerschlugen die Steine, um dann den Vorschlaghammer kopfschüttelnd in den Sand zu werfen.

Breitbart ist nach wenig Triumphjahren jung und jämmerlich gestorben. Mit einer Sepsis durch einen verrosteten Nagel schleppte er sich in Warschau zur Abendvorstellung. Dann brach er zusammen. Beinamputation und qualvolles Ende.

Der Berliner Circus Busch, an der Spree gelegen, war in jedem Herbst umweht von würzigem Apfelduft. Die »Appelkähne« legten im Spreebogen an.

Zu einer solchen Zeit durfte ich mit meiner Gouvernante einmal mit zur Friedrichsbrücke kommen, wo sich ringsherum

Tausende und aber Tausende von Berlinern quetschten zu einer Gratisvorstellung des Circus Busch. Sie hat meinen Vater wegen der verursachten Verkehrsstörung eine hohe Geldstrafe gekostet und meiner jugendlichen Seele einen ziemlichen Schock versetzt.

Denn was sich auf der Brücke tut, wirkt auf mich gespenstisch mittelalterlich, obwohl der Berliner Witz sich wieder einmal überschlägt:

»Scheen Jruß an die Plötzen, Mister Houdini! ... Bring mir een paar Stiebel vom Meeresjrund mit! ...«

Houdini, der schmale Amerikaner, dankt liebenswürdig für den Berliner Flachs, den er nicht versteht. Er klettert auf das Brückengeländer. Streckt die Hände vor. Stahlketten klirren, Schlösser schnappen. Typen vom Alex drängen vor und kontrollieren fachkundig die völlig polizeikorrekte Fesselung an Händen und Füßen.

Jetzt heben unsre Stallmeister den Gefesselten hoch und lassen ihn in einer engen Tonne verschwinden, die nun auf der äußersten Kante des Geländers steht.

Ich mag nicht mehr hinsehen. In einem märkischen Sagenbuch habe ich gelesen, wie man im Mittelalter Kindsmörderinnen zu Tode brachte. In ein Faß gepreßt, wie Katzen, hat man sie im Fluß ersäuft.

Das Faß auf der Brücke erhält einen Stoß, torkelt hinab, schlägt tief ins Spreewasser, kommt hoch, taucht unter, dreht sich, sackt wieder strudelnd ab, und ehe es nennenswert weitertreiben kann, ist es eine taube Nuß geworden. Sein Inhalt hat sich befreit – in geschmeidig raschen Stößen schwimmt Houdini fesselbefreit an eine Ufertreppe.

Dort lernt Amerika preußische Strenge kennen. Schutzmannshelme blinken. Der Absatz 11 des Paragraphen 360 StGB ist erfüllt: grober Unfug, ruhestörender Lärm und so weiter.

Umringt von der Gesetzesmacht lächelt der tropfende Mister die Bobbies an. Reizend, daß man ihm eine Ehreneskorte stellt, wenn jetzt der Welt größter Entfesselungskünstler triumphal durch die Berliner City ziehen wird! Wie eine Kastagnettentänzerin klappert Houdini fröhlich mit seinen gesprengten Handfesseln.

Besser als der arglose Artist verstehen die Berliner oben auf der Brücke, was die Blauen vorhaben. Übermäßig beliebt sind sie bei den Arbeitern sowieso nicht. Schon fliegen Äpfel zweifelhaften Ursprungs und ohne besonderen Wohlgeruch von der Brücke. Houdini blickt erstaunt hoch. Diese Art, Enthusiasmus zu zeigen, ist ihm neu.

Da ziehen die Schutzleute vor, weitere Amtshandlungen vorerst zu unterlassen. Ihre Säbel klickern an den Steinstufen. Der Mister Houdini aber dreht sich achselzuckend um, geht noch einmal mit Kopfsprung in die grünbraune Spree und schwimmt unter tosendem Beifall eine Ehrenrunde.

Jahre später veranstalteten wir an der Weidendammer Brücke das gleiche Spektakulum. Tom Jack war es, der ohne Tonnenzubehör, aber dafür gefesselt in eine Zwangsjacke gesteckt, in die Spree sprang und nach genau zwei Minuten von allem befreit auf der Uferböschung stand.

Tom Jack hat als Übungsfeld keinen Fluß ausgelassen, wohin er auch kam. Von der Londoner Towerbrücke ließ er sich in die Themse stoßen. In Petersburg streifte er in den Fluten der Newa Jacke und Fesseln ab. Und in New York ging er aus 50 Meter Höhe als verschnürtes Paket in den Hudson, wobei er allerdings beinah ums Leben gekommen wäre.

Die Entfesselungskünstler von damals hatten ein reichhaltiges Repertoire. Houdini wünschte als der erste zu gelten, der den Nähnadeltrick in gruseligster Vollendung vorführte. Er spazierte auf der Piste entlang, ließ in der linken Hand ein Tablett mit Nähnadeln klirren und futterte diese auf, als ob er Ingwerstäbchen nasche. Dann großer Tusch. Houdini stieg aufs Podium, die Scheinwerfer beschossen ihn, und in ihrem Lichtkreis zog der seltsame Feinschmecker alle verzehrten Nadeln – aufgereiht auf meterlangem Faden, aus dem Mund. Später hat man das Nähnadelsouper öfter sehen können.

Harry Weiß, genannt Houdini, hat seine Berufsgeheimnisse mit ins Grab genommen, wie es so viele große Artisten getan haben. Mit seinem Vater, einem polnischen Rabbiner, ist er einst ausgewandert, und in Appleton (Wisconsin) hat er die Schlosserei gelernt.

Sein Lehrherr muß ihn schon recht ordentlich in die Materie

der Ketten und in die Seele der Schlösser eingeführt haben, denn als Harry zum Zirkus entweicht, Clown und Akrobat wird und bei den »Devonsport Bros.« landet, macht er deren Entfesselungstricks sofort, wenn auch vorerst heimlich, nach.

Und dann läßt er sich in Chelsea vor eine englische Kanone binden. Ein nicht abstellbares Uhrwerk wird nach 15 Minuten den Schuß lösen. Als die Kanone vorschriftsmäßig losballerte, war Houdini schon drei Minuten aller Bande ledig.

Am 17. März 1904 sah er sich als Mittelpunkt einer Veranstaltung im Londoner »Hippodrome«:

! HOUDINI !

contra

The Daily Illustrated Mirror

Englands berühmter Geldschrankkunstschlosser Nathaniel Hart aus Birmingham hatte fünf Jahre lang an einer »unlösbaren« Fesselung gearbeitet, und das Schwesterblatt der »Daily Mail« versprach dem Besieger dieser Fesseln 125 Guineas. Houdini wünschte sich die 2630 Goldmark zu verdienen.

Nach 62 Minuten konnte das überbesetzte Haus dem Herrn im eleganten Gehrock zujubeln und der Kunstschlosser Hart seine unlösbare Fesselung vom Teppich aufheben. The Daily Illustrated Mirror spendete für dieses Meisterstück dem jungen Mann eine gleiche Fessel aus massivem Gold.

Houdinis Stecknadeln waren noch eine recht appetitliche Angelegenheit gegenüber den Schleckereien einer Spezialitätennummer, die bei uns 1912 und 1918 ihr begeistertes Publikum fand. Das erste Mal sahen ihr wohlig satte Menschen zu und schüttelten sich. Sechs Jahre später bestand das Publikum aus ewig Hungrigen, die Herrn Max Wilton, »das lebende Aquarium«, um sein abendliches Sattsein beneideten.

Das Gesicht des hochgewachsenen Froschmanns trug den Duktus des Magenkranken. Er nannte sich das »Phänomen des Magentrainings«, und er war eins.

Thomas, der Küchenjunge in meinem Elternhaus, hat vor unsren Augen als Sonntagsvergnügen einen ganzen Schuhkarton lebender Küchenschaben aufgefressen. Aber Herr Wilton war schlechterdings Allesschlucker. Was der liebe Gott an Kleinfischen, Amphibien, Lurchen geschaffen hat, war nicht sicher, zehn Minuten seines kurzen Daseins im Magengrund des Herrn Wilton verbringen zu müssen.

Die Nummer war mit starken Effekten gewürzt, genauso wie das Plakat, auf dem sich Wilton als Frackkavalier zeigte. Sein Frackhemd leuchtete wie die Scheibe eines Aquariums, hinter der sich das Innere des Herrn Wilton offenbarte: Zwischen den Rippen des Gentleman spielten wie zwischen Korallenriffen muntre Fische, tummelten sich Molche und züngelten Miniaturseeschlangen.

Um die Berliner Schnauze in Schach zu halten, ließ Herr Wilton vor seinem Auftreten die Untersuchungsergebnisse namhafter Magenspezialisten vorlesen. Der Professor Schröder in Bonn sprach da von einem »medizinischen Rätsel«. Man vermutete eine abnorme Größe der Cardia, des Magenmundes, aber auch manch anderes Fragezeichen, hübsch eingewickelt in die lateinische Fachsprache, wurde der lauschenden Masse präsentiert.

Dann enthüllte Herr Wilton ein reich besetztes Aquarium und nahm als Hors d'œuvre eine rana temporaria, einen gemeinen Teichfrosch, zu sich. Wie eine zarte Spargelspitze schlürfte Wilton den Zappelfritzen.

Ein vernehmliches »Puah!« durchsummte das Haus, und von der Galerie kamen Küchenrezepte:

»Maxe, nimm Mostrich! Da schmecken die Padden nochma so scheen!«

»Ruhe!« forderte das Publikum. »Det is hier eene wissenschaftliche Demonstration un keen Kasperletheata!«

Der Herr Wilton nickt ernst, und seine Hand fährt blitzschnell ins Wasserbecken und greift in bunter Auswahl Goldfische, Elritzen, kleine Salamander, Millionenfischchen.

Endlich ist er satt. Ein Stallmeister springt herzu, bietet Feuer für die Zigarette, und nun läßt das »lebende menschliche Aquarium« die Fischlein schwimmen.

Herr Wilton prostet dem Zirkusrund zu, kommt den Herrschaften mit einem Halben, und der Stallmeister füllt den nächsten halben Liter Wasser nach.

So vergehen die zehn Minuten Haft für die armen Kreaturen unter der weißen Weste. Als Wilton wieder vor dem Aquarium steht, gibt er die Gefangenen frei. Frosch, Fischchen, Salamanderchen nimmt er auf keineswegs ekelerregende Weise aus dem Mund und setzt sie zurück in ihr Element.

So viele Operngläser auch diesen Manipulationen folgen – niemand kann einen Schwindel entdecken, jeder kann erkennen, daß die Tiere weiterleben.

Wenn anschließend die lebende Fontäne der Galerie anbot, mit ihr 100 Liter Wasser in 60 Minuten wettzutrinken, kam oft die lakonische Antwort:

»Nicht een Liter Wasser in 60 Tagen, Herr!«

»Vorwärts jetzt, die Aufgerufenen! Vorwärts! Die Löwen warten!« brüllt Neros Sklavenhalter durch die Keller der Arena.

Und Marcus Sempronius, noch vor Stunden ein lastervoller Präfekt des untergehenden Römischen Imperiums, kniet neben Mercia, dem Christenmädchen, und ruft dem Schergen zu:

»Geh, Tigellinus! Geh hin zu deinem Nero und sage ihm: auch Marcus sei ein Christ geworden! Und nun komm, Mercia, meine Braut! Laß uns Hand in Hand zu unsrer Hochzeit gehen! Es gibt keinen Tod, denn unsre Liebe wird leben über Grab und Tod hinaus!«

Bei diesen erhabenen Worten steht unten, in der dreieinhalb Meter tief versenkten Manege, ein jovialer Römer auf und greift zu einem derben Holzknüppel: »Nu, da wärsch wieder mal so weit!«

Verwandlung. 7. Bild: Die Arena. Einzug der Prätorianer, der Gladiatoren, der Christen. Alle Scheinwerfer auf!

Und Nero, im schrecklichsten Wahnsinnsglanz, schreit: »Schickt die Löwen herein! Ruft Heil und jauchzt mir zu: Heil Nero, dem Gott, dem Herrn der Welt!«

Bei diesen Worten flammt im Hintergrund die in Brand gesteckte Sieben-Hügel-Stadt auf. Die Lichter verlöschen, und lebende Fackeln umsäumen die Arena. Singend ziehen die Christenscharen durch die zuckenden Schatten, und der joviale Römer nimmt seinen Knüppel aus der Toga, stößt die Riegel von den Kellerluken, und das Gebrüll von fünfzig hervorbrechenden Löwen übertönt das Sterbelied der Christen.

Mitten hinein in die Gruppen der Knienden springen die Bestien und holen sich ihren Raub. Geraten sie dabei in Streit, ist der joviale Römer mit dem Knüppel sofort zur Stelle: »Wolld ihr ardich sein, ihr Hamblmänner?«

Nur wenige Augenblicke ist die grausige Szenerie sichtbar, dann rauscht aus der Kuppel der Asbestvorhang nieder: »*Quo vadis?*«, das gewaltige Manegenschaustück, ist zu Ende. In einem Jahr (1924/25) hat es dem Circus Busch einige hunderttausend Besucher gebracht.

Zwei Männern war dieser Erfolg zu danken: dem Regisseur Adolf Steinmann und dem jovialen Römer von der Pleiße, Kapitän Alfred Schneider.

Schon Jahre vorher hatte ich mir vom Bremer Schauspielhaus den Schauspieler und Regisseur Steinmann geholt. Zu Zeiten meiner Regie-Lehrjahre war ja Georg Burghard-Footit der große Inszenator gewesen – ein Mann aus der harten Zirkuspraxis, ein Faustulus der modernen Zirkustechnik und zugleich der ernsteste Sachwalter des Zirkusurelements: der Reitkunst.

Footit, der Gagman mit Reitgerte und Sporen, baute in unsre Prachtpantomimen die tollkühnsten reiterlichen Bravourstücke ein und verband sie erstmalig mit den wuchtigsten technischen Effekten, die unsre Ingenieure und Techniker hervorzaubern mußten. Ein Rudel Jagdpferde, fünf Meter über eine zerborstene Brücke springend, darunter ein mit 5000 Watt illuminierter tosender Wildbach, und daneben eine dreißig Meter hohe Wotanseiche, in die ein Hochspannungsblitz von 10 000 Volt krachend einschlägt –– derartige Illustrationen

Kapitän Alfred Schneider mit seinen Löwen

des Stummspiels waren Footits Glanzleistungen. Er war ein Meister der Bilderbogenmalerei für die breiten Volksschichten.

Als aber das Publikum »pferdemüde« wurde, als die Filmleinewand aufflackerte, als der Massensport begann, als sich Arbeit und Vergnügen der Menschheit immer mehr differenzierten, durfte ich nicht mehr darauf bestehen, das alte, schöne Zirkusspiel, die Pantomime, sozusagen als kulturellen »Naturschutzpark« weiter zu pflegen.

An andrer Stelle erzähle ich, was ich zu ihrer Modernisierung tat, wie ich behutsam die menschliche Stimme einfügte ins sinnfällige Gebärdenspiel.

Und hier, bei dieser Revolutionierung (jeder Versuch kostete ja ein paar hunderttausend Mark!!) ist Adolf Steinmann treuester Helfer gewesen.

Er war von Haus aus Theatermann. Er glaubte an die stets siegreiche Kraft des Wortes, und er wollte damit sogleich den Rahmen der alten Volkskunst sprengen. Vater und ich dämpften seinen Eifer, und als das geschehen war, fanden wir den rechten Weg ins Herz des gewandelten Publikums. Steinmann hat in seiner »Mühle von Sanssouci« Triumphe gefeiert – wohl an die fünfhundert Abende.

Sein *»Quo vadis?«* war gleichermaßen geglückt. Dem Roman des Henryk Sienkiewicz von 1905 und einem späteren Werk »Lux crucis« (von Wilson Barret) hatte er geschickt Szenen entnommen, die nicht nur die grellen Geschehnisse, sondern eben auch die inneren Seelenkämpfe zweier Welten in würdigsten Form dem Riesenrund der fünftausend Zuschauer näherbrachten.

Höhepunkt für die Schaulust in unsrem *»Quo vadis?«* waren natürlich die Löwen des Kapitän Schneider, die ja bei der Verfilmung des Stücks in Rom einen Statisten zerfleischt hatten.

Bei uns durften sie nur über Puppen herfallen, die kleine Fleischbrocken an sich trugen. Oft habe ich für Schneider gebangt, wenn er im Halbdusteren der Arena mutterseelenallein zwischen vier Dutzend Löwen herumfuhrwerkte, die futtergierig, futterneidisch durcheinander quirlten.

Später ist Schneider ja sogar »l'homme aux cent lions« geworden, hat vor den Augen des Publikums 100 Löwen abgefüttert, bis eben im Jahr 1942 dem Sechsundsechzigjährigen ein Prankenhieb ein grauenvolles Ende bereitete.

Wie das nach sechsunddreißigjähriger Arbeit mit Löwen geschehen konnte, ist mir noch heute ein Rätsel. Ich war noch ein junges Ding, da habe ich schon vor Schneiders Löwenkäfig gestanden. Ich sehe den kleinen Mann vor einem riesigen Brocken von Berberlöwen auf der rollenden Kugel: »Bascha – mei guhdr Bascha –– drähdn (treten) mußde!« Und prompt begann der Wüstenkönig zu treten und rollte biereifrig seine Kugel durch die Manege.

»Siehsde – so wärds kemachd!« lobte Herr Schneider aus Leipzig-Connewitz und kraulte seinen »Bascha« wie ein Kätzchen.

Wie viele Brücken führen doch von der Menschenseele zu der des Tieres! Die engelschöne, zierliche, schwebende Claire Heliot ging zwischen ihre Raubtiere mit einem sanften Lächeln, mit graziöser Höflichkeit, mit flüsternden Zurufen. Das war ihr eigentlicher Schutzmantel, nicht die Holzgabel oder die Peitsche.

Meinen lieben Freund Schneider, der seinem Landesvater, König Friedrich August von Sachsen, in Stimme, Mutterwitz, Herzensfreundlichkeit so ähnlich war, schützte etwas anderes: seine wohlwollende gute Laune, um nicht zu sagen: sein Humor.

Hätte der fünfzig-, siebzig-, hundertköpfige Löwenvater nicht diese Magie seiner Persönlichkeit besessen –– die Löwenherde hätte seine lange Fleischtafel, an der er die Tiere abfütterte, bei erster bester Gelegenheit weggefegt, und Wasserstrahl oder Revolver wären bei diesem »Aufstand der Massen« zu spät gekommen.

So aber genügte ein knorziger Anruf: »Ich soll eich wohl de Hammelbeene langziehen?« – und schon war Frieden. Und der kleine Napoleon schleppte wieder emsig die Postamente durchs Löwengewimmel und sächselte dabei herrlich: »Nimm dein Schwänzchen wech, Diggr, sonst schreiste!«

Wie bequem, wenn ein Artist ohne »eine Wolke« (eine Übermenge) von Utensilien und Tieren in ein neues Engagement fahren kann und nicht, wie Alfred Schneider, fast einen ganzen Sonderzug benötigt!

Der Wunderfakir Blacaman, »das Mysterium des Jahrhunderts«, brachte zu seinem ersten Auftreten im Circus Busch nur ein paar Alligatoren, eine Schwertleiter und – seinen Sarg mit.

Und noch etwas: sein Totenhemd aus veilchenblauer Seide. Ich wollte diese Sarggarderobe durch ein paar farblich diskretere Hemden auffrischen, doch zornig wies der Mann mit der rabenschwarzen Mähne den Zirkusschneider zurück und herrschte ihn in der Sprache der indischen Kornaks an: »Pitschit! Pitschit! Ditha! Ditha!« Zu deutsch: Aufhören mit dem Unfug und zurück!

Na schön. Mister Blacaman sollte mir auch in veilchenfarbener Verpackung willkommen sein, denn er und seine Produktion gaben dem Großstadtpublikum das, was es in der Mitte der zwanziger Jahre als Manna für seine überreizten Sinne verlangte: ein saftiges breakdown der Nerven, mystische Schüttelfröste, uraltes Kinderstaunen.

Das lieferte Blacaman bis zur blanken Ohnmacht, bis zu hysterischen Schreikrämpfen besonders sensibler Zuschauer.

Was zwei Jahre vorher im Berliner »Wintergarten« der Fakir To Rhama gezeigt hatte, mußten die Berliner nur als Vorschule des Grauens ansehen, wenn sie sich nunmehr bei Buschens den Blacaman zu Gemüt führten.

Selbstverständlich reagierte das bekannte Berliner Mundwerk zunächst recht flott, als unsre Ankündigungen erschienen: »Wat heeßt ›Mysterium des Jahrhunderts‹? Wer mir for dumm vakoofen will, det is keen Jeschäftsmann!«

Aber es sind die forschesten Männer ausgerissen, als sie im »Wintergarten« dem Rhama eine Hutnadel durch den Arm stoßen sollten, als sie im Circus Busch eingeladen wurden, den Blacaman bei lebendigem Leib einzubuddeln.

Ich habe den schweigsamen Gesellen oft studiert. Sein Äußeres war schon zum Fürchten. Den seligen Barbarossa Rauschebart mußte man als einen wohlondulierten Herrn ansprechen, wenn man vor dem blauschwarzen Mähnen- und Bartgebirge des (angeblichen) Yoghi stand.

Gelblichblaß leuchteten Stirn, Schmalwangen und kräftige

Nase aus diesem alttestamentarischen Prophetenkopf. Unser »Wanderer ins Jenseits« wohnte in einem erstklassigen Hotel, ließ sich beim Auftreten von einem ausländischen Professor einführen, der über »Das Wesen des Fakirismus« ein Viertelstündchen predigte, und im übrigen hatte ich den Eindruck, daß unser Star seine 500 Mark Tagesgage nicht leichtsinnig verjubelte.

Wie bei solchen Nummern üblich, schaffte sich Blacaman in den ersten zehn Minuten den exotischen Rahmen. Unter seinem finsteren Blick versanken ein Dutzend Alligatoren in Starrschlaf und dekorierten wie Gartenzierat die Manege.

Das erste »Jottojott!« stöhnte im Publikum auf, wenn der »Bezwinger des Todes« auf der Leiter mit den scharfgeschliffenen Schwertsprossen barfüßig spazierenging oder sich im Kinnhang an der obersten Schwertschneide baumeln ließ. Da knisterten in den Rängen die Tüten mit Pfefferminzbonbons gegen den Erregungsschluckauf.

Auf das nadelgespickte Ruhebett verzichtete Blacaman und verschaffte sich einen delikateren Fleischeskitzel, indem er – nur mit Hals und Füßen auf zwei messerbewehrten Dreifüßen ruhend – einen Dreiviertelzentner-Granitblock auf seiner Brust zerhämmern ließ.

Dazu sind die Herrschaften höflichst eingeladen! Bitte herunter in die Manege zu kommen!

Eine oft vergeblich ausgesprochene Bitte. Die Männer wollten schon, jedoch ihre Frauen, von Mitleiden geschüttelt, zischten: »Hier bleibste! For so wat Perverses jeben wir uns nich her!«

Und kein Auge wand sich ab, als unsre Stallmeister als Steinklopfer einsprangen.

Eh nun Blacaman sein lila Hemd anzog, zerdrückte er mit bloßer Schulter schnell noch einen Quadratmeter Glas zu Splittermehl. Dann legte er sich in den Sarg, und während dieser unter Erdmassen verschwand, ließ ich Bajaderen mit monotonen Songs um die »Grabstätte« wandeln, um die Nervenhochspannung der fünftausend zu mildern.

Ich war mir klar, wäre Blacaman eines Abends nach seinen acht bis zehn Minuten Grabesruhe nicht wieder dem Sarg entstiegen, hätten sich wohl schwere Tumulte entwickelt, und ich hätte mein Anathema gehört: »Wie konnte die Direktion solchen Wahnsinn zulassen!« So hätten gerade die am lautesten gerufen, denen vorher das Wort »Schwindel« allzu leicht auf der Zunge saß ...

Einmal hat die Nummer wirklich nicht geklappt, und der Kladderadatsch ist nahe gewesen.

Mister Blacaman wollte seine hypnotischen Künste modernisieren, wollte statt der altertümlichen Alligatoren Löwen verwenden (beim zweiten Engagement im Circus Busch brachte er drei Löwen mit, die er sich zugelegt hatte). Jetzt aber sollte unser gutmütiger »Simba« die Wonnen des Starrschlafes kosten.

»Simba« wird im Vorsatzkäfig zur Manege gefahren, wo der Meister vor dem großen Rundkäfig den geladenen Gästen ein paar Sondertricks zeigt.

»Simba«, das Schlafopfer, interessiert vorerst niemanden. Und das nützt unser Freunderl aus – nach einigen Versuchen hat er sich aus seinem wohl nicht sonderlich gut verschlossenen Provisorium befreit, und bald ertönt wieder einmal der liebliche Ruf: »Löwe ist los!«

Wir sehen gerade noch seine Schwanzquaste verschwinden, »Simba« dürfte unsre Pferdeställe ansteuern.

Unsre Gäste saßen in Deckung hinter den Logenbrüstungen, kamen aber sogleich hervor, um einen Dialog mitzugenießen zwischen dem indischen Wundermann und Fräulein Minna Schulze, alias Wasserminna.

Bei der allgemeinen Flucht hatte nämlich die standhafte Minna den Fakir festgehalten: »Nee, nee – nich türmen, Blacamännchen! Du jehst mit uff de Löwenjagd und fängst ihn mit deine Hypnotisieroogen! Der Simba hat sich nur for deine Künstlermähne jefürchtet und deshalb is er jerickt.«

Mir kann diese Kabaretteinlage: Altindien contra Altberlin, nur recht sein, und ich eile meinen Löwenjägern nach.

Zwei Tänzerinnen auf dem Sattelplatz hat der fröhlich vorbeitrollende Löwe die Sprache verschlagen. Ich laß die Mädchen zittern und lauf weiter.

Daß der »Simba« im Pferdestall gelandet ist, kein Zweifel! Die Tiere sind voller Unruhe, und schon deshalb muß der Ein-

× »Yoghi Blacaman mit dem lila Totenhemd«

dringling schnellstens verschwinden. Wo aber das Luder steckt, wissen weder der Stallmeister noch der Löwenwärter.

Wir machen Licht, wir holen Handlaternen, wir inspizieren vorsichtig die Futterkisten, wir zählen sogar die Ponys nach — — Simba hat sich in Nichts aufgelöst.

Bleibt also nur noch, am Ende des Ganges die schweren Preßstrohballen auseinanderzurücken.

Erraten. Ganz oben und ganz hinten hat sich unser Löwenopa zur Siesta niedergelassen. Erst als die Holzgabel ihn in das Hinterteil piekt, läßt er sich herunterkollern und in den Vorsatzkäfig schieben. (Der Experimentierlöwe war nämlich auf Wunsch des Herrn Blacaman besonders gut an diesem Tag gefüttert worden.)

Dürfen wir die Herren nun zur Fortsetzung unsrer Sondervorführung bitten?

Blacaman ist wieder ganz geballter Wille, sein Blick ist schwarz und stößt die Pupille seines Opfers:

»Simba! Come here!«

Simba, Denkmal der Faulheit, räkelt sich, und ein Ausspruch des Götz von Berlichingen steht im deutlich im Gesicht geschrieben.

Blacaman tritt näher: »Simba — — come here!«

Ärgerlich blinzelt das Untier nach dem Störenfried. Dann pumpt sich Simba voll Luft und ein urbehagliches, donnerartiges Gähnen entbraust dem Löwenrachen. Des alten Wüstenkönigs edles Haupt fällt auf die Vorderpranken, und Simba, der Asthmatiker, hebt an zu schnarchen, das die Käfigriegel klappern.

Mit müdem Auge tritt Blacaman vor die Blitzbeute seiner Dämonie. Und verstohlen sieht er sich um. Auch den Herren Laien wird schließlich bekannt sein, daß ein in Starrschlaf versetztes Geschöpf gemeinhin nicht schnarcht und sich in die bequemste Schlafstellung zusammenrollt.

Wir haben das Löwenväterchen »Simba«, das der Ausflug in den Pferdestall zu sehr ermüdet hatte, schnarchen lassen.

Unsre Gäste aber sahen diskret über das danebengegangene Experiment hinweg und unterhielten sich bestens mit dem freundlichen Gesellschaftsspiel, die faltenreiche Haut des wertgeschätzten Herrn Blacaman mit Nadeln zu durchbohren.

Alles in allem, es war ein gelungener Nachmittag.

Am Vormittag des 10. April 1909.
Mein Vater hat die Proben in seiner Privatmanege vorzeitig beendet, sich umgekleidet und dabei Bericht geben lassen: ob pünktlich die Equipage zum Hotel abgefahren ist? Ob die Musiker bereitstehen? Ob das Hufeisen aus Parmaveilchen im Vestibül aufgebaut sei? Ob auch die beiden Töchter zum Empfang bereitstünden?

Kommissionsrat Busch, im sechzigsten Lebensjahr stehend, schaut flüchtig in den Spiegel, ordnet den grauseidenen Plastron, knöpft sorgsam seinen englischen Gehrock und wendet nachdenklich seinen Blick zum Fenster, zum lichthellen Frühlingshimmel.

In wenigen Minuten wird er taktfestes Hufeklappern hören, werden seine beiden schönsten Kutschpferde in die Portalanfahrt einbiegen, wird Paul Busch im festlich erleuchteten Vestibül des Circus Busch einer Dame entgegengehen, die sein Herz auch heute noch in doppelter Weise bewegt.

»Dös dürfte gnädigste Frau sein, Herr Rat!« meint der luchsohrige Thomas und greift zum Rosenbukett, das er feierlich seinem Herrn zum Vestibül nachträgt.

Die Trakehner vor der lackglänzenden Equipage werden erstklassig pariert, stehen unbeweglich, als der Portier an den Schlag springt.

Die Dame erhebt sich in federnder Grazie aus den kirschroten Polstern, dankt bezaubernd dem Herren Portier für nicht angenommene Hilfeleistung, bemerkt jetzt die strahlenden Lüster des Vestibüls, und für einen Augenblick scheint es, als wolle sie umkehren.

»Gottswillen, was macht man da?« hört man sie flüstern. Dann geht sie mit raschen Schritten durch die aufspringenden Glastüren.

Sie geht resolut auf den Rat Busch zu, sie erlaubt ihm weder die Überreichung der Blumen noch den Handkuß.

Sie umfängt den Herrn des Hauses und drückt ihm einen sanften Kuß auf silbergraue Schläfen.

Dann aber ergreift sie seinen Arm, wehrt nochmals alle Gratulationsversuche ab und zieht den Verdutzten zur Ecke, zu den Musikern.

Da steht sie stumm und hört zu, was ihr zu Ehren gespielt wird. Es ist eine eigens für diesen Tag komponierte Paraphrase über die vertonten Lieder ihres geliebten Matthias Claudius aus jener Stadt Wandsbek, in der die elegante Dame als Lehrmädchen des Hutgeschäftes Wunderlich einem anderen Leben entgegenfieberte.

Als im kleinen Orchester das unsterbliche »Seht ihr den Mond dort stehen?« aufklingt, füllen sich die strahlenden Augensterne des Geburtstagskindes mit Tränen, und ein feines Spitzentuch kann sie kaum trocknen.

Und nun beginnt vor dem Tisch mit dem riesigen Veilchenhufeisen die Gratulationscour. Die Artisten des Programms, die Bereiter, das Stallpersonal, die Beleuchter, die Leute aus der Schmiede und aus der Schneiderei –– wer vor die schöne, hochgewachsene, gertenschlanke Dame tritt, hat Blumen in der Hand und im Blick Bewunderung und Verehrung.

Als letzte Gratulantin erscheint die Vertreterin des Balletts. Die Wasserminna schleppt eine mächtige, reich gefüllte Bodenvase heran, setzt sie prustend vor die Vielgeehrte, streicht sich über die Oberlippe und spricht einen Geburtstagswunsch, dessen Originalität nur noch übertroffen wird von seiner prophetischen Kraft:

»Also, jeehrte Dame – und wenn Sie ooch noch mit Siebzich im Sattel sitzen sollten ––– der Name *Therese Renz* reitet von janz alleene!«

Die große Schulreiterin sieht Fräulein Minna Schulze lächelnd an und nickt ihr bedeutungsvoll zu: du scheinst zu wissen, wie alt ich heute wirklich geworden bin ...

Aber die anderen wissen es nicht. »Mit ihren vierzig Jahren einfach fabelhaft!« hört Frau Renz eine Gruppe junger Bereiter wispern. Sie neigt ihr Sherryglas den jungen Leuten zu: »Danke schön, meine Herren!« Sporenstiefel knallen aneinander, und die netten Jungen strahlen.

Die kleine Brillantuhr, die Therese immer häufiger aus dem Gürtel zieht, geht auf Elf. »Verehrter, lieber, hoher Herr Prinzipal – darf ich zu meiner Morgenprobe gehen? Ich halte es mit der alten Weisheit: Wer am Abend ›Sukzeß‹ haben will, muß am Morgen fleißig sein!«

Vater gibt meiner Schwester und mir einen Wink. Wir beiden jungen Fräuleins nehmen die Widerstrebende in die Mitte und führen sie en famille.

Und nun sitzt sie im Fauteuil, und Thomas serviert »Ruinart, Père et Fils«. Mit diesem Champagner ist 1901 im Nouveau Cirque de Paris die Premiere ihrer weltberühmten Lichtnummer *Die Weiße Dame* gefeiert worden. Dieser Champagner hat seitdem ihre Glücksstunden begleitet. Therese ist abermals gerührt von der Aufmerksamkeit ihres Gastgebers.

Dieser sitzt ihr gegenüber, und seine ruhigen Augen ruhen oft auf dem offenen, seelenheiteren Frauenantlitz der Therese. Und dann wandern sie aufwärts zu einem großen Wandbild, von dem Constanze Busch im schwarzen Reitkleid auf uns niederblickt.

Diese beiden Frauen ——— der Rat greift zu einer Zigarette und drückt sie nach einigen Zügen wieder aus. Es ist vorbei. Constanze ruht seit elf Jahren im stillen Totenhaus, und als sich Paul Busch nach langer Zeit aus der Vernichtung erhoben hatte und zu hoffen begann, einen Abglanz, ein Nachleuchten des verlorenen Lebensglücks zu finden, da kam er zu spät.

Seit Jahrzehnten kannte er die Schulreiterin Therese Renz, deren 50. Geburtstag wir jetzt feiern. Vor ihrem Können hat er, der strenge Kritiker und Fachmann, stets den Hut gezogen. Von ihrer Damenhaftigkeit war er, Kavalier der alten Schule, stets beeindruckt. Von der Geradlinigkeit ihres Charakters war er überzeugt und begeistert.

Was meinen Vater gehindert hat, mit sich selbst ins reine zu kommen und der liebenswerten Frau Einblick in sein Herz zu geben – ich weiß es nicht. Als Paul Busch später einen Anlauf dazu nehmen wollte, mußte er erfahren, daß Therese ein neues Glück gefunden hatte.

Paul Busch steht auf und schließt aus dem Schreibtisch alte Programme seines einstmaligen Konkurrenten Renz.

Eine Wolke des Unwillens zieht über die Stirn unsres Gastes. Frau Therese legt den Straußenfederfächer, das Geschenk der Busch-Töchter, mit hartem Ruck auf den Tisch.

»Geduld, Geduld, mein Kind!« Der Rat greift begütigend nach der Hand seiner Freundin und drückt sie. Er weiß – auch Therese hat ihre Herzwunde. Mit Robert Renz, Neffen des Zirkuscaesaren Ernst Renz, hat sie zwei tiefglückliche Ehejahrzehnte erlebt. Nur ihr Hochzeitstag war bitter. Er war ihre Entlassung, ihre Entfernung aus der Manege, aus dem Verband des Circus Renz, dessen Mitglieder nur nach dem Konzept des Familienchefs heiraten durften oder bei eigener Gattenwahl ihrer Wege gehen mußten.

»Geduld, Geduld, mein Kind!« wiederholte Vater Busch und sucht in Programmzetteln des nun schon seit zwölf Jahren aufgelösten Circus Renz herum.

»Therese – das waren Sie doch?« Und der Rat liest vor:

***Außerordentliche Kraft-Production einer Dame,
welche frei in der Luft, an einem Trapez hängend,***

eine 400 Pfund schwere Kanone

mit den Zähnen aufhebt und abfeuert!

Stürmische Heiterkeit der Versammelten. Therese lacht so jugendlich-fröhlich, wie sie ausschaut. Wir greifen lachend zu den Champagnerkelchen.

»Also gut – das waren Sie nicht ...« sagt Paul Busch und blättert weiter. »Aber das waren Sie und – das war sie!« Der Vater hebt seine Augen zu dem Gemälde über uns und räuspert sich:

»Seht her, was ich in einer stillen Nachtstunde entdeckt habe:

---

12. November

Erste außerordentliche Damen-Galavorstellung

Quadrille des Fleurs de Noblesse:

Fräulein Elise, Frau Ozeana Renz,

Fräulein Constanze, Fräulein Stark

Ist eine denkwürdige Ankündigung, und meine Töchter mögen sie recht gut aufheben ...«

Nochmals liest der Rat die Namen vor: Fräulein Elise Petzold – Frau Ozeana Renz – Fräulein Constanze, die nachmalige Constanze Busch – Fräulein Stark, die nachmalige Therese Renz ...

Der alte Herr läßt das vergilbte Blatt sinken: »... Quadrille des Fleurs de Noblesse ... wie richtig ist für diese vier jungen Frauen ihr Entree ins Leben und in den Ruhm angezeigt worden ...«

Wir schweigen ergriffen.

Therese schiebt ihre Hand in die des lieben Freundes und wendet sich zu uns: »Ich besitze diesen Programmzettel aus der großen Zeit des Circus Renz leider nicht mehr. Aber sein Datum ist mir unvergessen: am 12. November 1874 bin ich im Circus Renz in der Großen Friedrichstraße zu Berlin hinter den drei illustren Namen erstmals in die Manege eines Weltzirkus eingeritten. Nur wenige Jahre an Alter war mir Eure selige Mutter voraus – an Können, an Popularität, an Ansehen in der Zirkuswelt stand sie bereits im hellsten Glanz ... Ja, Kinder ... ich höre auch heute noch, wie das Publikum begeistert die ihm vertrauten Namen ruft ... ich weiß noch, wie ich beim Schlußapplaus mein Pferd in der mir zustehenden Bescheidenheit abseits drücke ... und da löst sich Fräulein Constanze aus der Gruppe, da reitet sie mit zornigem Gesicht auf mich zu ... da zerrt sie mein Pferd zur Manegenmitte ... und da fordern die drei Großen die Besucher zu einem Sonderbeifall auf für die kleine, ganze kleine ...«

Therese Renz ist aufgestanden. Sie sucht die schönsten der Maréchal Niel aus ihrem vornehmsten Geburtstagsstrauß. Sie steigt leichtfüßig auf einen Stuhl und umsteckt das schwergerahmte Gemälde ihrer großen Kollegin und Freundin Constanze Busch mit Rosen der Dankbarkeit und der treuen Erinnerung. –––

»... und wenn Sie noch mit Siebzich im Sattel sitzen sollten«, hatte Wasserminna am 10. April 1909 in ihrer Festansprache gesagt.

Sie und ich – wir beide werden Zeuge sein, wie Therese am 10. April 1934 zu ihrem 75. Geburtstag wie an jedem ande-

»*Therese Renz stellt Deutschlands jüngste Schulreiterin
der Öffentlichkeit vor*«.
Therese Renz und Micaela Busch

ren Abend in den Sattel ihres Trakehner Fuchshengstes »Malachit« steigt und den Menschen zeigt, daß der vollkommene ästhetische, der wirkliche künstlerische Genuß an der Darbietung einer Schulreiterin nur von einer Lady geboten werden kann, die im Damensitz ihr Pferd zu dirigieren weiß.

Das Publikum von 1934 (und erst recht das von heute) hat keine Ahnung mehr, was es für Pferd und Reiter bedeutet, mit nur einseitigem Schenkeldruck diesen Reigen von schwierigen Gangarten zu zeigen, den die Altmeisterin Therese Renz auf »Malachit« und hernach auf ihrem eigensinnigen hellbraunen Anglo-Araberhengst »Dionar« darbietet.

Die Lieblichkeit von einst, der romantisch-süße Zauber der *Weißen Dame* ist verklärt; Therese erscheint heute als bewundernswertes Sinnbild einer Frau, deren Schönheit nicht unterging, da der Widerschein von Seelenadel und Herzensgröße dieses Antlitz wunderbar schmückt.

Unsere Festgabe zum Ehrentag soll Tochter Micaela der Umjubelten zu Füßen legen. Vor einem Vierteljahrhundert ließ Paul Busch das Geburtstagskind »verhaften«, jetzt gibt Paula Busch ihrer Tochter den gleichen Befehl.

Und die Kleine, das aus dem Pensionat entschlüpfte Mädchen, hängt sich an ihre Schutzgöttin, an die Seniorin der europäischen klassischen Schulreiterei.

Monate nur vor diesem denkwürdigen Geburtstag hat Micaela Busch im Zirkus ihres Großvaters, ihrer Mutter, von Therese Renz den Knappenschlag in artibus circensibus empfangen. Vollendung und Anfang, letzte Reife und scheuer Frühling, goldenschöne Abendsonne und die Morgenröte eines jungen Tages ——

Therese Renz stellt Deutschlands jüngste Schulreiterin der Öffentlichkeit vor und prophezeit dem Kinde mit segnender Geste eine stolze Karriere.

Von dem Lorbeerkranz, der Frau Renz unter den herzlichsten Ovationen des Publikums präsentiert wird, bricht sie einen Zweig und schmückt damit den weißen Frack der Debutantin.

Und diesmal steht um Mitternacht, aber auf dem gleichen Tisch wie 1909, der »Ruinart Père et Fils«.

Therese, sie bewegt sich noch immer in der für sie typischen kerzengeraden Haltung, umfängt uns, die Mutter und die Tochter, schwesterlich und drückt uns an ihr Herz. Sie ahnt – die Stunde ist nicht mehr weit, da die tapfere Lebensbezwingerin Zügel und Wanderstab aus der Hand legen wird.

Sie ist dankbar für Lieb und Leid in langen Jahren, und sie meint, letztlich habe sich doch alles wundersam ins Muster ihres Lebens gefügt.

In ihres Vaterlandes Ruhm und Herrlichkeit ist sie als ein Kind des Glücks hineingeweht, hat an der Seite eines inniggeliebten Gatten Triumphe gefeiert, hat einem Sohn das Leben gegeben, ist die Direktorin eines eigenen Zirkus geworden, und als dann das Schicksal seinen Hobel ansetzte, ist die kindlich gläubige Christin nicht zusammengebrochen. Der Sohn folgte dem Vater frühzeitig in die Gruft, das eigene Unternehmen mußte in Belgien 1914 liegenbleiben, die Elefanten der Dompteuse Therese kamen im Nachkriegshunger um – eine Sechzigjährige ist wieder in den Sattel gestiegen, und es ist wahr geworden, was die Minna 1909 prophezeit hatte: »Der Name Therese Renz reitet von janz alleene.«

Nur um Straßenbreite getrennt von ihrem Freund Paul Busch ruht Therese im Berliner Norden.

ZWÖLFTES KAPITEL

Ich will in den Löwenkäfig reiten
Als mich Claire Heliot auf ihren »Sascha« setzte
Sprungtuch unterm »Magnetischen Stern«
Löwin »Roma« springt und Pferd »Sultan« geht in die Knie

Der Dompteur Kaden strich sich über die Stirn: »Madame – das ist doch nicht Ihr Ernst?«

Die Frau Direktor schob dem schlankgewachsenen Mann die Importenkiste zu und zog eine Zigarette aus dem Becher: »Bedienen Sie sich, lieber Freund, und geben Sie mir auch etwas Feuer!«

Kaden ließ sein Feuerzeug schnappen, und während er die Henry Clay mit Sorgfalt köpfte, warf er unauffällig kleine Blicke zur Chefin hinterm Schreibtisch. Die Frau Direktorin pustete behaglich Rauchwölkchen auf den eleganten Porzellanschirm der Tischlampe und beobachtete interessiert, wie ein Meer von grauen Rauchnebeln zu wogen begann.

»Madame!« Kaden rutschte auf die Kante seines Stuhls. »Madame – die Sache ist schon deshalb unmöglich, weil der ›Sultan‹ Sie überhaupt nicht aufsitzen ließe! Der geht nicht unter fremder Hand!«

»Merci bien, lieber Freund, für diesen süßen Schwindel!« Die Direktorin lachte. »Wenn ich recht unterrichtet bin, reiten sie für gewöhnlich auf einem Somalihengst in Ihren Löwenkäfig und nicht auf unsrem ›Unreitbaren Esel‹ ... Nicht doch, lieber Kaden – Ihr ›Sultan‹ ist genau das richtige Pferdchen für mich! Kommen Sie, trinken Sie einen Old Scotch Whisky! Nehmen Sie ihn straight, da hilft er rascher gegen Schreck in der Morgenstunde! ...«

Kaden wehrte heftig ab. Erregt beugte er sich über den Schreibtisch, drehte seinen runden Schädel zur Seite, strich das Haar weg, klappte das rechte lädierte Ohr nach vorn:

»Frau Direktor – haben Sie Verlangen nach solchen Souvenirs? Würden einer Dame schlecht stehen!«

Die Frau Direktor hatte sich erhoben und betrachtete das tiefgefurchte Narbenfeld. »Wann war das?«

»Voriges Jahr. In Madrid, im Circus Price ... Mit der ›Roma‹, mit diesem nervösen Luder, ist nischt mehr anzufangen. Schon zweimal ist sie gesprungen!«

Kaden setzte sich zurück und ordnete mit einem Taschenkamm seine Frisur. In seinen Augen lag jetzt zwingender Ernst. Die Frau Direktor fegte mit energischer Hand die Rauchnebel vom weißen Porzellanhügel der Leuchte und drückte ihre Zigarette aus:

»Kaden!« Die Frau im Direktionssessel sah dem Dompteur fest in die Augen. »Kaden, Sie sind treu und ehrlich wie die Preußische Oberrechnungskammer. Und ich meinerseits leide nicht an seelischen Gleichgewichtsstörungen, die mich selbstmordreif machen könnten. Aber was wir vorhaben – es muß sein: die Paula Busch reitet auf dem ›Sultan‹ des Herrn Kaden in den Löwenkäfig, und Herr Kaden wird zu Fuß freundlichst der Vorführung der Nummer assistieren ...«

Kaden legte seine Zigarre in die Aschenschale und stand reserviert auf. »Dann darf ich mich wohl zurückziehen?«

»Nicht so feierlich, lieber Herr! Hören Sie lieber gut zu, was ich ihnen jetzt unter vier Augen sage ... Kennen Sie das niedliche Verschen: ›Es fraßen zwei grimmige Löwen / einander bis auf die Schwänz' / heut ist es genau dasselbe / nur nennt man es Konkurrenz.‹ Hübsch, nich?«

Kaden gab keine Antwort. Er zog ärgerlich das Whiskytablett zu sich heran, goß sich einen Schluck ein, spritzte viel Soda nach und murmelte beim Trinken: »Wahnsinn!«

Die Frau Direktor seufzte tief. »Wie Sie's nennen wollen. Jedenfalls müssen wir uns mit zwei Tatsachen verdammt beschäftigen: die Arbeitslosenziffer in Berlin steigt rapid, unsre Einnahmen fallen. Und zweitens: seit acht Tagen hat sich uns der größte Reisezirkus Deutschlands vor die Nase gesetzt. Mit zwanzig Löwen. Und wir haben fünf. Und in den Augen des Publikums ist eben zwanzig mehr als fünf!«

Kaden biß ich auf die Lippen: »Madame, bitte – schmeißen Sie den Alfred Kaden, den einzigen Dompteur der Welt zu Pferde, schmeißen Sie ihn raus. Holen Sie den andren Alfred, den Alfred Schneider mit seinen hundert Löwen! Hundert Bestien ziehen mehr bei der – der – der Bestie Publikum!«

»Aber, aber, lieber Kaden ...« Die Direktorin war aufgestanden. Sie zog einen Fauteuil neben den Stuhl des Dompteurs. »Der gute Alfred Schneider war ja schon bei uns! Vor vielen Jahren, im Winter 24, als wir ›Quo vadis?‹ gaben. In der versenkten Manege wimmelte es von Löwen, und täglich mußten sie ihre zwei Dutzend ›Quo vadis‹-Christen verfrühstücken. Das war natürlich eine Sensation! ... Aber – Alfred Kaden, der Mann, der Raubtiere mit ihrem Beutetier auf Zentimeternähe zusammendressiert hat – dieser Mann ist auch etwas, zum Teufel! ... Und wenn anscheinend unser Propagandamann dem Publikum diese Weltattraktion noch nicht richtig unter die Haut geschoben hat, dann tu ich's, die Chefin! Damit Punkt!«

Der Dompteur Alfred Kaden hatte sich erhoben.

»Wie Madame befehlen!«

Behutsam umschloß er die dargebotene Hand seiner Chefin, und in seinem Blick lag ein Schimmer von Dankbarkeit und Bewunderung. Mehr noch aber jene Nachdenklichkeit, mit der Männer der Tat an eine neue schwere Aufgabe herangehen.

Ich konnte nicht verhindern, daß ich nach jenem Morgengespräch mit dem Dompteur Kaden einen leichten Magendruck verspürte. Doch ich verzieh mir diese Anwandlungen der sattsam bekannten »Angst vor der eigenen Courage«. Ich versuchte, die sich aufdrängenden Erinnerungsbilder an düstere Schicksale im Löwenkäfig durch freundliche Kindheitserlebnisse mit Raubgetier aller Art zu ersetzen.

Komisch, komisch: Als Mägdelein klein bin ich ja bereits im Löwenkäfig gewesen! Bei »Prinzessin Claire«.

Als ein unirdisch schöner Engel – so sah ich die berühmte Claire Heliot – schwebte diese Frau in den Löwenkäfig, um dort auf liebenswürdige und seltsam erregende Art mit ihren zwölf riesigen Berberlöwen zu spielen. Nur mit eleganten Handbewegungen, nicht mit ekelhaftem Peitschenknallen, ermunterte sie ihre Wüstenkatzen zu den schwierigsten Kunststücken, und mit entzückendem »Merci, Caesar!« oder »Merci, Mirja!« bedankte sie sich bei ihren Tieren.

Miß Heliot, eine wirkliche Dame war sie, und wie Königin Kleopatra auf ihrem purpurnen Prunkbett, so ruhte die Göttin Heliot zum Schluß der Darbietung in dem Mähnenwald ihrer

Löwen, die eng zusammengedrängt auf dem Kokosteppich in der Manege lagen.

Claire Heliot, im privaten Dasein beinah menschenflüchtig, fand öfters ein paar Gänseblümchen, ein Stück Schokolade, oder eine kindliche Zeichnung vor ihrer Garderobentür. Und eines Tages erwischte sie mich beim Niederlegen meiner Liebesgaben. Da fiel ich meinem Idol um den Hals und weinte vor Glück herzzerbrechend.

Aber dann erschrak Fräulein Heliot mächtig, als das Direktorentöchterchen ihm eine heiße, heiße Bitte ins Ohr flüsterte. »Nein, Paulchen, das geht wirklich nicht!« sagte sie.

Das Paulchen, die kleine Paula Busch, saß von nun an mit todtraurigen Augen in Vaters Loge, wenn der Zentralkäfig für die Morgenprobe der ehrgeizigen Dompteuse aufgebaut wurde. Ein glühender Kindheitstraum war zerstorben – Paulchen darf nicht mit in den Löwenkäfig kommen, darf nicht »Dompteuse lernen«.

Und Paulchen beschloß trotzig, überhaupt nichts mehr zu lernen. Schon heute mittag will sich Paulchen beim Unterricht im Campagnereiten serienweise von seinem Pony Mignon herunterfallen lassen. Und heute nachmittag werde ich mir beim Ballettunterricht den Fuß verknaxen. Ja, das tue ich ganz bestimmt!

Claire Heliot mag gefühlt haben, welche Verfinsterungen sich in der kindlichen Seele ausbreiteten. Eines Vormittags ließ sie vorzeitig die ganze Gruppe in ihre Käfige zurückgehen. Nur »Sascha« behielt sie bei sich im Manegenkäfig.

Sascha: ein Stück herrlichste Mähnenpracht, ein treuer Diener seiner Herrin, ein strenger Herr und Gebieter im Team seiner Artgenossen.

Fräulein Claire rief den Tierwärter Ewald an die Gittertür. Ewald erkundete, ob der Reitergang leer sei, dann kam er eilig zu mir, nahm mich bei der Hand, entsicherte die Tür des Rundkäfigs, schob mich hinein und blieb mit der langen Holzgabel an der Tür stehen.

Ich sehe mich noch heute lostippeln. Als ginge ich einem Geburtstagstisch mit tausend Lichtern entgegen, so wanderte ich der Zaubergestalt und dem Löwen zu. Selig, dreimal selig ...

Die Dompteuse hob mir, als ich etwa zehn Schritt ihr nahe war, die weiße Handfläche entgegen. Sofort blieb ich stehen.

Auf ihre mich so tief entzückende höfliche Art sprach sie jetzt ein paar Worte zu dem bei Fuß stehenden »Sascha«. Der rieb die Nase am Knie seiner Gebieterin und legte sich artig nieder. Ihre Röcke ausschwenkend, nahm Fräulein Heliot auf seinem massiven Schulterblatt wippend Platz.

Ein Lächeln: Komm, Paulchen!

Die Hände auf dem Rücken, wie ich's in der Gewohnheit hatte, stiefelte ich heran. Vor meiner Prinzessin stehend, machte ich mein schönstes Zirkuskompliment, das ich, ein wenig zur Seite gedreht, auch vor dem majestätischen Haupt des »Sascha« wiederholte. Er sah mich mit ruhigen Lichtern an, und seine Schweifquaste klopfte auch dann nicht, als ich mich wie vor einer Gartenbank auf seinen warmen Leib hinaufhökerte.

So saßen wir – vielleicht eine oder zwei Minuten. Die rechte Hand der Heliot lag kraulend hinter einem Ohr des Löwen. Mit der linken strich sie über mein wildes Haar.

»Zufrieden, Paulchen?«

Ich drückte einen scheuen Kuß auf den Arm der Vergötterten.

»Nun mußt du aber wieder verschwinden!«

Folgsam rutschte ich vom Löwenbauch herunter, streichelte die verstrubbelte Fellstelle glatt, machte beiden Herrschaften im Rückwärtsgehen meine Komplimente (gelernt ist gelernt), drehte mich dann um, nahm die Hände auf den Rücken und entstiefelte dem Käfig.

Mit keinem Menschen habe ich über dieses Erlebnis gesprochen. Es sollte mein intimstes Geheimnis bleiben. (Auch dies hatte die großartige Heliot erfüllt – sie hat es für völlig unnötig gehalten, mir Stillschweigen anzuraten über dieses kreuzgefährliche Renkontre!) –––

Was Paulchen als schwärmerisches Dummchen dereinst getan – die erwachsene Paula Busch wird in wesentlich potenzierter Form verwegen sein – in zehn bis vierzehn Tagen. Länger darf mein Training nicht dauern, wenn wir die Konkurrenzschlacht gewinnen wollen mit der Supersensation: »Paula Busch reitet in den Löwenkäfig!«

Ich saß um Mitternacht an meiner Frisiertoilette, und im silbrigen Licht der Seitenspiegel tauchten Geschehnisse und Gesichter auf.

Willi Peters – weit mehr als hundert Löwen und vierzig Tiger waren durch seine Schule gegangen, ein souveräner Tierlehrer ist er gewesen. Bis auf jenen Abend, da ihn im Altershaß ein Löwensenior anfällt und man Peters mit sechzehn Bißwunden ins Spital bringt. Den mühsam Zusammengeflickten schleudert acht Monate später Rosa, eine Bösartige in Sarrasanis Elefantenherde, hoch in die Luft.

Weiß ich noch so genau wie die Tragödie des Meisters Haupt. Der ließ sich die Hände fesseln und lief fünf Minuten lang als völlig Wehrloser zwischen seinen Löwen herum. Das ist ihm nicht immer gut bekommen. An die dreißig Verwundungen hatten ihre Narben hinterlassen, und den hinteren Teil seines Schädels mußte eine Silberplatte zusammenhalten. Wie grausam auch dieser Tatzenhieb – am Ende seiner ruhm- und narbenreichen Karriere stand Schlimmstes: vor seinen Augen wurde seine Frau von Löwen zerrissen.

Ach – ich will nicht weiter über die Schicksalschronik der internationalen Dompteure nachdenken. In ihren Garderoben hingen die goldenen Künstlerkränze zu Dutzenden, in ihren Brieftaschen bündelten sich die Dollar- und Pfundnoten ––– der glorreiche Sawade kassierte in Amerika 1200 Dollar die Woche. Aber eines Tages ist eben das Unglück da. Eines Tages ist Fatme, der Lieblingstiger Sawades, vor dem Kommando über seinen Herrn hinweggesprungen. Den »Meister der zahmen Dressur« hat man beinah skalpiert aus dem Vorführkäfig reißen müssen.

Ich werde keine 5000 Mark wöchentlich zusätzlich verdienen. Ich werde dankbar sein, wenn die Tagesrapporte wieder etwas besser aussehen, und wenn meine Mitwirkung die Leute vom Reisezirkus zwingen sollte, mit ihren zwanzig Löwen früher als vorgesehen aus Berlin zu verschwinden.

Nichts weiter tue ich als meine Pflicht. Wie sie meine schwerkranke Mutter tat bis zum fast letzten Atemzug. Auf ihrem Nachttisch lagen – als man sie, bereits dem Tode nahe, zur Klinik brachte – ein Stapel geschichtlicher Werke, ein ganzes

Bündel Regienotizen, eine nicht mehr vollendete Inhaltsskizze für das historische Manegeschauspiel der kommenden Saison. –
Der Gedanke, einer traditionellen Familienhaltung treu zu bleiben, beruhigte mich. Und weil ich eine Frau, eine ewige Eva bin, überlege ich mir beim Einschlafen, in welcher Toilette, in welchem Kostüm ich mich am vorteilhaftesten dem Publikum und den Löwen des Herrn Kaden darbieten werde.

»Varrickt un drei macht neune!« sagte Minna, die treue Seele des Hauses, als sie vom geplanten Ausflug in den Löwenkäfig erfuhr. Und breitbeinig pflanzte sie sich vor mir auf: »Hören Sie zu, Madame: Als ick, de Wasserminna von Circus Busch, anno Schnupptobak det tollste Ding meines Lebens jefingert habe ––– mir friert heute noch, wenn ick dran denke, wie ick als franzesische Markiese von Sechsmeterfelsen in die Wassamanege jaloppiert bin, und wie sich mein braver ›Punch‹ in die Luft iebaschlagen hat und wir beede wie'n Muster ohne Wert untajehn ––– allet scheen un jrün: ick war dunnemals noch eene halbe Portion, eene Rotzjöre von zwanzich Jahre, ohne Familje, ohne Jeld, ohne janischt. Wär ick vasoffen, nun jut, det Wassaballett hätte een Määchen wenicha jehabt und keene Katze hätte nach jekräht. Awa Sie – eene beriehmte Zeitjenossin, die Chefin von drei Zirkusse, die jeliebte Mami von die junge Micaela ––– nur weejen die lausije Konkurrenz lassen Sie Ihnen in't Unjlick jagen! Den Kaden seine Löwen lecken sich schon die Schnauzen! Nee, nee, nee, wenn det der olle Herr Rat, Ihr selijer Papa, wüßte ... Un wenn Ihr Portjuchee bis off die Jrundmauern abjebrannt wäre – sowat Bleedsinnijes dürfen Sie nich machen!«

So jammerte sie. Ich goß ihr einen Kognak ein: »Trink! Beileidsbesuche bitte erst hinterher, liebe Minna. Geh in die Küche und koch dir einen starken Kaffee!«

»Nee!« bockte die Wasserminna, »die Koffeinbazillen reejen mir noch mehr uff! Ick stopp lieber schon meine schwarzen Zwirnhandschuhe! ...«

In der Berliner Presse wurde meine Vorankündigung mit einer gewissen Ärgerlichkeit kommentiert. Berlin hatte mich im Rahmen meiner großen Manegeschauspiele zu oft in ungewöhnlichen Situationen und in Nachbarschaft mit Bären,

Schlangen und Krokodilen gesehen. Darum wagte niemand, mein neues Vorhaben als Trick oder als einen Jahrmarktsschwindel abzutun.

Aber man sprach unverblümt aus, daß die Paula vom Bahnhof Börse sich diesmal wohl zu viel vorgenommen habe und für ihren Leichtsinn höchstwahrscheinlich ein Denkzettelchen erhalten dürfte. »Ebensogut«, so schrieb ein wohlwollender und besorgter Zirkuskritiker, »ebensogut könnte sich Paula Busch bei der Berliner Feuerwehr anstellen lassen, um beim nächsten Großbrand mit einem Faß Benzin in die Flammen zu hüpfen.«

Gustav Mahlke, der Chefportier des Circus Busch, salutierte, als die Löwendompteuse i. A. Paula Busch das festlich beleuchtete Zirkusvestibül betrat.

»Proppenvoll, Madame! Keen Appel kann zur Erde, außer in der Manege! ... Möchte mich übrigens bedanken, Frau Direktor, für das Freibier, das Sie heute ausgeben, wenn alles gut geht! Hals- und Beinbruch, Frau Direktor. Und toi, toi, toi!«

Mahlke spuckte drei glänzende Taler auf den Terrakottaboden und scheuerte sie sogleich mit hochglanzgewichster Stiefelette fort.

Im Reitergang rechts zu meiner Garderobe abbiegend, hörte ich am Widerhall der Musik und am Applausvolumen, daß der Gustav Mahlke recht hatte. Der Zirkus war voll bis unters Dach.

Sapristi! Allzuviel Zeit hatte ich nicht. Das Orchester kniete sich, deutlich wahrzunehmen durch die dicke Wand, in ein Stück »Feuerzauber«. Und das war die Zwischenmusik für die letzte Nummer des ersten Programmteils »L'Etoile magnétique«. Nach der Pause werde ich meinen schweren Gang gehen.

»L'Etoile magnétique« war eine originalfranzösische Nummer, die hohe Gage kostete und sie auch verdiente.

»Kiek, Papa, der Radfahrer fährt mit'n Kopp nach unten! Wenn nur der Magnetismus von dem Stern aussetzt, da fällt der Radfahrer doch janz scheen off'n Pinsel, wa?«

»Quatsch nich, Kleena!« sagte Herr Plötzke im III. Rang rechts.

»Von wejen Magnetismus! Det Fahrrad is in den Mittelring

von dem Stern injehängt wie 'ne Drahtseilbahn. Trotzdem: ick möchte nich mit dem Kopp nach unten radfahrn! ... Nanu, da krabbelt doch noch'n Artist vom Fangseil rüber off's Rad un hängt sich an den vakehrten Radfahrer! Dunnerwittstock, da hat der aber zu strampeln!«

Artist I, der Kopfhängende, nahm jetzt ein Mundstück zwischen die Zähne, an dem ein Trapez hing. Artist II nahm es in Besitz und machte schließlich auf der Trapezstange Kopfstand. Das Rad zog seine Kreise, der Beifall prasselte hoch.

Da knackte es plötzlich in der Konstruktion des Sterns. In gleicher Sekunde stand das Fahrrad fest, blockiert von einer Geisterhand, und ...

... die Körpertraube, die im Strahlenkranz des Kuppelsterns hing, schien von einem Sturmstoß gepackt, pendelte nach außen –

Fünftausendzweihundert Menschen saßen da unten, saßen gelähmt, duckten sich und erwarteten, daß ein Menschenkörper aus fünfundzwanzig Meter Höhe wie eine Rakete zwischen sie schlagen werde.

Ein Schrei der Erleichterung, der Erlösung brandete auf. Der kopfstehende Artist II, durch die Fliehkraft von seinem Kopfpolster gefegt, hatte blitzschnell noch eins der Trapezseile fassen können. Und Artist I hatte mit unvorstellbarer Kieferkraft diesen Ruck ausgehalten ...

Mit schwachen, beinah schon hilflos wirkenden Bewegungen hangelte sich Artist II auf sein Trapez zurück, das ja noch immer im Zahngebiß des Antipoden-Radfahrer hing. Der streckte die Arme nach unten, versuchte die Hände des Partners zu fassen, der schmerzverkrümmt auf dem Trapez hockte.

Deutlich zu erkennen, wie dem Radfahrer das Blut in die Schläfen schoß. Von neuem zuckten seine Beine: mit derben Pedalstößen wollte er das Fahrrad flottmachen, denn nur eine halbe Runde und das Rad ständen eben dem Abstiegseil ...

Nichts, nichts, nichts rührt sich.

Der kopfhängende Radfahrer-Artist greift mit den Händen in die Seile, will das Trapez mit dem Partner an sich heranziehen, will ihn irgendwie festhalten, damit er nicht abstürzt. Wie lange werden seine Kräfte noch reichen?

Wieder stoßen seine Füße gegen die festsitzende Pedale, wieder tasten seine Hände nach unten. Doch der Kamerad ist völlig in sich zusammengesunken, und bald wird sich sein linker Arm vom Trapezseil lösen ...

Das Publikum kocht vor Erregung im Angesicht der dramatischen Situation in der Zirkuskuppel. Aber jeden Anflug von Panik erstickt es. Aufschluchzende Frauen hören sofort aus der Nachbarschaft grobe Zurechtweisungen. Aufspringende Personen werden wütend auf die Plätze zurückgezerrt – die echten, rechten Berliner beweisen sich in ihrer kühlen, Vernunft vor Gefühl setzenden und nach praktischer Lösung drängenden Art: »Sprungtuch her!« – »Feuerwehr holen!« – »Laßt doch aus der Kuppel ein zweites Seil herunter!«

Alle diese Aktionen sind natürlich schon in Vorbereitung. Stallburschen schleifen vom Sattelplatz eine riesige Zeltplane in die Manege, Besucher springen über die Piste und packen zu. Der Inspektor, der Abendregisseur, der Geschäftsführer ordnen alle Helfer im Kreis unter dem Etoile magnétique, ein ruhiges Kommando: »Leinewand hoch!« – »Leinewand straff!« und ein lautes Kommando hinauf zum Trapez: »Alfons – komm!«

Die Scheinwerfer sind nach unten gedreht, beleuchten grell das graue Sprungtuch.

»Entsetzlich!« gellt eine Frauenstimme auf, und tausendfach antwortet ihr ein energisches »Ruhe!« aus der Manege.

Die Gestalt oben im Trapez rührt sich nicht. Noch einmal von unten der ruhige Befehl: »Alfons – spring!«

Ein grauschimmernder Knäuel sackt schwer und lautlos von der Trapezstange. Vierzig Männerfäuste krallen sich ins Segeltuch, und – dieses reißt sirrend mittendurch, als der graue Knäuel aufschlägt. In den Fasern des Tuches hängt bewußtlos Alfons. Sein Körper löst sich und rollt auf den Manegenteppich, noch ehe das provisorische Sprungtuch wieder auf dem Boden liegt.

Und oben, von niemandem beobachtet, ist plötzlich das Fahrrad aus seiner Blockierung erlöst. Der Artist kann zum Fangseil

»Sprung des einbeinigen Radfahrers Eifford mit seinem Rad von der Kuppel des Circus Busch in das Wasserbassin.«

radeln und sich dort von seinen Sattelgurten abschnallen. Als er am Seil zur Erde rutscht, ist sein Kamerad schon auf der Bahre abtransportiert.

Im Krankenhaus konstatierte man einen schlimmen Muskelriß im rechten Oberarm, der ja allein die Wucht des fortgeschleuderten Körpers aufgefangen und ausgehalten hatte. Die Verletzungen beim Aufschlag haben den Ärzten weniger Sorge gemacht.

»Zehn Minuten Pause. Die verehrten Herrschaften werden gebeten, rechtzeitig die Plätze wieder einzunehmen, da Nachzüglern während des Auftretens von Frau Direktor Paula Busch das Aufsuchen der Plätze nicht gestattet werden kann!«

Übermäßiges Herzklopfen vor dem Auftreten ist niemals meine Sache gewesen. Dazu lag zu viel Scheinwerferlicht bereits auf meiner Kindheit.

Immerhin: ein Stück abgeworfene Schlangenhaut von meiner Lieblingsriesenschlange »Kleo« (dem Drei-Meter-Biest) steckte ich mir als Talismann in den Knoten meines *Cowgirl*-Tuches, das ich fesch über die rohseidene Sportbluse geworfen hatte.

Dann trat ich, Zigarette lässig im Mundwinkel, zur letzten Prüfung vor den hohen Spiegel.

»Que c'est joli! Comme ça me va bien!« sagte ich in sanfter Ironie zu Fräulein Pine Reinicke. Und die gute Reinicke antwortete: »Ja – in fünf Minuten ist es soweit, Madame!«

Ich lachte und musterte mich: zierliche braune Stulpenstiefel, weitschwingender Kurzrock à la Hirtenmädchen, die Farbenpracht des Shawls leuchtete um die Schultern, der wildwestliche Hut saß kühn im Haar. ---

»Wir spielen immer – wer es weiß, ist klug!« --- die Worte Schnitzlers sind mir immer wieder in den Sinn gekommen, wenn ich mich in einer neuen Verkleidung, in einer neuen Form meines Äußeren gesehen habe. Mit einem freundlichen Lächeln nickte ich meinem Spiegelbild zu: »Famos – heute darfst du sogar mal eine Löwenbraut spielen ...«

Das Lächeln der Löwenbraut sollte rasch ersterben, denn ein Mensch, wohl ein Irrer, war unangemeldet in meine Garderobe gedrungen.

Der Mensch steckte im Frack; wie ein im Sturzflug unglücklich gelandeter Mauersegler lag er vor meinen Füßen mit weit ausgebreiteten Frackschwänzen.

»Frau Direktor, bitte – im Namen aller Heiligen –– ziehen Sie sich aus, ziehen Sie sich aus!«

Meine Hand lag auf dem Klingelknopf – in spätestens einer Minute würde Herr Chefportier Mahlke den Unverschämten eigenhändig vor das Portal gesetzt haben.

Doch die Klingel blieb stumm. »Herr Kapellmeister, stehen Sie auf!« sagte ich scharf.

»Nein!« winselte der Herr. »Bitte, bitte, verehrteste Frau Direktor, ziehen Sie sich wieder aus! Gehen Sie nicht in den Käfig – ich beschwöre Sie!«

»Pine – einen Kognak für den Herrn Kapellmeister! Ihm scheint nicht wohl zu sein! Und meine Handschuhe bitte, wir müssen gehen. Kommen Sie, lieber Freund!« Ich tippte auf die Frackschulter.

»Gut. Gehen wir. Aber ich, Frau Direktor, rühre den Taktstock bei Ihrem Auftritt nicht an! Ein Unglück kommt selten allein!«

Jäh war mein braver, sonst so vernünftiger Kapellmeister auf die Füße gesprungen. Er stand bebend vor mir, und ich sah in ein völlig verstörtes Gesicht.

»Herr Albrecht soll mit der Musik beginnen! Ich komme sogleich nach mit dem Kapellmeister!« Fräulein Reinicke lief zum Sattelplatz.

Entgegen meiner strikten Direktionsanweisung war ich nicht von dem Unfall benachrichtigt worden. Der Geschäftsführer hatte in der Manege allen Angestellten gesagt: »Frau Direktor Busch wird nicht benachrichtigt! Wenn *ich* hinterher rausfliege, ist das halb so schlimm, als wenn jetzt die Chefin, nervös gemacht, zu den Löwen reitet und die Viecher auch noch nervös werden. Dann hilft kein Sprungtuch und kein Weihwasser!«

In wirren Worten stotterte der Kapellmeister die Geschehnisse der letzten Viertelstunde hervor. Ich unterbrach ihn: »Und der Verletzte??«

Eine ruhige Stimme von der Tür antwortete: »Sofort abtransportiert ins Hedwig-Krankenhaus, Frau Direktor! Verletzungen scheinen nicht lebensgefährlich!« Mein Stellvertreter, der Geschäftsführer, maß den schlotternden Kapellmeister mit wütenden Blicken.

»Danke, meine Herren! Und nun kommen Sie!«

Links und rechts von Frackmännern begleitet, ging die Paula Busch zum Sattelplatz, wo »Sultan« seiner neuen Herrin entgegenblickte. Der Kapellmeister eilt bleichen Gesichts zur Musikerempore, der Geschäftsführer half seiner Direktorin in den Sattel. Das Spiel beginnt.

Es wäre natürlich sehr effektvoll gewesen, wenn ich mit dem Dompteur Kaden gemeinsam vor der versammelten Löwengemeinde erschienen wäre, wie etwa Lehrer und Hilfslehrer vor der zur Begrüßung aufschnellenden Schulklasse.

Wahrscheinlich wäre dieses Tableau schon in den ersten Sekunden ins Wackeln gekommen. Bereits im Laufgang muß nämlich das wilde Tier erkennen: jetzt trete ich aus meinem ureigenen Wohnkäfigbereich in einen Bezirk, den der Mensch besetzt hält. Und da heißt es: Ordre parieren!

Also: Herr Kaden, vom Publikum mit einem ersten Beifalls-à conto begrüßt, ließ seine Wüstenwanzen (zwei Damen, drei Herren) hereinspazieren und auf ihren Sockeln Platz nehmen.

Worauf er mit ernster Würde rückwärts gehend und seine Kadetten scharf beobachtend, die Tür der Käfigschleuse ansteuerte. Dahinter stampfte »Sultan« und hüpfte das Herz der Reiterin in ziemlicher Unruhe.

Von meinem Lehrmeister hatte ich in diesem Augenblick des Einreitens in die Gelbe Hölle ein Trost- und Segenswort erwartet. Was flüstert mir der Herr coram publico zu? »Ziehn Se den Kopp ein, Frau Direktor, sonst setzt's 'ne Brusche (Beule)!«

Als ob aus des Dompteurs Munde der Honig süßester Schmeichelei geträufelt wäre, ließ ich mein Antlitz von holdestem Lächeln überfließen, zumal mich jetzt die Scheinwerfer voll trafen und die Musik mit dem »Carmen«-Marsch einsetzte.

»Sultan« tänzelte halbschräg in des Manegenkäfigs Mitte. Prachvoll laut schnoben seine Nüstern, und sein zurückgeworfener Kopf mit den lebhaften Augen lag mir beinah im Schoß.

O ja, der »Sultan« verkaufte seine Nummer erstklassig! Von Haus aus war er ein sogenannter »Sterngucker«; er ging also stets wie ein bronzenes Denkmalspferd mit hocherhobenem Kopf, was ihm im Löwenkäfig das Air einer Hypersensibilität, eines ewigen Erschreckens gab.

Davon aber war in Wirklichkeit keine Rede. »Sultan« (hier lag die Dressurleistung Kadens!) war ja in nächster Nähe der fünf jungen Löwen aufgewachsen, und wenn er auch mit einem gewissen Soupçon die gelben Brüder betrachtete – »Sultan« hat jederzeit ohne Zittern, ohne Peitsche und ohne Sporen, treu und umsichtig seine Arbeit getan und sie durch reizende Angeberei besonders sensationell gemacht.

Galerie links und Galerie rechts versuchten sich in alter Rivalität an frenetischem Beifall zu überbieten, als ich dem Haus mit erhobener Gerte meine Reverenz erwies.

Von links oben schrie es: »Hoch unsre Löwen-Paula!«, der Hängeboden rechts begann zu singen: »Paula klein / ritt allein / zu den bösen Löwen rein ...« Das Volksfest war in Gang – wie stets, wenn ich mich in einer besonderen Rolle präsentierte.

Die Löwen auf ihren Sockeln fuhren sich mißmutig mit den Tatzen über die Gesichter. Sie wollten arbeiten. Kaden an der Tür rief leis: »Weiter!«

Auf mein Geheimzeichen für die Kapelle (meine Peitsche beschrieb einen Kreis) erstickten wuchtige Paukenschläge weitere Ovationen. Die Begleitmusik setzte geschmeidig ein, das Publikum gab Ruhe, und ich gab mein erstes Kommando: »Attention!«

Die Hinterteile der fünf rutschten unruhig auf den Holzsitzen. »Attention! Hoch!« Und meine Bestien machten gleichzeitig und schwungvoll ihr Equilibre. Aufrecht hockend wedelten sie mit den Vorderpranken, und dieses hübsche Bild ließ abermals den Beifall losbrausen. Ich fühlte mich einigermaßen als Dompteuse im grand style und dankte gnädig und leutselig.

Der Mensch wird halt schnell ein wenig größenwahnsinnig. Aber ebenso fix kommt die Dusche.

»Sultan« ließ sich gehorsam rückwärts an die Käfigtür drücken, als Herr Kaden das Pyramidengerüst aufbaute.

»Voilà« – mit eleganter Handbewegung gab er seiner Schülerin die Manege frei.

Forsch ritt ich los, um vor oder neben den Sockeln jene »Dressurhilfen« zu geben, die so subtil und unauffällig sein müssen, daß sie das Publikum kaum merkt. Jene »Dressurhilfen« – sie sind klug berechnetes Überschreiten der Distanz, die jedes Raubtier zwischen sich und den Dompteur legt. Entweder das Tier »flieht« dann (zu seinem Pyramidenplatz), oder es läßt sich bis zur »kritischen Reaktion« provozieren, zum Scheinangriff (bei dem es ebenfalls den Sockel verläßt).

Das klingt simpel wie ein Kochbuchrezept, ist aber in Wirklichkeit ein nervenzerreißendes Gesellschaftsspiel, von dem sich die Zuschauer keine Vorstellung machen.

Wird dies Katz- und Mausspiel nun auch noch hoch zu Roß vorgeführt, so bringt man die Raubtiere natürlich auch in die ständige Versuchung den Scheinangriff in einen massiven zu verwandeln, um zu einem Fetzen blutwarmen Pferdefleischs zu gelangen –––

Nur meinem unvorstellbar klugen »Sultan« habe ich zu verdanken, daß einen Monat lang das tolle Experiment einer Dressuramateurin gelang. Wenn auch mit einem schaurigen Zwischenfall, gleich bei meinem ersten Auftreten.

Forsch ritt ich los auf Sockel I, um »Daisy« locker zu machen. Fräulein Löwe sah mich kommen, sprang dienstfertig ab und trollte sich auf ihren Pyramidenplatz.

Ran an den zweiten Sockel, wo »Prinz« thronte. »Prinz«, ein Kavalier from top to toe, erfüllte die Bitte einer Dame mit lässiger Eleganz. Er federte herab und war mit zwei Sätzen oben auf dem Hochsitz der Pyramide.

»Caesar«, sein Nebenbuhler um die Führerrolle in der jungen Gruppe, überhörte mein »Go on, Caesar!« Völlig uninteressiert blickte er seitwärts ins Publikum und gähnte. Nur seine Schweifquaste klopfte an die Sockelwände.

Na warte, Bursche. Ich faßte meine Schafflederpeitsche fester, und in impulsivem Ärger drückte ich meinen »Sultan« näher an den Sockel III heran, um dem Junglöwen zu zeigen, was hier gespielt wurde.

*Paula Busch auf dem Perserhengst »Sultan« im Löwenkäfig
von Alfred Kaden*

Gott sei Dank kassierte »Sultan« sogleich den schwersten Fehler, den ein Dompteur machen kann: Jähzorn im Raubtierkäfig ist lebensgefährlich. Der kleine braune Hengst dachte gar nicht daran, sich als schneidiges Kavalleriepferd gebrauchen zu lassen, um die Sockelfestung des »Caesar« blindlings zu attakieren. »Sultan« kannte instinktiv die Gefahrengrenze und ließ sich keinen Zentimeter näher an den bockigen Löwen heranbringen. Herr Kaden im Käfighintergrund schüttelte unmerklich den Kopf, weil ich seinen ersten und obersten Lehrsatz vergessen hatte: Vertrauen Sie sich dem »Sultan« an – das ist der eigentliche Manager der ganzen Nummer!

Blieb also nichts, als dem »Caesar« von der Seite her Beine zu machen. Ich wendete. Und da hörte ich das Publikum amüsiert lachen: auch »Nero« (Sockel IV) war im Begriff, mich vor den Augen der fünftausend zu blamieren. Ohne mein Kommando abzuwarten, hatte »Nero« sich auf den Weg zur Pyramide begeben.

Also riß ich das Pferd abermals herum und ritt wieder vor die Front der Sockel.

Zu spät. »Roma«, die Heimtückische, hatte sich aus dem Staub gemacht, schlich geduckt am Gitter entlang und schien nichts anderes vorzuhaben, als sich in die Nähe des »Cäsar« an der Protestaktion zu beteiligen.

Eine aparte Situation: halbrechts über mir die zwei Pyramiden-Löwen, vor mir »Caesar«, der nunmehr mit Lufthieben, Wutknurren und peitschendem Schweif offen rebellierte, und rechter Hand – nicht weit von den Pferdehufen – rieb sich »Nero« am Pyramidengestell.

Nicht mehr in meinem Gesichtskreis aber war »Roma« – – –

Madonna santissima! Ich wußte: der »Roma« war gelungen, was nie ein Dompteur gestatten darf: sie hatte mich umgangen, saß oder lief hinter meinem Rücken, und wahrscheinlich duckte sich die Angriffslustige schon zum Sprung ...

Da sah ich Kaden die Hand heben und loslaufen –

da gab es einen schweren Schlag gegen das Gitter –

da sackte ich plötzlich nach vorn und lag auf dem Hals des Pferdes –

da hörte ich einen Tierkörper aufplumpsen –

und da saß ich plötzlich wieder im Sattel, und hinter dem Sokkel des »Caesar« lief wieselschnell die »Roma« zu ihrem Platz.

Draußen, vor den Gitterstäben, sah ich die Menschen wild gestikulieren und umherlaufen. Ich hörte sie rufen, ohne ein Wort zu verstehen ... Kaden stand mit Peitsche und Gabel bereit ... der ganze Zirkus dröhnte von Beifallsgeschrei.

Wie durch dicke Glaswände von den Zuschauern getrennt, berührte mich dies alles nicht. Ich sah nur meine Löwen, sah die Ordnung wiederhergestellt, und ein einziges Gefühl beherrschte mich – der alte Artistenehrgeiz: eine Scharte wird unverzüglich durch Hochform ausgewetzt!

Die Pyramide klappte tadellos. Kaden räumte schnell die Objekte zur Seite, die Wildkatzen »tanzten« ihren Walzer, und meine Stimme und meine Bewegungen müssen wohl so suggestiv und willensbetont gewirkt haben, daß sich auch im Schlußbild alle Tiere sogleich in der richtigen Reihenfolge Kopf an Kopf niederlegten und wie in Erz gegossen verharrten, als ich sie in Zirkeln umritt.

»Sultan« trabte dabei allerdings nicht in der Manier eines »Sternenguckers«, sondern mehr als Schnüffelhund – mit tief gesenktem Kopf. Ihm war bekannt, daß Löwen sehr unwirsch auf das Betreten ihrer Schwanzquasten antworten.

Das kleine Gitter zum Laufgang öffnete sich, die Löwen verschwanden. »Sultan« galoppierte mit kindlichen Freudensprüngen durch die Manege, bis ich ihn zügelte und zu Meister Kaden ritt, vor dem ich grüßend meinen Hut schwenkte.

Das Pferd am Zügel, den bescheidenen Löwenvater an der Hand, so dankten wir den Berlinern, die den Käfig bedrängten, Blumen durch die Gitter warfen, mir die Hände lang und innig drückten und sich – Tränen aus den Augen wischten.

Tränen?

Es ist Grund genug gewesen, für das Leben der Paula zu bangen. Denn die tückische »Roma« war wirklich hinter meinem Rücken auf mich losgesprungen. Der ihr blitzschnell aufs Fell gezielte Holzknüppel Kadens ist um Bruchteile einer Sekunde zu spät niedergegangen ...

Gerettet hat mich der »Sultan« – sein Auge und sein unerhörtes Rekationsvermögen. »Sultan« witterte die Gefahr; mit seitwärts gestelltem Kopf ließ er den Feind im Rücken nicht aus dem Auge und exakt, wie einen lang geübten Trick, ließ er sich und mich zu Boden gehen, als die »Roma« wirklich sprang.

Und weiter noch: »Sultan« warf sich nur auf die Knie. Allein so konnte er wieder »oben« sein, ehe die Raubtiere ihre Chance benutzten. Ein am Boden liegender Dompteur ist zumeist verloren. Daß Roß und Reiter urplötzlich wieder vor ihnen standen und scharfe Kommandos ertönten – das hatte die Löwen maßlos verblüfft und heilsam eingeschüchtert.

Mich haben die Schrecksekunden weit weniger mitgenommen als das arme Publikum. Für mich war der Film an seiner gefährlichsten Stelle unterbrochen, und genau wie der »Sultan« habe ich mich instinktiv richtig verhalten, als ich mich nicht um die Ursachen meines »Falls« bemühte, sondern die neue Situation begriff und ausbaute.

Ein Schock und seine Nachwirkungen waren mir also erspart geblieben, und darum ritt ich noch alle weiteren Abende ohne Nervosität in den Löwenkäfig und arbeitete zur Zufriedenheit meines direkten Vorgesetzten, des Herrn Kaden.

Die Berliner feierten mich Abend für Abend in ihrer ungestüm herzlichen Form und vergaßen beinahe darüber, daß auch ein Reisezirkus, und dieser mit zwanzig Löwen, in Berlin gastierte.

Nach der letzten Vorstellung ging ich mit Extraportionen zu den Löwenkäfigen. Ich bedankte mich bei meinen Freunden für ihre Mitarbeit und die liebenswürdige Schonung meiner Person.

Dann bekam jedes Tier meine Sondergabe. Natürlich auch die »Roma«.

DREIZEHNTES KAPITEL

Die schwarze Farbe steht bereit
Von der Wellblechrotunde zum Zirkustheaterbau
Was dem Zirkusfilm fehlt
Wie ich zu einem Meister der Zirkustechnik kam
Im Reitergang schlafen Kriegsgefangene
Die ersten Bomben gehen ins Kostümmagazin
Zeigen Sie mir Ihr scharfgeschliffenes Messer!
Der Jacko und der Blockpuster

Die Walküre Dora, eine Zwei-Meter-Lady vom Hamburger Panoptikum, setzte sich als »holder Abendstern« den güldenen Kopfschmuck auf, und die hundert Sternchen in ihrem Gefolge taten das gleiche. Der Circus Busch war zu dieser Nachmittagsvorstellung am Freitag, den 23. Juni 1916, wieder voll besetzt. Meine Märchenpantomime »Mondfahrt« war eben die richtige Gemütsnahrung in jener Kriegszeit, die immer mehr Lebensmittelkarten und immer weniger Lebensmittel darbot.

Aber die vielen Sternchen-Kinder, die sogleich hinter der Riesin Dora ins blaue Licht der Manege wandeln werden, sind unbeschwert, glühen vor Spieleifer, zupfen sich gegenseitig die weißen Gewänder (Papierstoff!) zurecht, und die Stallmeister müssen lauter als sonst rufen: »Gang frei!«

»Tante Paula« hat immer noch eine dicke Bonbontüte in der Tasche, wenn sie ihren jungen Mitwirkenden guten Tag sagt und dabei allerlei hört: »Tante Paula – dürfen wir den Aeroplan vom Professor Sternkieker nicht feldgrau anstreichen?«

Oder: »Paß auf, Tante Paula – wenn wir in die Manege kommen – können wir da nicht das Lied vom ›Bummelpetrus‹ singen??«

An jenem Freitag hatten die Kinder wieder einen neuen Regieeinfall ausgeknobelt: »Wenn im Anfang das Katzenballett auf die Dächer klettert und miaut, Tante Paula ––– da müßten die Katzen auch ein paar Frösche loslassen! Was denkste, was das für Stimmung gibt, Tante Paula, wenn's überall knallt!«

Ich habe meine Sternchen entgeistert angesehen, habe traurig den Kopf geschüttelt und bin stumm in mein Büro gegangen. Dort lag seit Mittag eine schreckliche Nachricht. Gestern, am Fronleichnamstag 1916, ist in Karlsruhe bei einem französischen Fliegerangriff ein Zirkus während der Kindervorstellung mit Bomben belegt worden. 184 Kinder waren die Opfer, 82 waren auf der Stelle tot.

Von Tilly Bébé, die in jenem Zirkus mit ihrer Löwengruppe auftrat, erfuhr ich bald grausige Details. Seitdem schloß ich in meine abendliche Zwiesprache mit dem Herrgott die heiße Bitte an ihn, seinen Himmel über jenen Stätten freizuhalten, an denen die noch wahrhaft Unschuldigen aus der kriegsverbissenen Menschheit zu Tausenden versammelt sind ...

Betäubt, wie wir alle wohl, stehe ich am Freitag, dem 1. September 1939, vor dem Lautsprecher:

»Das Oberkommando der Wehrmacht teilt mit: ... Truppen des deutschen Heeres sind heute früh über alle deutsch-polnischen Grenzen zum Gegenangriff angetreten.«

Ist das nicht auch ein Freitag gewesen, dieser 31. Juli 1914, an dem mittags ein Uhr in Deutschlang »der Zustand drohender Kriegsgefahr« erklärt worden war? Und was war das Fazit jener vierundvierzig Kriegserklärungen, die sich die Völker gegenseitig zuschickten? Sechzig Millionen Männer sind als Soldaten des ersten Weltkrieges aus ihrer Familie, vom Beruf, aus ihrem Lebensglück gerissen worden, und beinah zehn Millionen von ihnen sind nicht wiedergekehrt ...

Und nun haben also die Gedenksteine zu ihren Ehren – in den Ländern der ehemaligen »Mittelmächte« und der ehemaligen »Entente« – ihre mahnende, beschwörende Kraft verloren. Nach kaum einem Menschenalter nur langsam aufblühender Friedenszeit bricht dämonischer Wahn abermals auf.

In der Zirkuswerkstatt ist ein Mann, der im ersten Weltkrieg bei einer deutschen Feldfliegerabteilung gewesen ist. Ich will mit ihm sprechen. In die Paukenschläge der sieghaften Marschmusik des Rundfunks hört meine ahnungsschwere Seele Bomben fallen ...

»Wie viele Kriegsflugzeuge wir hatten, Madame? Als es losging, nur ein Vierteltausend. Gegen Ende mögen noch fünftausend Apparate an den verschiedenen Fronten vorhanden gewesen sein ... Die anderen sind zum Beispiel allein bei St. Mihiel mit elfhundertundsechzig Flugzeugen vorgestoßen ...«

»Und wie wird's diesmal aussehen?«

Der alte Feldflieger blickt zum Fenster hinaus, mustert den Himmel: »Schönes Flugwetter heute, Madame ...«

Immerhin – es wird bald ein Jahr vergehen, ehe die ersten Bomben auf Hamburg fallen.

Der Hausinspektor Peter meldet sich: die Farbe stehe bereit. »Ich komme mit!« Schon erscheinen unsre Leute auf den Laufgängen in der Kuppel. Es geht schnell: ein Fenster nach dem andren wird mit jener Farbe zugedeckt, die für das kommende Unglück die richtige sein wird. Schwarze Flächen tilgen den letzten Sonnenstrahl, nehmen uns in der Manege, in den Garderoben, in den Ställen das schöne Licht des Tages und bereiten uns vor für das Dasein in Kellern und Katakomben.

Auf meinem Zirkusrundgang an jenem ersten Kriegstag wird mir besonders deutlich: wie übersolid, wie direkt burgenmäßig massiv haben die Zirkusbaumeister des neunzehnten Jahrhunderts ihre Monstrebauten errichtet! Und konnte ihr »Stil« anders sein als eben jene kühle Schlichtheit, in der damals die Wohnhäuser und Fabriken errichtet wurden? Man hat später die gewaltigen Zirkusrundlinge manchmal als »Gasometer« bewitzelt. Ich finde, sie waren ein ehrlicherer und geschmackvollerer Zeitausdruck als der Baukitsch der sogenannten Gründerjahre.

Die Vorläufer jener Zirkusarchitekten waren brave Tischlermeister und später auch Bauklempner, die mit Wellblech umzugehen wußten.

Als vor bald hundert Jahren französische Zirkuskunst Berlin berannte, als mein Vater vor siebzig Jahren mit ersten Gastspielen in die junge Reichshauptstadt eindrang, brachte man noch keineswegs die riesigen Zeltzirkusse mit, die in sechs Stunden aufgestellt werden und viertausend Menschen Platz geben. Man mußte sich damals in einer fremden Stadt ein Provisorium bauen oder ein vorhandenes Gebäude mieten.

Es ist erstaunlich, welch hübsches, schon sehr geräumiges Zirkus-Holzrondell der Tischlermeister Richter anno 1840 am

Brandenburger Tor errichtete. Einer hochwohllöblichen Baupolizei von heute, die sehr resolut die Verbreiterung eines Treppenaufgangs von drei Meter achtzig auf drei Meter fünfundachtzig fordern kann, wären zwar die Haare vom Kopf gefallen, wenn sie die zusammengepferchte Zuschauermenge, die an den Holzbalken baumelnden Ölfunzeln, die dünne Bretterverschalung kontrolliert hätte!

Es ist ja auch allerlei Unglück geschehen, aber meist sind die Holzbauten zu günstiger Stunde abgebrannt – wenn sie leerstanden. In den Wirren der achtundvierziger Revolution ging am Berliner Spittelmarkt ein Holzzirkus in Flammen auf.

Später baute man hier und da die Provisorien mit Wellblech auf. Das war ein teures Vergnügen, und besonders einladend haben diese Rotunden bestimmt nicht ausgesehen. Paul Busch hat einmal in einem solchen Blechgehäuse gastiert, das in der Nähe des späteren Berliner Lessingtheaters zu finden war.

Und dann standen eben eines Tages im Herzen der europäischen Großstädte die ersten steinernen Zirkuspaläste da. Hoch ragten sie über das graue Häusermeer, und hinter ihren nüchternen Mauern tat sich ein Paradies auf, dessen Pracht sich von Jahrzehnt zu Jahrzehnt verdoppelte.

Ich bedaure, daß sich die heranwachsende Generation kein Bild mehr machen kann, wie bei uns in Berlin, in Hamburg oder in Wien eine glanzvolle Zirkusvorstellung ausgesehen hat!

Es gibt wohl einige Filme, die in echten oder nachgebauten »klassischen« Zirkussen gedreht worden sind. Doch meist hängt die Kamera zu intensiv an den Geschehnissen in der Manege, an Spielszenen in der Artistengarderobe, im Stall, im Zirkushof. Mit optischen Mitteln die »odeur de manège« hervorzuzaubern, ist ja an sich schon ein schwieriges Unterfangen. Es wäre oft besser gelungen, wenn man etwas Wesentliches berücksichtigt hätte: nicht nur die Zirkusmanege, sondern auch das Zirkuspublikum hat sein Spezifikum, seine Ausstrahlung, seine reizvolle Sonderwirkung!

Und erst beide Spezifika ergeben die wirkliche Zirkusatmosphäre, die jene großen Tempel der zirzensischen Kunst erfüllte!

Wie wurde in unsren Häusern das Publikum eingestimmt! Man versammelte sich in theaterfeindlichen Foyers. Man ließ sich, auf den Rundgängen promenierend, heranführen an den Innenraum, in den Lichterdom, wo das erwartungsvolle Summen der Menschenstimmen viel erregender klang als unterm Zeltdach.

Der erste Trompetenstoß des Zirkusorchesters stieg hinauf in die magisch leuchtende Kuppel, und während er dort weiterschwang, breitete sich Stille über Logen und Ränge, und die Tausende taten noch einmal einen tiefen Atemzug −− als ob sie, und nicht die hinter dem Roten Vorhang Wartenden, zu Höchstleistungen aufgerufen würden ...

Was jetzt, am 1. September 1939, sein »Kriegskleid« anlegen muß − mein lieber Hamburger Zirkuspalazzo, war vor knapp einem Jahrzehnt einer Verjüngung unterzogen worden. Und der sie bewerkstelligt hat, ist merkwürdigerweise kein Zirkusbaumeister gewesen.

Im Pariser Cirque d'Hiver sah ich ihn in seiner ursprünglichen Tätigkeit. Sie war schaudererregend gefährlich. Aus steiler Höh raste ein Auto in die Tiefe, verließ seine Bahn, drehte einen Salto in der Luft und fand wie eine Kunstflugmaschine zentimetergenau seine Ausrollbahn.

Als ich durch Freund Wilschke, den Artistenagenten, diese Sensationsnummer engagieren wollte, lernte ich in »Francesco« einen liebenswürdigen und doch sehr reservierten Mann kennen. Er betrieb das Todesfahren als sportliche Passion − wie so viele vor ihm.

Auch das Automobil ist, wie ziemlich alle technischen Novitäten der Neuzeit, sehr schnell ein Artistenrequisit geworden: die »Todesfahrt« war geboren. Bei der Erprobung eines Loopings dürften mehr Menschen verunglückt sein als im Dressurkäfig! Und sehr schnell erkannte man, daß nicht allein Todesverachtung, sondern eine ganze Menge solides Wissen nötig war, wenn man an noch steilere Bahnen, an noch tollere Tricks gehen wollte. Wer die Gesetze der Beschleunigung, des freien Falls, der Bahngeschwindigkeiten (und Teufel, was noch alles) nicht zu befolgen wußte, sah sich bald im Krankenhaus.

Dieser Monsieur Francesco, der den Pariser Zirkusbesuchern Herzklopfen verschafft, muß ein kühler Rechner, ein Technikus von hohen Graden sein. Er berechnet und baut seine Apparatur selbst, er steigert seine Attraktion ins Unwahrscheinliche, und er absolviert seine Todesfahrten seit Jahr und Tag ohne geringsten Zwischenfall. Über Mut und Klugheit leuchtet ein Glücksstern. Im Berliner Circus Busch will sich Francesco mit dem Doppelsalto übertrumpfen.

Als er zur ersten Morgenprobe seine Steilbahn aufbauen ließ und hoch oben sein Auto bestieg, war der ganze Zirkus versammelt.

Der Mann im Sturzhelm lächelte uns zu. Abfahrt – präzise Doppelwirbel des Autos – knirschende Bremsen. Francesco stieg aus und begab sich grüßend in seine Garderobe.

Aller Bonheur! sagten unsre Leute. Und es blieb nicht aus, daß diesen stets hilfsbereiten Mann unsre Techniker um Rat angingen, wenn sie wieder einmal vor neuen Pantomimenproblemen standen. Francescos Erfindergeist war unerschöpflich. Wo ein technisches Fragezeichen sich vor uns aufbäumte – der »Monsieur« studierte es, beknobelte es, löste es.

Es ist Selbstverleugnung gewesen, als dieser Mann eines Tages mein Anerbieten akzeptierte, unser technischer Direktor zu werden. Stillschweigend verzichtete er auf den Ruhm der Manege, um mir zur Seite zu stehen.

Nun endlich konnte ich einen Lieblingsgedanken verwirklichen – mit Francesco zusammen gab ich dem Hamburger Circus Busch ein neues Gesicht. Es war keine »Renovierung«, es war eine Neugestaltung, die rund eine halbe Million Mark verschlang. Aber dafür hat der technische Direktor Francesco den alten Rundling so elegant zu einem Mehrzweckbau umgewandelt, so daß wir Zirkus oder Varieté spielen oder den Zirkus für Theatergastspiele oder auch als Kongreßhalle benutzen konnten. Und auch ein Großrestaurant mit schönem Sommergarten zog nun die Hamburger mächtig an.

Im Juni 1940 marschierten deutsche Truppen in Paris und französische Kriegsgefangene im Hamburger Circus Busch ein. Mitten in der Saison mußten wir also Schluß machen, und zum ersten Mal bekam unser Breslauer Zirkus die Funktion eines »Ausweichplatzes« ––– er wurde letzte Zuflucht. Menschen

Francesco, der Todesfahrer

und Tiere, die in dem noch recht friedensmäßig ausgestatteten Manegeschauspiel »Nena Sahib« mitwirkten, übersiedelten nach der schlesischen Hauptstadt, und der Erfolg blieb diesem Stück auch in anderen Städten treu.

Im Hamburger Haus ging es weiterhin recht munter zu. Den Franzosen gefiel ihr interessantes Quartier, und sie machten sich unaufgefordert nützlich. Ein paar Dachdecker hatten kleine Schäden an den Stallgebäuden entdeckt und gingen unverzüglich an die Reparatur. In der Sattelkammer saßen Heinzelmännchen mit Ahle und Garn, und im Zuschauerraum krochen sie hämmernd unter dem Gestühl umher.

Abends dann versammelten sich die Kriegsgefangenen im Reitergang, der als Schlafsaal diente und wo die Betten dreifach übereinander standen. Heiße Debatten, Volkslieder zur Gitarre, Zigarettennebel.

Monsieur Delacroix, in Friedenszeiten Pattisier in einem Pariser Großhotel, erschien jeden Morgen im Büro der Hausherrin und brachte ihrer Ulmer Dogge ein Hundefrühstück. Das tat er in der Haltung eines Diplomaten, der sein Beglaubigungsschreiben überreicht.

Es erschienen gegen Weihnachten die Herren Le Ray und Michaud. Der eine ist literaturbeflissen; er hat am Seinequai zwischen dem Pont Neuf und dem Pont Royal sein fliegendes Antiquariat betrieben. Der Jüngere ist Korrepetitor an einer kleinen Oper.

»Excusez, madame ... nous avons quelque chose à cœur ...«
Ich bin gespannt.

Also, die beiden Männer haben ein Theaterstück geschrieben, oder besser: ein Vaudeville. Der Opernmann zieht sogleich Notenblätter aus der Tasche und singt mir sein Auftrittslied als gefährlicher Herzensknacker vor.

Der Antiquar schiebt den Bruder im Geist sanft beiseite und legt mir eine Liste vor: man braucht etwa 100 Gesellschaftskostüme aus der Mitte des 19. Jahrhunderts und bittet allerhöflichst um diese Leihgabe aus dem Fundus des cirque célèbre.

Ich bewillige lachend und stelle auch die nötigen Korsettage für die Frauenrollen zur Verfügung. Die Sache darf nicht an die große Glocke gehängt werden, denn jede Fraternisierung mit den Kriegsgefangenen ist verboten, und ich werde später einige Scherereien bekommen.

Was in Berlin die Wasserminna war, das ist in Hamburg die treue Anna. Sie weiß im Fundus Bescheid: Herr Tobias, ihr verstorbener Ehegatte, hat den Wiener Circus Busch als Hausmeister versorgt, und in Hamburg war er mehr als unser Obertischler gewesen. Mit künstlerischer Hand formte und kaschierte er für unsre Pantomimen jedwedes Geschöpf – ob einen Edelhirsch oder einen Siegfried-Drachen, so groß wie ein Möbelwagen.

Mit Anna gehe ich durch das Kostümmagazin im Seitenflügel des Zirkusgebäudes. Welche Schätze! Ein ganzes Regiment könnten wir einkleiden mit den historischen Uniformen aller europäischen Armeen. Eine hundertköpfige internationale Friedenskonferenz ließe sich ausstaffieren mit Fracks und Gehröcken in den Bauarten der letzten hundertfünfzig Jahre.

»Anna – Türen, Schränke, Truhen möchte ich aufreißen! Kommt her, Mitmenschen! Kostümiert euch, schmückt euch nach eurem Gusto! Pfeift auf diesen wahnsinnigen Krieg! Laßt uns heiter sein und heiter leben in unsren wenigen Erdenjahren!«

Anna winkt ab: »Sind Sie stille, Madame! Sie wissen, wie schnell man heutzutage abserviert wird!«

Im armen Licht einer müde glimmenden Wintersonne markieren wir, was den Messieurs für ihr Singspiel »La belle Madeleine« ausgeliehen werden soll. Dringlicher sind uns aber die Überlegungen, wie wir die Verlagerung des Fundus nach dem »sicheren« Breslau bewerkstelligen könnten.

Noch ehe aber die Kisten und Kasten beschafft sind, deponieren die englischen Flieger einige Kilo Brandbomben auf unser Kostümmagazin. Die Brände werden gelöscht; der Schaden durch Feuer und Wasser ist groß. Und wir wissen nun, was uns blühen wird. In meiner Privatwohnung über den Zirkuskassen stehen ständig zwei gepackte Koffer. Der eine für die vielen Reisen, der andere enthält die wichtigsten Papiere, Verträge, das Bargeld und den Schmuck. Diesen Koffer wird Anna in einer Julinacht aus dem brennenden Schlafzimmer retten.

Der Krieg geht weiter. In ganz Deutschland heulen jetzt die

Sirenen, laufen die Menschen. Ich laufe mit, stelle mein Köfferchen in großen und kleinen Bunkern ab, schlafe nachts im Auto auf der Landstraße und hänge nach jedem schweren Nachtangriff am frühen Morgen an irgendeinem Telefon, um zu hören, was in Hamburg (wo ich wieder spielen kann), in Breslau, bei unsrem Zeltzirkus und in Berlin los ist, ob man weiterspielen kann, ob bei Alarm die Räumung geklappt hat, ob man das Futter für die Pferde und Raubtiere bekommt.

Und dann fahre ich weiter. Zu Artistenagenturen, zu Amtsstellen, zu Konsulaten. Der Mangel an Artisten von Klasse, an repräsentablen Tiernummern wird empfindlich. Und da nunmehr ganze Bombenteppiche niedergehen und ganze Stadtviertel niederwalzen, will ich keine Raubtiere mehr in der Manege sehen. Unsre Luftschutzmaßnahmen funktionieren, das Publikum verhält sich bewundernswert panikfern, aber nicht auszudenken, wenn unsre Königstiger aus zertrümmerten Käfigen entwichen! Schon seit Monaten lasse ich die Pferde bei Voralarm mit dem Kopf zur Stallgasse und nur mit einem Strick anbinden. Und jede Woche kontrolliere ich, ob die Kutscher ein scharfgeschliffenes Messer bei sich tragen.

In Hamburg darf noch für kurze Zeit eine Nummer mit gutdressierten Panthern arbeiten. So gern ich diese bildschönen Raubkatzen in der Manege beobachte, mein Blick hängt am Seitenausgang, ob nicht dort die Sekretärin erscheinen und mir zunicken würde: soeben Vorwarnung eingelaufen! Und mein Ohr fühle ich als ein schüchternes Vögelchen auf dem Dach der benachbarten Seemannswarte sitzen und ängstlich lauschen, ob nicht das graue Totenkätzchen neben ihr, die Luftschutzsirene, zu schreien beginnt.

In Berlin ist die liebe Wasserminna obdachlos geworden. Auf ihr Wohnviertel am Bahnhof Börse war ein »Blockpuster« niedergegangen.

Durch die Trümmer kriecht sie, nichts weiter sucht sie als Jacko, meinen Papagei. Sein schwerer, fast nicht transportabler Messingkäfig liegt mit offener Tür in einer Ecke – der Insasse ist entschwunden. Minna ruft, lockt, verschafft sich ein Beil und arbeitet sich vorsichtig durchs Wirrwarr. Daß sich dabei ihre Möbel völlig in Kleinholz verwandeln, kümmert sie nicht.

Sie keucht, sie ruft, sie fleht: »Kleena, wo haste dir vakrochen? Komm doch raus, mein Sießa, mein Joldjunge!«

»Olla Quatschkopp!« tönt plötzlich eine krächzende Stimme, und hinter dem Kreuz und Quer der Kleiderschrankreste kommt Jacko angestiefelt und macht dann das Quarren der Sirene so vollkommen nach, daß Minna zur leeren Fensterhöhle läuft und auf die Straße ruft: »He, Leute. Det war keen neua Alarm. Det is nur mein Jacko!«

In einer ledernen Hutschachtel von mir den Papagei, in einem Seifenkarton ihre letzten Habseligkeiten, so kommt Fräulein Minna Schulze in unserem »Auffanglager« Breslau an.

Dort werde ich auch landen, denn der 24. Juli naht. Er nimmt mir meinen Hamburger Zirkus. Einige der 85000 Phosphorbomben und der 500 Phosphorkanister dieser Nacht verwandeln den mächtigen Bau in eine rußgeschwärzte Ruine.

Ich taumle durch die heißen Julinächte, ich umkreise die Trümmer wie ein armseliger Hund das Grab seines Herrn. Ich bin blind, taub, leer. Ich will nicht mehr, das Ende ist herbeigekommen.

Ich Einfältige! Bald werde ich erkennen, daß die Hamburger Katastrophe nur als Vorübung des Schicksals aufzufassen ist, das noch weitere Zentnerlasten auf das Herz einer Frau türmen wird.

VIERZEHNTES KAPITEL

*Letzte Kriegsweihnacht auf unsrem Gut Mühlatschütz
Breslau wird Festung, Circus Busch in Nacht und Schnee
auf der Landstraße
Millionenwerte gehen hinter vernagelten Scheunentoren
verloren
Sechzig Menschen mit achtzig Tieren sitzen
in Bad Warmbrunn fest
Die Rote Armee marschiert ein
»Nix gut die Tänzerin mit den nackten Beinen!«
»Frau gehen, Polen kommen!« sagt der Sowjetkommandeur*

In den deutschen Mittelgebirgen ist es Brauch, am Heiligen Abend auch an die Tiere im Stall zu denken.

Die Wasserminna und die Tante Daisy begleiten mich an diesem Nachmittag des 24. Dezember 1944 und tragen Körbe mit Brotschnitten, Zuckerwürfeln und Nußkernen zu den Ställen.

Eine Autostunde ist das kleine Gut Mühlatschütz von Breslau entfernt. Wir haben uns in diesem Winterquartier eine große Reithalle mit zwei Probiermanegen gebaut, wir wollen hier auch ein wenig Pferdezucht betreiben, und im übrigen soll Mühlatschütz die große Ausruhstation für Mensch und Tier sein.

Wie schön warm sind die Ställe!

Meine vier aus dem Morgenland drängen ans Gatter. Hans, der junge Kamelhengst, zeigt seine breiten Zahnplatten, stülpt zuckend die Oberlippe um, und das sieht aus, als ob er lachen wollte. Mit vollendetem Gleichmut nehmen die beiden älteren Kamelfrauen »Grete« und »Suleika« ihre Weihnachtsgaben von meiner Hand.

Tief im Stroh ruht »Lotte«. Ihre Rehaugen leuchten in stillem, sanftem Glanz. Ich beuge mich über sie an diesem Christabend: Wo, arme Tiermutter, wirst du dein Kind zur Welt bringen?

»Jetze wulln mr ober a bissel Licht machen!« sagt der Kutscher Uhlich und knipst ein paar Blaulichtbirnen an. »In Breslau is schu wieder Olorm!«

Wir gehen seufzend weiter zu unsren Schulpferden. Der Reihe nach spreche ich sie an: »Hoheit«, den Trakehner »Goldjunge«, den »Bornas«, den »Märchenprinz« und wie sie alle heißen. Jedes dieser Tiere ist damals seine zwanzigtausend Mark wert, und ich kämpfe bei der Gauleitung um einen Eisenbahnwaggon. Trude Sarrasani will kollegialiter die kostbaren Pferde in ihren Stall stellen; Dresden scheint ja wirklich tabu zu sein für die alliierten Bombengeschwader ...

Die Köpfe meiner Lieblinge reiben sich an meinem Mantel, feuchte Pferdeschnauzen drücken sich in meine Handflächen, fahren mir ungestüm suchend unter den Pelzkragen, und aufgeblähte Nüstern pusten mir starkes Leben entgegen, das acht Wochen später in der Flammenhölle Dresden auf grausamste Weise verlöschen wird.

Die Tante Daisy spielt mit ihren Shetlandponys »Plus« und »Minus«. Schon vor einem Jahr hat die ehemalige Zirkusbesitzerin ihr Altersdomizil verlassen. »Bei dem Artistenmangel muß jeder ran!« hat sie gesagt und einen Ponydressurakt aufgebaut, den sie jeden Abend mit jener liebenswürdigen Heiterkeit vorführt wie vor grauen Jahren, da sie als Parforcereiterin triumphierte. Jung ist sie wieder geworden, die Tante Daisy, und gern läßt sie sich die stumme Verehrung des Monsieur Auguste gefallen, der als kriegsgefangener Franzose auf dem Hof arbeitet und die Ponydame umschwärmt.

Der Monsieur, ein älterer Farmer aus Südfrankreich, ist natürlich längst schon im Stall aufgekreuzt. Ritterlich nimmt er seiner Adorée den Korb ab, und als er leer ist, stellt er ihn später vor die Tür der Madame Daisy. Sie wird darin seine Festgabe finden: ein Fläschchen »Soir de Paris« und zehn aufgesparte Zigaretten.

»Nu, Frau Direktor, die annern Pferde sin wuhl nischt?« fragt mich Uhlich und deutet auf die lange Stallgasse hinauf und hinunter.

»Machen Sie kein solches Gelaber, Uhlich! Sie wissen doch, daß alle Tiere drankommen!« Ich fange an, Dialekt zu sprechen, denn das schöne Schlesien ist ja schon lange Zeit die Heimat des Circus Busch.

Siebzig Pferde empfangen ihr Weihnachten, dann wird es

nötig, für die Menschen Christkind zu spielen. Alle Artisten, die in unsrem Breslauer Zirkus arbeiten, sind auf unser kleines Gut eingeladen. Doch den einzigen spielfreien Abend wollen die meisten im engsten Familienkreis verbringen.

Lichterbaum aus schlesischen Wäldern – so schön wie noch nie in meinem Leben. Lichterengel, Räucherkerzel, Weihnachtslieder ––– die andächtig fromme Sammlung der schlesischen Dorfmenschen, ihre herzliche Art, Freude zu machen und Freude zu empfangen, ihr so vollkommen unpathetisches Ertragen aller Lebensmißlichkeiten – der Weihnachtsabend 1944 auf dem Gut Mühlatschütz schenkt mir letzte Glücksstunden für lange Zeit.

Nach Mitternacht aber Rückpfiff in die Wirklichkeit: ein schon am Abend angemeldetes Ferngespräch nach Berlin ist endlich durchgekommen. Und nun weiß ich, daß selbst in dieser Heiligen Nacht der Himmel über dieser gequälten Stadt den Widerschein riesiger Brände trug.

Auch an meine Haustür klopft der Krieg. Im Dämmer des Christmorgens steht ein von der Hauptstraße abgeirrter Treck aus Oberschlesien vor dem Gut. Scheune auf! Noch haben wir einen heißen Punsch für die verfrorenen Menschen und ein paar Metzen Hafer für die abgetriebenen Gäule.

Was so dahergeredet wird bei einem Damenfriseur! Eine ältere Kundin trompetet, wie sie »unsren Gauleiter« noch als Jungen gekannt hat, wie er als Sohn des Lokomotivführers Hanke in Lauban ein prima Schüler gewesen ist.

Uns andre, die wir an diesem Sonnabend, den 20. Januar 1945, mit nassen Köpfen in dem Breslauer Friseurladen herumsitzen, interessiert nicht die Biographie des Allmächtigen von Breslau, sondern sein mutmaßlicher Entschluß für die Zukunft. Man munkelt, Hanke will Breslau bis zum letzten Blutstropfen, bis zum letzten Schornstein verteidigen.

Er will es. Minna ist in den Friseurladen gestürzt:

Soeben ist die Nachmittagsvorstellung im Circus Busch abgebrochen worden. Ein Beauftragter des Gauleiters ist in die Manege getreten und hat mit markiger Stimme verkündet: Breslau ist zur Festung erklärt! Alle noch vorhandenen Frauen und Kinder raus!

Circus Busch in Breslau

Und die Direktorin Paula Busch hat sofort in der Gauleitung »Am Anger« zu erscheinen.

Der Wahnsinn kommt auf Touren. Breslau Festung! Wahrscheinlich wird das stabile, dickwandige, weiträumige Zirkusgebäude zum Fort, zu einem Widerstandszentrum ausgebaut ...

Meine Ahnungen trügen nicht. Ein »Goldfasan« sagt mir »Am Anger« ebenso unhöflich wie unmißverständlich: »Verschwinden Sie mit Ihrem Zirkus umgehend aus Breslau!« – »Irgendwelche Transportmittel können ebensowenig wie Benzin zur Verfügung gestellt werden!«

Also: auch wir werden hinausgejagt in die weiße Nacht, auf die Landstraße, über die Schneegräben, in denen Mütter, Kinder, Greise erfroren liegen.

Ich kenne die Situation auf den schlesischen Treckstraßen. Bereits vor acht Tagen, als Geschützdonner über Mühlatschütz heraufzog, habe ich unsren Betrieb dort aufgegeben und siebzig Pferde, die Kamele, die Büffel in Marsch gesetzt.

Unter Führung des energischen Inspektors Wiegand zieht die Kolonne auf Seitenstraßen westwärts mit dem Ziel Warmbrunn, wo ich beim Grafen Schaffgotsch Quartier finden werde.

In dem kleinen rotlackierten Reklameauto des Zirkus mache ich täglich für ein paar Stunden den Vorreiter für unseren Abmarsch. Was ich täglich vor den Toren von Breslau sehe – mein Herz erstarrt. Ich nehme eine halberfrorene Mutter mit ihrem toten Baby mit nach Breslau zurück, ich verteile Woilachs unterwegs – es ist ja alles sinnlos.

Was kümmert mich noch der riesige Substanzverlust, den mir die Aufgabe des Gutes zufügt! Dort, hinter den zugenagelten Toren, bleiben zwei komplette Zelte mit zugehörigen Sitzeinrichtungen liegen. Bleiben die Wohnungseinrichtungen von Mutter und Tochter stehen mitsamt unersetzlichen Familienerinnerungen. Der ganze, wegen Treibstoffmangel stillgelegte Wagenpark mit einem Dutzend PKW, LKW und mit vielen Traktoren kann vor dem plötzlich drohenden Durchbruch der Russen nicht mehr abtransportiert werden. Die Russen werden einen Fundus von fünftausend wertvollen Kostümen und Zirkusuniformen vorfinden, werden mit unsrem Sattelzeug eine ganze Kavallerieschwadron ausrüsten können.

Ich rufe die Kassiererin und lasse alle Gagen bis Monatsende fertigmachen und auszahlen. Mein Blick fällt dabei auf den Wandspiegel. Ich nicke dieser häßlichen Person zu. Ja, das bin ich. Mit kaltem Auge, mit hartem Mund, mit fahlem Gesicht. Kein Heldenmädchen, aber auch keine Schlotterfigur.

Mein Hirn entwickelt den Rückzugsplan. Können wir noch motorisiert vorwärts? Nein. In Mühlatschütz werden die Russen bereits unsren Wagenpark kassiert haben. Unser noch greifbarer Fünftonner brennt soeben vor meinem Fenster ab. Um ihn flottzumachen bei diesen neunzehn Grad Kälte, hatte man ein Feuer unter dem Motor gemacht.

Und noch eine Fehlanzeige: die fünf Wohnwagen, die schnell noch aus Mühlatschütz Zirkusrequisiten, Wäsche und Kleidung abtransportieren sollten, sind nur bis Ohlau gekommen. Dort hat man die schweren Wagen zum Bau von Straßenbarrikaden benutzt ...

Ich kann und will natürlich niemanden zu einer gemeinsamen »Abreise« zwingen. Und ich verstehe, daß auch bei einigen besonneneren Naturen Spontanentschlüsse gefaßt werden. Nur raus aus der Mausefalle! Nichts wie raus!

Die sechs Mann unsrer Reitertruppe sind schon dabei, ihre Jockeypferde zu beschlagen. Am liebsten möchten die Sobolewskis noch in dieser Nacht aufbrechen.

Ihnen wird sich Fräulein Jaedicke, die Schulreiterin, anschließen. Ihre Kostüme und ein paar Kleinigkeiten macht sie schon als Sattelpäckchen zurecht.

Beim Clowntrio Randelli besteht noch der Kinderglaube, man könne in irgendeinen Eisenbahnzug nach Berlin einsteigen. Andre wieder wollen sich in eine der Jus einschmuggeln, die noch immer an- und abfliegen.

Trotz der sofort aufbrechenden Einzelgänger sind wir noch eine stattliche »Reisegesellschaft«, die Montag, den 22. Januar, aufbrechen wird. Einen gewissen feudalen Eindruck dürfte dieser Treck machen: vier Zirkussportiers in knallroter Uniform begleiten ihn. Es sind unsre kriegsgefangenen Franzosen, die wir eigentlich dem Gauleiter »abgeben« sollten.

Der letzte Abend in meiner Breslauer Zirkuswohnung, rechts über dem Eingang. Hier habe ich so viele schöne ——— doch stop! Schluß mit jedem Sentiment, mit jeder Erinnerung an glückliche Zeit.

»Minna, hast du mir das komische Ding versorgt?«

»Jewiss doch, Madame! Scheen Jruß ooch vom Fleeschermeester Melzer! Er wollte nischt vor haben. Sie sollen die olle Klamotte als Andenken mitnehmen!«

Ich binde mir die solide Geldtasche, wie sie die Fleischer beim Vieheinkauf unter dem Kittel tragen, auf den Magen. Und stopfe die Einnahmen der letzten Zeit hinein – es sind 96 500 Mark. Ein Glück, daß ich dem Bankverkehr nicht mehr traute.

Minna hat uns Frauen eine Art Polarausrüstung fertiggemacht. Noch im Juli werde ich bei Regen in meinem Schafpelzmantel herumlaufen müssen.

Und nun ein scharfer Schnaps auf ein paar Schlafpillen! Ich muß hinwegschlafen über diesen Abschied von der dritten und letzten Wirkungsstätte meines Lebens. Den Zirkuspalast Berlin hat man mir vor acht Jahren weggenommen und zerstört, der Circus Busch Hamburg ist vor achtzehn Monaten im Bombenhagel versunken. Und ich weiß, daß ich den alten, lieben Breslauer Circus Busch nie wiedersehen werde ...

»Wir werden uns ja bald wiedersehen, Madame!« sagt am nächsten Morgen unser Hausverwalter Preller, der sein Breslau nicht verlassen will.

»Jaja! Gott befohlen, lieber Preller!« Kein Blick rückwärts, keine Träne. Ich habe ja Haltung zu bewahren. Die Kolonne rückt an.

Leicht übertrieben wäre die Behauptung, daß man den Treck »Circus Busch« in Bad Warmbrunn mit besonderer Herzlichkeit empfängt. Und noch saurer werden die Mienen des Bürgermeisters, als ich noch meine Karawane mit den siebzig Pferden ins flüchtlingsüberfüllte Städtchen am Fuß des Riesengebirges dirigiere.

Nun bin ich auch nur ein armseliger Flüchtling, habe nichts zu fordern und hänge ganz von dem Wohlwollen der Mitwelt ab. Wie vor einem Jahrhundert der Chef einer Turmseilläufer- oder Kunstreitertruppe mit devoter Geste in die Amtsstube des Bürgermeisters tritt, so werde ich in Zukunft submissest um Quartier und bescheidenes Futter für Mensch und Tier zu bitten haben.

Der Bürgermeister und der »Nahbeauftragte« der Partei sind gerade dabei, fünfzehnjährigen Jungens den Treueid als Luftwaffenhelfer abzunehmen. Die Fenster des Büros klirren; Löwenberg wird beschossen.

Mich schüttelt Grippefieber. Auf der großen Landkarte im Vorzimmer zeigt mir mein Inspektor, auf welche Gebirgsbauden wir uns zurückziehen sollten, wenn jetzt die Russen einrücken.

Ich will nicht. Die Fluchtwege in die Berge sind leergefressen; mit schlecht oder gar nicht beschlagenen Zirkuspferden kann man keine Kletterpartien in achthundert Meter Höhe machen. Und jetzt müssen wir erst eine Ruhepause haben.

Sie wird amtlich bewilligt. Pferde und Wagen nimmt das Schloß des Grafen Schaffgotsch auf. Wir bleiben in der Stadt und erhalten sogar Lebensmittelkarten.

Nach vielerlei Bittgängen werden auch vier Pfund Mischfutter je Pferd für eine Woche zugestanden. Was dann?

Die mütterliche Frau Postmeister Roth schiebt mir das Fieberthermometer unter die Achsel. Runde neununddreißig Grad. »Da brauche ich also etwas Abkühlung!« sage ich, krame aus meinem Koffer einen Ballen Kleiderstoff und fahre gliederklappernd zu den Bauern in der Umgebung.

Das ist meine Taxe: ein Kupon Kleiderstoff gegen einen Sack Hafer. Oft geht das Geschäft auch gegen einen Hundertmarkschein zu tätigen. Man macht auf den Dörfern Ausverkauf, macht sich zur Flucht zurecht.

Allmählich habe ich eine ganze Hamsterorganisation zur Ernährung meiner siebzig Pferde aufgebaut. Immerfort sind auf Einspännern meine Getreuesten unterwegs. Zwei von ihnen kommen zu Fuß zurück – russische Patrouillen haben ihnen das Fuhrwerk abgenommen.

Und unsre Truppe vergrößert sich. Aus den Bergen steigen versprengte Artisten ins Tal, als sie vom Circus Busch hören. Es sind keine internationalen Weltnummern, die nun zum

Haufen stoßen. Doch ich schmuggle sie in meine Personalliste, ich habe eine Idee ... (Meine Geldtasche unter der Strickjacke ist so mager geworden wie ich selbst!)

Nach klassischem Motto »Ich hab' mein Sach' auf nichts gestellt«, springe ich, die Kompaniemutter von drei Dutzend Menschen und dreiundsechzig Tieren, von einem Tag zum andern. Unsre Pferde im Schloßstall stehen noch auf ihren vier Beinen, unsre Wagen mit grüner Tarnfarbe warten unter den Bäumen des Parks, wir gehen mit zum Schanzen oder auf erste Frühjahrsbestellung der Felder, und meine beiden Seniorinnen, die Tante Daisy und die Wasserminna, habe ich in einen der letzten Lazarettzüge gezaubert.

Frühlingssturm, mit Kanonendonner ekelhaft vermischt, erste Gänseblümchen an den Blusen der Soldatenbabies und – rote Anschläge an den Mauern. General Schörner setzt den Kreis Hirschberg in höchsten Verteidigungszustand.

»Sie müssen raus, Frau Busch!« Der Bürgermeister sagt es mitfühlend. Er hat wohl etwas Respekt bekommen vor meinem Stehvermögen und vor uns Zirkusleuten, die wir wie Pech und Schwefel zusammenhalten und für unsre Tiere sorgen.

»Ich gehe nicht, Herr Bürgermeister! Paula Busch ist Betriebsführer und darum als Mann anzusehen!«

»Die Russen brechen vielleicht schon morgen durch!«

»Die Russen stehen vor Berlin, sind wahrscheinlich schon in Berlin. Was die Berliner ertragen, werde ich auch überstehen!«

»Wie Sie wollen, Herr Busch!« Der Bürgermeister lächelt müde über seinen Scherz. Dann gehen wir zur Galerie im Kurpark. Alle Männer sind dahin befohlen zum Kreisleiter von Hirschberg.

Der Herr aus Hirschberg läßt die übliche Phraseologie vom Stapel. Dann stellt er die Gretchenfrage an die Verwundeten, Flüchtlinge, restlichen Parteigenossen:

»Wollt ihr den Endkampf? Und damit doch den Endsieg?«

Die Befragten schweigen eisern.

Der Kreisleiter dumpf, mit zornerstickter Stimme: »Dann wollt ihr Kapitulation?«

Eisernes Schweigen.

Stiefel knarren, Kreisleiter mit Gefolge ab. »Sieg-Heil« fällt diesmal aus. Zwei Tage später, beim Einmarsch der Russen, erschießt sich der entthronte Gott von Hirschberg.

Wir gehen durch den Maientag nach Haus. Unsre paar Pretiosen werden in »Edelweiß«-Milchbüchsen zwei Spatenstiche tief in die Erde versenkt. Eine große Plakatmalerei beginnt: »Hier wohnen nur Artisten!« – »Hier stehen die Pferde von einem Zirkus!«

Auf der großen Wiese am Kurpark kampiert noch einmal eine durchziehende Kompanie der SS, ein paar Stunden später probieren sowjetische Soldaten den »Stonsdorfer Bittern«, den die letzte deutsche Kampftruppe hinterlassen hat.

Von den sowjetischen Panzern springen gefährlich aussehende, schwer bewaffnete Frauen in Uniform. Doch in der freundlichen Atmosphäre des Kurbades und an Hand der im Schloß des Grafen Schaffgotsch erbeuteten Damengarderobe wandeln sich die Russinnen am Abend dieses 8. Mai 1945 zu friedlichen Spaziergängerinnen vor dem Kurhaus. Die Schaftstiefel haben sie allerdings anbehalten, und auch von ihren Gewehren wollen sie sich nicht trennen.

Diesem belustigenden Schauspiel folgt in der Nacht eine scharfe Razzia. Alle Häuser von Warmbrunn werden nach männlichen Personen zwischen fünfzehn und fünfzig abgesucht. Ich muß dringend etwas unternehmen, um meine Mitarbeiter vor dem gräßlichen Schicksal der Verschleppung zu bewahren.

Am nächsten Morgen stehe ich vor dem sowjetischen Kommandanten und radebreche: Wir Zirkus! Wir robotten! Wir große Künstler!

Ein paar Stunden später ist jeder Angehörige des Circus Busch Besitzer eines kostbaren Papierfetzens:

> Die Circusassistentin Elly ..., geboren ..., ist für die
> russischen Besatzungstruppen bei Varieté-Circus
> eingesetzt. Er/Sie genießt absolute Passierfreiheit
> und darf anderweit nicht eingesetzt werden.

»Genossin« Halina, Sekretärin des Kommandanten, wiederholt den Text auf russisch. Stempel, Unterschrift, noch ein Stempel, und der Oberst Smirnoff fragt streng: »Wann du spielen, Frau?«

Ich hebe drei Finger hoch. Und genau drei Tage später beginnt der Circus Busch sein Gastspiel im Kurtheater von Warmbrunn.

Auf Briefbogen wird das Programm getippt: achtzehn tolle Nummern! Wie vor hundertfünfzig Jahren beim Familien-Kleinstzirkus: jeder muß mitmachen.

Die Kapelle wird durch zwei Bandoneon spielende Chauffeure verstärkt. Der Inspektor Wiegand macht ein Clown-Entree, die Sekretärin Elly tritt mit Josma, dem »weißen Fakir« auf. Dem ehemaligen Ballettmeister eines westdeutschen Theaters fällt es zu, sowohl »spanisch« als auch stepptanzend auf dem Flügel zu kommen. Seine Frau setzt sich an diesen wackeligen Musikkasten, wenn eine Angehörige der marokkanischen Springertruppe Ben Hali losrast: »Ungarische Rhapsodie, getanzt von Gretel«. Die übrigen Ban Halis zeigen das »launenhafte Zebra«, der Herr Luzifer zaubert dämonisch, zwei der halbverhungerten »Heimkehrer« aus dem Riesengebirge wimmern auf der Gitarre »Klänge aus der Südsee«, und so läuft zwei Stunden lang ein ganz passables Vorstadtprogramm ab.

Nach der Premiere macht mir der hochbefriedigte Sowjetoberst allen Ernstes das Angebot, sofort mit einer längeren Gastspielreise zu beginnen! Ich habe meine Not, den Plan abzubiegen. Doch zugestehen muß ich, daß wir auch das Stadttheater von Hirschberg bespielen.

Noch nicht mit dem später oft erlebten jähen Stimmungsumschwung der russischen Seele vertraut, verwundert uns am nächsten Tag ein höchst ungnädig gefaßter Befehl: die Tänzerin mit den nackten Beinen errege Mißfallen und habe nicht mehr aufzutreten!

Großes Rätselraten: Welche von unsren beiden Tänzerinnen? Und woher Bühnenstrümpfe nehmen? Also werden alle Röcke länger gemacht und alle Mädchenbeine dunkelbraun geschminkt. Und Fräulein Elly sitzt mit hochgeschlossener Bluse und Kopftuch an der Kasse und sammelt die Fünfzig- und Hundertmarkscheine ein, die von den Rotarmisten achtlos auf den Teller geworfen werden.

Eines Tages aber haben wir zwei Herren. Polnisches Militär rückt ein, ein polnischer Bürgermeister etabliert sich in Warmbrunn, und jetzt taucht auch das Gerücht auf, das mir den Schlaf völlig nimmt: bis zur Neiße kommt das deutsche Land unter polnische Herrschaft, und über kurz oder lang wird an der Görlitzer Neißebrücke der Schlagbaum endgültig heruntergehen.

Unauffällig bereite ich die Abreise vor: lasse die Pferde beschlagen, besorge mir heimlich Geschirr aus dem Besitz des geflohenen Grafen, der mir schon vor Wochen seine Sattelkammer zur Verfügung gestellt hat.

Russen und Polen regieren jetzt nebeneinander, keineswegs in Eintracht. Circus Busch als das Weltkind in der Mitten!

Der Sowjetkommandant erlaubt unsren abgemagerten Pferden das Grasen im Schloßpark. Polnischer Chef wettert: Schloßpark ist polnischer Boden! Ich jetzt Graf von Schloß!

Oder die Affäre in Hirschberg. Zur Sonntagsvorstellung rücken plötzlich 200 Polen an. Kaum sitzen sie, erscheinen 150 Mann von der sowjetischen Militärpolizei. Sie müssen stehen.

Gleich nach der Vorstellung läßt mich der sowjetische Herr in seine Loge rufen. Des Mannes Beine baumeln über der Brüstung, er dreht sich nicht nach mir um, als er loszischt: »Da, Frau – sehen! Pollen sitzen, Russen stehen!«

Und in plötzlich aufschäumender Wut: »Ich schließen Theater und du schuld! Fort!«

Merkwürdig – am nächsten Morgen schickt mir der Sowjetmann ein Schlachtpferd für unsre Verpflegung, und dann kommt er selbst aus Hirschberg, seiner Residenz. Sein Gesicht ist noch verschlossener als sonst.

Er wünscht mich allein zu sprechen: »Du, Frau – gehen!« Ja, ich soll schnellstens verschwinden, er kann mich nicht mehr schützen. Die Gerüchte bestätigen sich: den Polen ist das Gebiet zugesprochen, und ihr Haß gegen alles Deutsche ... nun gutt ... Mühsam hat der Oberst seine Sätze geformt. Jetzt schweigt er, steht auf und geht davon.

Auf dem Tisch liegt eine wohlgestempelte Bescheinigung: »Die gesamte Habe des Circus Busch steht unter dem Schutz der sowjetischen Besatzungsmacht und kann nach Görlitz verbracht werden.«

Vor unsrem Haus nagelt polnisches Militär Zettel an die Bäume: »Bis morgen, den 2. Juli 1945, haben alle Deutschen die Stadt Warmbrunn zu verlassen. Es dürfen bis zu zwanzig Kilo Gepäck mitgenommen werden.«

44 Personen, 63 Pferde, 4 Kamele müssen jetzt zu einem Lauf ums Leben starten. Denn amtlich wird verkündet: Ab Montag, den 9. Juli 1945, wird die Neißebrücke in Görlitz für jede Rückwanderung gesperrt. Und heute ist der 5. Juli.

Wir wissen: Schon vor unsrer Stadt warten haßerfüllte, plündernde Horden. Wir wissen, daß die Landstraßen mit Bombentrichtern übersät, daß die Dörfer und Scheunen leer sind. Und es ist uns bekannt, daß unser Reiseziel Görlitz der Schauplatz namenlosen Elends ist. Hunger und Typhus warten auf uns.

Schwere Regengüsse in dieser letzten Nacht. Ich laufe noch immer in meinem Breslauer Schafpelz herum, denn ich besitze keinen andren Mantel. Im Stall tritt ein zerlumpter Mensch auf mich zu und bittet, als Treckgenosse mitgenommen zu werden.

Es ist Fabian, ein alter Kutscher von unsrem Gut Mühlatschütz. Mit eigenen Augen hat er gesehen, wie in den ersten Tagen des Februar unser Winterquartier von den Russen ausgeräumt und dann dem Erdboden gleichgemacht worden ist. Und am 5. April 1945 hat er vor dem lichterloh brennenden Circus Busch gestanden.

Ich bin dem alten Mann dankbar für die endgültige Gewißheit. Unter einer Stallaterne notiere ich mir die beiden Daten und schreibe darunter ein Wort von Carl Hauptmann: »Kein Mensch ist zu arm. Gott kann ihn noch ärmer machen.«

FÜNFZEHNTES KAPITEL

*Momentaufnahmen vom »Circo Internazionale«
Der Traum am Bombentrichter
Banditen springen auf meine Ferkelequipage
Wie wir kurz vor Grenzschluß über die Neiße gekommen sind
Ich kriege ein Kamelbaby und die Rote Ruhr
Wollen wir in Görlitz verhungern?
Circus Busch macht wieder 300 Kilometer
und spielt auf dem Dorfanger
Mit dem Blechteller am Kollektetisch*

Die Odyssee eines deutschen Zirkus bekommt jetzt einen tragikomischen Anstrich.

Gepriesen sei der Theaterfundus des Warmbrunner Kunsttempels! Seine letzten Schätze gehören uns und werden zu unsrer Kostümierung verwendet. Wie wir uns an jenem 5. Juli 1945 auf die Landstraße begeben – mit jeder Zigeunerfamilie können wir es aufnehmen, was die wilde Farbenpracht unserer malerischen Lumpentracht angeht.

Das Kinopublikum von heute würde sich in Lachkrämpfen winden, wenn über die moderne Breitwand unser Treck zöge:

An der Tête, auf einem alten Ferkelkastenwagen, Madame. Ich trage meinen blankgewetzten Schafpelz, stecke in Maurerhosen, und vor Sonne und Regen schützt mich ein wippender Florentiner Strohhut mit heliotropfarbenem Band.

Hinter mir, im Ferkelgatter, hocken die beiden Südsee-Gitarristen und passen auf die drei angehängten Pferde auf. Zeigen sich irgendwelche Figuren auf der Chaussee, kommandiere ich wie Oberfeldwebel Krawutschke: »Singen!« Die Wimmerhölzer fliegen an die Brust, und wir gellen los: »Sancta Lucihiha ...«

Der nächste Wagen, eine Halbchaise (Baujahr 1876), singt nicht mit. Sein Insasse beginnt gottsjämmerlich zu stöhnen, und die kutschierende Krankenschwester in Häubchen und weißem Kittel tröstet in perfektem Schwedisch unsren »abgestürzten Turmseilläufer«. Fräulein Elly hofft auf diese Art, sich

Der »Circo Internazionale« auf dem Weg von Breslau nach Berlin

und einen jungen Artisten vor Ausplünderung und Mißhandlung zu schützen, die jetzt allen Deutschen droht.

Die hinter der Chaise hertrottenden Kamele brauchen in kritischen Momenten nicht mitzusingen, müssen aber recht munter mit den Köpfen schaukeln, um die rosa Bändchen in den Stirnfransen gut zur Wirkung zu bringen.

Es folgt auf einem soliden Ackerwagen die Kaiserinmutter von China. Sie und ihr Hofstaat stimmen bei Begegnungen auf der Landstraße heißblütige Songs an, und Ihre Majestät schwenkt in zuckendem Rhythmus den Saum ihres Kleides, der schwer gegen die Deichsel schlägt, weil in ihm unsre letzten Warmbrunner Einnahmen vernäht sind. Hervorragend spielt die Chefin der Ben Hali-Truppe ihre Rolle.

Unser Stallmeister in seinem flotten Einspänner singt nicht, sondern flucht. Das kann er in fast allen slawischen Sprachen so ausdrucksvoll, daß man scheu vor ihm zurückweicht.

Jedes weitere Gefährt hat seine Spezialitäten hinsichtlich »Nation«, Vereinslied und Schaueffekten.

Umkreist wird die verrückte Kolonne von einem Trupp Reiter. Die Ben Halis, auf unsren ostfriesischen Rappen, eskortieren in roten Burnussen den Zug.

Freund Reinsch reitet im Athletentrikot, bemalt mit einer Phantasieflagge, die auch auf seinen eisernen Athletenkugeln sichtbar ist. Gilt es, »Kaleika zu machen«, springt Reinsch vom Pferd, läßt die Eisenkugeln über Brust und Arme rollen und wirft sie den glotzenden Halbstarken dicht vor die Fußspitzen. Die Kerlchen spritzen fort, und Reinsch hängt unsre »Sparkasse« wieder an den Sattelknopf. Der treue Mann hatte die Kugeln so kunstvoll präpariert, daß in ihnen meine letzten Schmuckstücke unentdeckt bis nach Berlin gelangen. Dort werde ich sie zwei Jahre später für meine hungernden Pferde opfern.

Schon am ersten Tag können wir die Probe aufs Exempel machen. Ein obskurer Trupp Uniformierter sprengt uns entgegen.

»Singen!«

Wie ein beschwipster Faschingszug rollen wir an den Verdutzten vorüber. Jubel, Trubel, Heiterkeit stecken an. Die

Schwerbewaffneten werfen ihre Mützen hoch, winken uns begeistert zu: Circo Internazionale! Circo Internazionale! und preschen weiter. Nicht ohne von unsrem letzten Wagen die beiden angehängten Falben »Jupiter« und »Soliman« abgeschnitten und mitgenommen zu haben. Unsre schöne Falbenfreiheitsnummer ist damit kaputt ...

Im strömenden Regen auf offener Landstraße Nachtquartier. Den großen Bombentrichter vor uns können wir in der Finsternis nicht mehr umfahren.

Auf Strohsäcken liegen wir am Kraterrand, kauen an einem Stück Brot herum und trinken Schnaps dazu. Wie schön wäre ein heißer Kaffee! Aber ein Lagerfeuer würde böse Geister anlocken, und unsre Maskerade ist ja nachts wirkungslos!

»Wär das Erdloch da unser Grab!« Der zarten Ballettmeistersfrau gehen die Nerven durch.

»Quatsch mit Soße!« grunzt der Betriebsleiter Wiegand. »Sind doch heute ganz gut vorwärtsgekommen!« Er säbelt an Stricken herum und verteilt an die »Kutscher« der Wagen Seilstücke zum Flicken der Geschirre. Dann werden im Straßengraben möglichst lautlos einige Deichseln repariert.

Unruhig reiben sich die Pferde an den triefenden Chausseebäumen. »Lotte«, die hochträchtige Kamelstute, legt sich schwer atmend in unsre Nähe. Ich rutsche mit meinem Strohsack zu ihr, kraule ihr den Kopf und flüstre: Lottekin, bitte ... warte bis Görlitz ... dann sind wir alle gerettet!

Den Kopf auf dem nassen, kalten Rücken des Kamels sinke in in Halbschlaf. Oben am Pelzkragen, läuft mir der Regen in den Mantel, aus den Hosenbeinen rieselt er wieder heraus.

Halbschlaf. Im weichen, seidengefütterten Schlafrock sitze ich am Kamin meines Berliner Grunewaldhauses, trinke einen tiefdunklen Burgunder, klingle nach einem Mokka und versinke in die Sprachschönheiten des neuen Romans von Knut Hamsun.

Mit ihrer rustikalen Lautheit klappert die gute Wasserminna ins stille Zimmer und berlinert »Det ville Studiern jeht uff'n Täng, Madame! Ick werde Ihnen Ihre Flohfalle fertigmachen!«

Da stolpert die Minna, das Kaffeegeschirr springt vom Tablett, die Silberkanne schwirrt durchs Zimmer, streift meine Stirn ... Minna! Um Gotteswillen!

Entsetzt bin ich hochgefahren und greife an meinen schmerzenden Kopf.

»Madame! Die Hengste sind fort!« schreit einer.

Ja, die Araber sind fort! Sie haben sich losgerissen, und in weiter Ferne hört man sie ungestüm wiehern. Bald werden sie neue Besitzer gefunden haben.

Die Hufe der Pferde, die über uns weggegangen sind, haben nicht nur mich gestreift. Wen kümmert's? Tausendmal wichtiger ist es, die unersetzlichen Tiere, den einstmaligen Stolz des Buschmarstalls, noch vor Anbruch des Tages einzufangen.

Da fällt mir etwas ganz Simples ein. Der lange Kurt wird mit einer unsrer gerade rossigen Stuten den Hengsten nachreiten, wird die Pferdedame in ihrer Nähe anpflocken, und das weitere wird sich finden.

Im ersten Morgenlicht haben wir die Ausreißer wieder. Und eine schöne warme Sonne schiebt sich hinter Greiffenberg aus ihrem Bett. Sie trocknet uns rasch. Fräulein Elly krankenschwestert an den Blessierten der Nacht herum, und die Kopfverbände erhöhen unsren Gesamteindruck. Wir sehen nun ebenso komisch wie bemitleidenswert aus.

Ich fahre mit den beiden Gitarrespielern voraus. Und ich habe bald eine motorisierte Bande hinter mir. Umsonst, auf die Pferde einzuhauen – der LKW überholt mich, stellt sich quer und setzt zwei rüde Kerle ab. Die fackeln nicht lange. Der eine springt mich auf dem Kutschbock an und drückt mir seine Maschinenpistole in den Magen.

»Du Hund wirst nicht schießen!« schreie ich wutentbrannt und halte ihm den Schutzbrief des Sowjetobersten unter die Nase. Wieder schreie ich: »Leute, helft mir!«

Doch die beiden Musiker sind längst vom Wagen abgesprungen. Mit kaltem Auge blickt der jugendliche Strolch mich an, untersucht meine Taschen, und dann will er mich vom Bock werfen.

Und nochmals sind die Götter gnädig. Auf der einsamen niederschlesischen Landstraße naht ein Auto. Bremsen quietschen, ein sowjetrussischer Offizier springt mit entsichertem Revolver heraus.

Ich, im Würgegriff der Banditen, werfe mein Dokument dem Autofahrer zu. Der fängt es auf, tut einen Blick darauf, und im nächsten Augenblick hat der Buschklepper einen so furchtbaren Tritt im Magen, daß er luftschnappend auf meinen Stiefeln liegt. Sein Genosse ist schon längst über die Felder.

»Papier gutt!« Der Sowjet wirft die fremde Maschinenpistole in seinen Wagen, befördert den Straßenräuber mit Fußtritten an den Chausseerand und wartet, bis der Mummenschanz an ihm vorbeizieht. Dann fährt er weiter.

Schicksalssonntag, 8. Juli 1945, einen Kilometer vor Görlitz. Vor der Notbrücke, auf der völlig ausgeplünderte Karawanen von deutschen Zivilisten über einen Fluß schwanken. Über die Neiße, auf der Tierkadaver, Uniformlumpen, verkohlter Hausrat nordwärts treiben.

Widerlich steigt uns ein süßlicher Faulgeruch in die Nase. Jenseits der Neiße, auf den Uferwiesen des stinkenden Flusses, lassen sich die Flüchtlinge erschöpft zu Bode sinken. Ihre Handwägelchen sind leer; manchem alten Mann ist das Hemd vom Leib gezogen worden ...

Dem Circo Internazionale sind im Augenblick dieses konzentrierten Menschenjammers schon längst die munteren Liedchen in der Kehle steckengeblieben. Doch, was auch unser Herz zerfrißt und heiß empört – wir dürfen nichts davon zeigen. Wir sind »Internazionale«, Unbeteiligte, nur durch Zufall Vorüberkommende.

Genau ist unsre Verhandlungstaktik beim russisch-polnischen Kontrollposten an der Brücke festgelegt.

In letzter Sekunde wird alles anders, noch gefährlicher, noch riskanter.

Aus dem Treck löst sich plötzlich der Wagen des Stallmeisters. Der Mann jagt solo los, zeigt an der Brücke seinen tschechischen Paß, radebrecht lachend polnisch-tschechisch mit den Posten und fährt dann in behaglichem Schritt über die Brücke ins »Gelobte Land«.

Ist der Mann in plötzlicher Nervenüberreizung, aus Angst zum Einzelgänger geworden? Hat er uns vielleicht sogar auf der Brücke verraten?

Ich hebe den Arm: Anfahren!

»Stoj!« Mit Hoheit klettre ich von meiner Ferkelequipage, mit der vornehmen Zurückhaltung eines Botschafters, der sein Beglaubigungsschreiben überreicht, präsentiere ich den Schutzbrief des Obersten Smirnoff in Hirschberg: »Voilà – Messieurs les Commandants!«

Der Pole mustert mich mißtrauisch.

Ich stelle mich vor: Jeanne Lafontaine, secrétaire en chef du Cirque Internationale Busch!

Der Pole barsch: »Wo sein Direktor von Circus Busch?«

Meinerseits ein französisches Wortgesprudel mit lebhaftem Zeigefinger auf das Gefährt des vorausgefahrenen Stallmeisters.

»Ah – der dicke Tschech?«

»Oui, Monsieur le Commandant! C'est le Directeur Büüsch!«

»Passieren, Madame!«

Die Kaiserinmutter von China schwenkt huldvoll den Rock, die Krankenschwester Elly beruhigt in überlautem Schwedisch ihren stöhnenden »Turmseilspringer«, die Kamele lassen ihre rosa Stirnbänder fliegen, der Athlet Reinsch stemmt fröhlich seine inhaltsschweren Eisenkugeln den Kontrollposten entgegen, und je mehr Pferdehufe ich auf den Bohlen der Brücke donnern höre, desto mehr Steine fallen mir vom Herzen. Ein ganzer Steinschlag geht nieder ...

Wir sind gerettet, Halleluja!

Die Stadt ist verstopft mit Menschen. Wir suchen uns einen Platz im Pestgeruch des Flusses.

Ich hebe den Arm hoch: Kolonne halt!

Eine Weile bleiben wir auf unsren Wagen sitzen. Nur langsam löst sich die Spannung der letzten halben Stunde.

Da tut es hinter mir einen Plumps. Lotte, die Kamelstute, hat sich hingeworfen.

Wir springen hinzu. Nicht lange, und ihr Kind liegt neben ihr. In einer Schicksalsstunde ist es geboren. Ich gebe dem Kamelbaby den Namen »Fatum«. Vom letzten Brot bricht jeder ein Stück, unsre letzten Zuckerstücke werden der braven Mutter ins Maul geschoben. Welche geheimnisvolle Macht hat dem

Tier die Kraft gegeben, die schon längst fällige Geburt hinauszuzögern bis zu unsrem Rettungstag X?

Mit Fräulein Elly breche ich auf zu erster Erkundung in die Stadt des namenlosen Elends.

Ich habe es geschafft. Im Union-Theater wird das Varieté »Scala« neu etabliert, und ab 15. Juli 1945 wird dort zu sehen sein:

GASTSPIEL

PAULA-BUSCH-ENSEMBLE

BERLIN

»Die Gunst des Publikums ist der Ansporn unseres Schaffens«, steht ganz friedensmäßig auf den roten Programmzetteln in deutscher und russischer Sprache.

Ich bekomme für das Gastspiel täglich 600 Mark. Davon behalte ich 150 Mark für die Unterbringung und Verpflegung der siebzig Tiere, alles übrige verteile ich an die 44 Mitglieder des Ensembles. Für die vielen Pferde muß das Futter schwarz beschafft werden. Für die Menschen werden alle drei Tage ein Brot und ein Pfund Kartoffeln bewilligt. Und alle vierzehn Tage gibt es fünfzig Gramm Fett. Mit größter Vorsicht ist das Brot zu genießen – in die Mehlvorräte der einzigen betriebsfähigen Großbäckerei sind beim Beschuß die Splitter der zerborstenen Fenster geraten.

Im Stall des Gasthofs »Zur Sonne«, wo die Pferde stehen, rutsche ich eines Tages ins Stroh.

»Wahrscheinlich auch die Rote Ruhr!« sagen die Leute und tragen mich ins Quartier auf mein Sofa mit den durchgespießten Spiralen. Der Seuchentod greift in allen Gassen nach den hungerzermürbten Menschen – warum nicht auch nach mir?

Das Fräulein Elly war früher in einer Chemikaliengroßhandlung tätig, die Verbindung hatte mit fast allen Apotheken des Deutschen Reiches. Sascha, ein heimatloser Russenjunge von großer Anhänglichkeit, sieht seine Madame im Schüttelfrost liegen. Er geht Holz stehlen, reißt ein Stück Kolonnade an der Stadthalle weg und macht Feuer in meinem Kaminofen. Dann kauert er sich vors Sofa und singt, um mich zu beruhigen.

Inzwischen hat Fräulein Elly tatsächlich einen »Geschäftsfreund« von ehedem aufgestöbert, einen Apotheker, der noch Rhizinus und Opium im Geheimfach liegen hat und etwas davon sogar gegen Zigaretten herausrückt.

Mein Lebensbaum ist von schweren Blitzschlägen oft bis zur Wurzel getroffen worden, aber immer wieder ereigneten sich zu meiner Erhaltung die höchsten Wunder ...

Nach einer barbarischen Pferdekur zum Skelett abgemagert, im zerrissenen Schafpelz wie ein Gruftgespenst aus der Görlitzer Peter-Paulskirche umherwandelnd, stelle ich fest, daß wir nicht länger in der Grenzstadt bleiben können. Die Zustände dort wachsen sich zur Katastrophe aus.

Also wieder Landstraße, wieder hinaus in das Nichts. In nervöser Ungeduld rückt ein kleiner Trupp Artisten schon vor uns ab. Mir überläßt man die Sorge um unser einziges Betriebskapital für die Zukunft: die wertvollen Schul- und Freizeitpferde.

Luftlinie Görlitz—Berlin: keine 200 Kilometer. Wir werden über 350 Kilometer fahren und tippeln müssen. Bombentrichter wechseln mit schlecht aufgefüllten Panzergräben, viele Ortschaften haben sich abgeriegelt: »Hier herrschen Cholera und Typhus! Betreten des Ortes verboten!«

In den dreißig Nächten des August 1945 schlafen wir wie echte Landstreicher in abseitigen Feldscheunen oder bei Mutter Grün.

»Schade, daß wir Menschen kein Gras fressen können!« meditieren unsre beiden Kutscher und sehen neidisch zu, wie es unsren Pferden auf den Wiesen schmeckt.

Uns äußerlich nun völlig verwahrlosten Menschenkindern schickt der liebe Gott durch einen sowjetischen Ortskommandanten gelegentlich fünf Liter Magermilch (für drei Dutzend Personen) oder in Weißwasser einen halben Liter Wassersuppe für jeden Artisten oder einen Waschkessel voll echten Borschtsch, welches Göttergeschenk uns am 23. August nach einer Vorstellung auf dem Dorfanger von Steinbrücken (Kreis Lübben) zuteil wurde.

Im Taschenbuch steht: »Wir haben seit langer Zeit wieder einmal richtiges Essen gehabt, und das Gefühl, richtig satt zu sein, macht mich direkt schwindlig!«

In einem Ackerstädtchen werden zweihundert Iwans angesagt. Mit Seil und Pflöcken grenzen wir die »Manege« ab, etablieren das »Orchester« (den Plattenwagen mit dem aufgeschraubten Klavier) und warten auf die Besucher.

Sie kommen, zweihundert Verwundete werden herangetragen. Und inmitten der enggestellten Tragbahren sollen wir unsre Pferde ablaufen lassen!

Ich bitte den Sowjet, den Bahrenring von der »Arena« abzurücken. Unsre Berberhengste sind immer noch recht feurige Tiere und können leicht über das provisorische Seil keilen. Dann gäbe es bestimmt Malheur.

»Macht nix, Frau!« wehrt der Offizier ab.

Unsre Klavierlehrerin a. D. drückt auf die Tasten. Fräulein Irene auf »Castor« galoppiert zu einer Hohen Schule in den Ring. »Castor« spitzt verwundert die Ohren – einen derartigen Begrüßungsapplaus hat er noch nicht erlebt. Auch die schwer Bandagierten brüllen begeistert los, zappeln aus ihren Decken hoch, man stimmt ein wildes Kosakenlied an, und dann fallen einige der Zuschauer wieder auf ihre Kopfpolster zurück und wimmern vor Schmerzen.

Wir stehen in Erwartung des Unheils schweißgebadet am Ring. Aber unsre Pferde, die seit Weihnachten 1944 nicht mehr in der Manege gewesen sind, arbeiten exakt wie einst vor den fünftausend im Berliner oder Hamburger oder Breslauer Circus Busch. Das einmal Gelernte bewahrt ein Pferd für immer im Gedächtnis. Gefährlich wurde nur das Fehlen der Piste, die ja den Hufschlag der galoppierenden Pferde begrenzt.

Traurig ist es um unsre »Öffentlichen Vorstellungen« bestellt. Da stehe ich, verwitterte Zigeunerchefin, am Kollektetischchen, sage mein »Dankeschön« für die Groschen, die von den Herrschaften spendiert werden. Diese Herrschaften sind alte Frauen, alte Männer und Kinder. Nach wie vor wird auf den Dörfern und in den kleinen Städten Jagd gemacht auf die männliche Bevölkerung zwischen fünfzehn und fünfzig Jahren. Kein Mann kann sich blicken lassen.

Da eine Sitzgelegenheit jeder Besucher selbst mitzubringen hat, bleibt nach unsrem Abzug auf dem Dorfanger ein ulkiger Blechkranz liegen: Sitze und Kanister von ausgebrannten Wehrmachtsautos, alte Pflüge, zerlöcherte Milcheimer. Schrotthändler müßte man sein.

Vor den Toren Berlins, in Baruth, wäre es beinah aus mit uns gewesen. Man ist dort freundlich zu uns, gibt unseren Pferden in den Stallungen des Fürsten Solms Quartier, überläßt uns den ehemaligen Sportplatz, und wenn auch die Schuhe des Fräulein Heddi bei ihrem Solo »Langsamer Tango« im Sumpf der »Manege« steckenbleiben, ist die Zufriedenheit bei Volk und Militär groß und uns Mannschaftsverpflegung sicher.

Während dieser Abfütterung besucht uns der Sowjetkommandant und wünscht unsre Kamele zu sehen. Der Mann mit seinem mongolischen Typ ist vielleicht Fachmann für Höckertiere.

Die Kamele sind weg! Die Kamele machen einen Abendspaziergang und entdecken dabei ein äußerst schmackhaftes Blätterwerk. Unseligerweise gehört es zur Sträucherumfriedung des neu angelegten sowjetischen Soldatenfriedhofes.

Ich bin empört über diese Schändung, an der unser Kamelkutscher einzig und allein schuld ist. Was werden jetzt die Russen tun?

Wir beeilen uns, den wartenden Kommandanten abzulenken, und wir führen ihn in den Pferdestall, wo sich sein Herz entzündet an unsrem Araber »Capri«. Das Pferd möchte er haben!

Sein Mordsrausch am gleichen Abend ist unser Glück. Am nächsten Morgen sind wir verschwunden.

Verschwunden sind wir wie eine Zigeunerhorde, die der Frau Bürgermeister die Wäsche von der Leine geklaut hat ...

Manchmal, wenn ich allein unter dem Sternenhimmel des Hochsommers sitze, überfallen mich seltsame Gedanken. Wie das Kind im Mutterleib die ganze menschliche Entwicklungsgeschichte durchzumachen hat, so scheint es mir bestimmt zu sein, die zweihundertjährige Geschichte des europäischen Zirkus noch einmal zu durchleben.

Nur: dieser Zirkusfilm läuft rückwärts! Meine Wiege wurde beschienen von der schönsten Sonne, die jemals auf den Gefilden des Zirkus gelegen hat. Zu den an Ehren und Millionen reichen Zirkuskönigen gehörte mein Vater. Nach ihm sind keine größeren mehr gekommen.

Habe ich meine ersten Tastversuche ins Leben außerhalb der Zirkusmauern gemacht, so bin ich zur Stelle gewesen, als es nötig war. Als Erbin der drei Busch-Zirkusse, als Verteidigerin eines großen Namens, als unverdrossene Erneuerin aller zirzensischen Möglichkeiten habe ich gute zwei Jahrzehnte wohl nicht ganz ohne Erfolg durchgestanden.

Dann umzog sich der Himmel. Das Zentrum meiner Unternehmungen, der Berliner Circus Busch, wurde vom Dritten Reich brutal zerstört. Ein Wanderzirkus mußte die Lücke ausfüllen. Ich lernte den Wohnwagen kennen, die Urheimat des fahrenden Volkes. Noch konnte ich mich auch in die komfortablen Direktionszimmer meiner Zirkuspaläste in Hamburg und Breslau setzen. Zehn Jahre lang. Der Weltkrieg fegte diesen letzten Besitz weg.

Und der Tag kam, an dem auch ich heimatlos wurde. Keinen Zirkusbau, kein Zelt, nicht einmal mehr einen Wohnwagen besaß die Zirkusdirektorin Paula Busch.

Auf einem Ferkelkarren fährt sie, im Straßengraben schläft sie, mit einem Blechteller sammelt sie Groschen ein – in nichts also unterschieden von der »Frau Prinzipalin«, die anno 1799 oder 1827 auf dem Dorfanger von Hintergänseschnatterhausen eine »Große acrobatische und Reitvorstellung« gab.

Dort, am nördlichen Horizont, muß Berlin liegen. Ob meine Freunde noch leben? Ob mein Haus noch steht? Ob – ob – ob ...

Im Augenblick aber ist es wichtiger, daß ich mir einen ganz gemeinen Holzbock aus der linken Wade ziehe, ehe ich mich unter dem Plattenwagen mit dem aufgeschraubten Klavier zu Bett verfüge.

SECHZEHNTES KAPITEL

Ein Zirkustreck zieht in seine geschlagene Heimat ein
Ich suche meine Schulpferde in der Dresdner Sarrasani-Ruine
Als Micaela Busch mit ihrem »Bornas« ins Orchester stürzte
Die blaue Wollhose der Frau Direktor
Die Astra-Schau-Arena im Berliner Zoo
Der Bankier mit der Goldmillion im Hintergrund
Ein Hoffnungsstern: das Berliner Planetarium
Wie der Hamburger Zirkus im Bombenregen unterging
Drei Faustschläge des Schicksals, und wieder ist alles vorbei

Vom oberen Kurfürstendamm geht eine Seitenstraße ab, die am 17. September 1945 ein seltsames Schauspiel genoß. In normalen Zeiten hätten die Überfallkommandos von ganz Charlottenburg diesem Spuk sofort ein Ende gemacht und die Verantwortlichen festgestellt.

Jetzt aber öffneten sich nur hier und da die pappvernagelten Fenster und schlossen sich gleich wieder: Jroßa Jott, die Russen sinn ja zurückjekommen! Und so froh war man gewesen, daß die englischen Besatzungstruppen diesen Teil von Westberlin übernommen hatten!

»Dieter! Marianne! Sofort raufkommen!« kommandiert eine Mutter durch den Fensterspalt. Unten, auf der Straße, wo die Kinder spielen, stehen Pferde, Rumpelwagen von zigeunerischem Aussehen, und sogar Kamele knabbern von den jungen Straßenbäumen die letzten gelben Blätter. Sowjetsoldaten also aus dem fernsten Asien! Lieber Vater im Himmel.

Sie scheinen langen Marsch und harte Tage hinter sich zu haben. Tief lassen die abgetriebenen Pferde die Köpfe hängen und beschnüffeln müde die Schuttberge nach ein paar Grünblättern der Trümmerflora des ersten Nachkriegssommers.

Pferde, Kamele, Bagagewagen stehen fast ohne Aufsicht in der leergewordenen Straße. Die Männer haben sich in ein großes Eckrestaurant zurückgezogen. Ab und zu erscheint eine wilde Gestalt an der Tür, ruft ein Kamel zur Ordnung, brüllt mit einem Pferd herum und verschwindet wieder.

Schweigend sitzen die Männer an den Tischen der Kneipe, und ihre Augen verfolgen die Tätigkeit zweier Frauen, die mit zur Kolonne gehören. In einem schäbigen Pelz, der so ziemlich alle Haare gelassen hat, trägt die eine Suppenschüsseln aus der Küche an die Tische, während die andere in abgewetzter Militärmontur dünnes Bier serviert.

Zwei Dutzend Löffel klappern, und die beiden Frauen schieben sich mit ihrem Eßnapf zwischen die Kolonne und futtern auch.

Zufriedenes Grunzen, der Rauch miserabler Zigaretten steigt auf.

Die ältere der beiden Frauen wirft ihren Löffel in die leere Schüssel, wischt sich über ihr gelbes Hungergesicht und sagt laut und vernehmlich: »Mahlzeit allerseits!«

»Mahlzeit, Madame!« erwidert es im Chor.

»Also, meine Herren«, spricht die schmale Frau weiter: »Da wären wir wieder! Der Circus Busch ist wieder in Berlin! Und darauf trinken wir die letzte Flasche Wodka von Pan Kommandant in Warmbrunn!«

Das Tablett mit den Gläsern geht reihum. Und die Chefin des Circus Busch gibt Bericht, wie es in Berlin aussieht. Bis vor die Tore Berlins hat sie den Treck herangeführt und im Vorort Marienfelde einquartiert: 52 Pferde, 10 Exoten, 12 Wagen, 40 Mann Besatzung. Dann ist sie allein im Pferdewagen vorgefahren, um festzustellen, ob es für den Circus Busch in seiner Heimatstadt Berlin ein Fortleben nach der großen Katastrophe gibt.

Denke ich an mein come back, meinen Einzug in Berlin zurück, stelle ich mir das Zigeunerlager in jener Seitenstraße des Kurfürstendamms vor, dann fühle ich noch heute, wie unbarmherzig das Schicksal mich gebeutelt hatte.

Herunter mit dem einst so stolz getragenen Haupt! Über den blechernen Kollekteteller hat es sich beugen und mit einem Vergelt's Gott! Groschen einsammeln müssen.

Und nun lege ich, wie ein Bettler einen Bettelsack, meine letzte Habe in den Schmutz dieser niedergesunkenen, tausendfach zerstörten Vaterstadt. Deren Straßen hast du in der Gummiequipage befahren, deren Bewohner sahen dich in prächtigsten Gewändern durch so viele farbenglühende Manegenschauspiele schreiten.

Nun schaust du aus wie ein versprengtes Flintenweib, und wie deine Pferde stehst du auf einer der sechstausend Straßen Berlins und bist heimatlos. Die Villa deines Vaters am Grunewald ist niedergebrannt, dein Häuschen in der Nähe, ohne Dach zudem, von wildfremden Menschen besetzt.

Heulen Sie nicht, Paula Busch! Sie haben ja draußen auf der Straße noch fünfzig Pferde stehen! Wir, liebe Dame, sind zurückgekommen mit einem Handwagen und einem geplatzten Pappkoffer.

So ungefähr werden manche meiner Leser sprechen. Geduld, meine Herrschaften, Sie werden baldigst erfahren, wie schwer diese letzte, zäh verteidigte, unter Lebensgefahr gerettete lebende Habe, dieser unbedingt nötige Grundstock für die Zukunft, mir die Nerven zertrampelt, um dann auch noch verlorenzugehen!

Ein Handwagen, ein Pappkoffer brauchen kein Futter, keinen Stall. Aber was wird aus den fünfzig Pferden, aus den Kamelen da draußen vor der Eckkneipe?

»Ob wir Sie kennen, Frau Direktor Busch!« sagten ein paar endlich aufgestöberte Herren meiner ehemaligen Bank. »Natürlich haben Sie noch ein schönes Barkonto bei uns. Aber, Sie wissen ja ... jede Banktätigkeit ist verboten. Und ihre Papiere? Wir zeigen Ihnen gern unsre Keller. Da schwimmen sie. Bei der U-Bahnkatastrophe im Mai ist das Wasser auch zu uns gedrungen ...«

Ergo: Essig mit einem Bank-à conto für Pferdefutter! Müssen also die armen, entkräfteten Schul- und Freiheitspferde anderweit ihr Geld verdienen.

Es ist reichlich komisch: Die Städtische »Fahrbereitschaft« bietet mir 2,50 Mark für jede Stunde, die ich für sie mit zwei Pferden, Wagen und Kutscher unterwegs bin. Ich mag mich über diese Offerte giften wie ich will – ich muß akzeptieren. Und ich lege wöchentlich ein paar tausend Mark zu diesem lachhaften »Verdienst«, wenn ich mich zur Futterbeschaffung in die Klauen der Schwarzhändler begeben muß.

Die Brieftasche mit meinem letzten Bargeld ist bald so entkräftet wie ich. Aber sie darf im finstersten Winkel meines Kleiderschrankes ruhen, während ich vom Morgen bis zum Abend durch das immer trostloser werdende Berlin kutschiere.

Können wir nicht doch irgendwo Zirkus spielen?

Die Frau mit dem gelben Hungergesicht und dem blankgewetzten Schafpelz klettert am 9. November 1945 in den Ruinen des Circus Sarrasani in Dresden umher.

Trude Sarrasani hat ja vor meiner Breslauer Flucht den wertvollsten Schulpferden des Circus Busch Zuflucht gewährt. Wie glücklich bin ich darüber gewesen! Wie fest habe auch ich geglaubt, daß Sachsens Hauptstadt von Bomben verschont bleiben wird.

Scharfer Novemberwind faucht durch die Rundfenster der leeren Ställe. Diese sind halbwegs verschont, der prachtvolle Zirkusbau aber ist zusammengemetzelt zu einem grauenhaften, gespenstischen Schrotthaufen.

Meine Gedanken laufen rückwärts. Ich richte im Geist die verbogenen Pfeiler wieder auf, ich füge das Mauerwerk Bogen an Bogen wieder zusammen, ich wölbe die stilvolle Kuppel wieder darüber, und vor mir steht »der modernste Zirkusbau der Welt«.

Und der Herr des Hauses tritt mir mit schnellen, kleinen Schritten entgegen. Die geschäftlichen Besprechungen haben Zeit. Wir beide sind Elefantennarren, und so geht unser Weg zu der Urwaldpracht.

Hier schreit uns die große Jenny entgegen, der Leitelefant der berühmten Sarrasani-Schaunummer, die aus mehr als einem Dutzend herrlicher Tiere bestand, und die Hans Stosch-Sarrasani stets persönlich und stets in seiner eindrucksvollen Maharadschauniform vorführte.

Aber hier im Stall stand ein andrer Mann neben mir. Wohl war der Blick fest und von jener oft ein wenig forcierten Kühnheit. Wohl klang seine Stimme ebenso heiser und gebrochen wie in der Manege. Doch über allen seinen sonst so willensbetonten Bewegungen lag ein stilles Gelöstsein. Ein beinah zärtlicher Glanz huschte über die dunklen Pupillen, ein inneres Vergnügen löste die scharfen Falten um den Mundwinkeln, eine seltsame Szene wurde zelebriert, so oft ich mit Hans Stosch-Sarrasani vor seiner Rosa, seiner Jenny, vor Mary, Prinzeß und so weiter stand.

Mir, der Vertrauten des Hauses, verheimlichte er nicht, was er jetzt tat. Und ich war diskret genug, ihn nicht nach den Gründen der mystischen Handlung zu fragen.

Er, der mit bestem Geschmack angezogene Mann, zog ein Taschentuch heraus, an dem zweierlei bemerkbar war: Dieses Schnupftuch war über die Maßen schmutzig, und in einem Zipfel war irgend etwas eingeknotet.

Nahmen wir nun unsre Elefantenparade ab, strich der Freund mit diesem zerknüllten und verknoteten Tuch dem jeweiligen Tier rasch über den Rüssel, ehe er es ansprach und sich von ihm liebkosen ließ.

»Bringt Glück, Paula!« Das war seine einzige, ein einziges Mal geäußerte Erklärung. Jeder Elefant bekam seinen Taschentuchstrich, und es schien mir, als ob die Tiere darauf warteten.

Des großen Vaters patenter und so früh verstorbener Sohn hat mir später nur eine Andeutung geben können, die das »Geheimnis des grauen Taschentuchs« ein wenig lüftete. Tatsache war, daß im Zipfel des Tuches einige Brillanten von hohem Wert eingebunden waren.

Waren sie ein immer greifbarer Notgroschen des Zirkusdirektors? Waren diese Steine der Gegenwert für erstes großverdientes Geld? Waren sie Souvenirs aus dem Elternhaus, vom begüterten Papa, der ein Glashüttenbesitzer gewesen ist?

Das Herz des ewig unruhigen, fieberhaft tätigen Mannes hat in kindhaft großer Liebe an seinen grauen Riesen gehangen, und die Magie des grauen Taschentuches sollte auch sie schützen ...

Klein, winzig klein hat der Herr von Stosch angefangen: mit Bär, Esel, Pony, Affen und mit einem Schweinchen. Und ein andrer junger Mann hat sich damals gefreut, diesem quicklebendigen Clown ein Engagement nach Rußland zu verschaffen, wo es hohe Rubelgagen gab (der Rubel war 2,2 Goldmark wert!).

Robert Wilschke hieß der junge Artistenagent, der sich bald durch seine Zuverlässigkeit, durch seinen Spürsinn für werdende Talente, durch seine weltweiten Verbindungen einen Namen machte und bei meinem Vater und mir Hausagent und Berater wurde.

Auch für Sarrasani war der liebe »Bobby« unentbehrlich. Mal ging es, mal war es völlig unmöglich, das auszuführen, was Sarrasanis Hirn ausgebrütet hatte.

Wenn der Dresdner Zirkusbesitzer das Gestrampel und das Geschrei vieler unsrer heutigen »Manager« sehen und hören würde, – ein breites Grinsen ginge über sein Gesicht: Kinder, seht euch an, was ich schon 1905 an public relations auf die Beine gestellt habe! Nicht umsonst haben 1902 Barnum & Baily in Europa gastiert – ihr gelehrigster Schüler ist ein damals ganz kleiner deutscher Zirkusfloh gewesen...

Mag manches, was aus Sarrasanis brisanzgeladener Reklamepistole kam, zu scharf den Leuten in die Ohren gegangen sein (zum Beispiel seine Offerte, in Berlin Oberbürgermeister zu spielen) – – die Posaunenstöße aus seinem Direktionsbüro waren immer von launemachender Originalität, standen abseits jeder Schablone und waren letzten Endes stets gerechtfertigt durch die hohen Leistungen des Circus Sarrasani.

Die Erfolgskurve des Dresdner Freundes stieg rapid mit seinem ersten Gastspiel in Südamerika, über das ja viel geschrieben worden ist. Und dann kamen seine Reisen nach Belgien und Holland, und am 13. Januar 1932 klingelt in Berlin schon in aller Herrgottsfrühe mein Bettelefon.

Robert Wilschke: »Verzeihung, Frau Paula, aber ich muß Ihnen von einem Blitzgespräch Kenntnis geben, das soeben einging ...«

Mir steht das Herz still: Großfeuer bei Sarrasani in Antwerpen! Elefantenstall abgebrannt! Vier Elefanten elend umgekommen! Weitere mit schweren Brandwunden geborgen!

Und wieder das Telefon! Fernamt. Eine Stimme, die ich zunächst nicht ausmachen kann. Gurgelnde Worte, Satzfetzen, dann heftiges Schluchzen und Schneuzen ... Hans Stosch-Sarrasani faßt sich und berichtet tonlos in Stichworten, wie seine geliebten Elefanten grauenvoll gestorben sind.

Ich fühle, daß dieser Schmerz nicht mit Trostworten zu lösen ist. Ich kann jetzt nur tatkräftige Hilfe anbieten: Uniformen, Sattelzeug? Was brauchen Sie noch? ... Der gebrochene Mann in Antwerpen sagt immer nur: »Danke, Paula, danke, Paula!« Er hat das Unglück tapfer ertragen und pariert.

Von der zweiten Südamerikatournee schickte er ein Kabel: »Wollen Sie unter Palmen eine Zirkuspantomime für mich arrangieren?«

Die Antwort erreichte ihn nicht mehr; im fernen Land ist Sarrasani gestorben.

Und wo sind meine Pferde?

»He – Bornas!«

»He – Märchenprinz!«

Bornas, der schokoladenfarbene Fuchs, auf dem vor Jahren Micaela Busch im Berliner »Wintergarten« vor internationalem Publikum erschien. Als sich bei der Premiere der schwere, rote Vorhang teilte, als Roß und Reiterin unbeweglich im Sonnenlicht der Bühne standen, haben die Menschen geglaubt, eine zauberische Fata Morgana zu erblicken. Erst nach Sekunden lösten sie sich aus dieser Erstarrung und überschütteten die Kleine mit den stärksten Zeichen des Beifalls. Und dabei hatte das Gör noch gar nicht gezeigt, was es als Schulreiterin taugt!

Im Hintergrund einer Loge habe ich damals gesessen und bin glücklich gewesen, daß die Lieblichkeit eines jungen Mädchens und die Vollkommenheit eines edlen Tieres noch immer die Menschen zutiefst erfreuen können.

Bornas, dieses adlige Geschöpf, trug seine federleichte Herrin mit spielerischer Kraft, gehorchte der Siebzehnjährigen auch bei den schwierigsten Passagen auf leisesten Druck, verfeinerte seine Bewegungen immer mehr in dem engen Rahmen der Varietébühne, und so umgab die beiden das Air einer diffizilen Kammerspielszene.

Mit jenem Bornas, den ich jetzt im Novembergrau suche, wäre Micaela beinah zu Tode gestürzt, als sie sich vor den Kurgästen Wiesbadens verabschiedete und dabei das Pferd steigen ließ. Winkend, lachend dirigierte die Prinzeß den Bornas über den Kokosteppich, und in der nächsten Sekunde waren die beiden von der Bühne verschwunden.

Die Musiker haben noch beiseite springen können, als unter einem schweren Pferdeleib ihre Notenständer zusammenknickten ...

Schulreiterin Micaela Busch windet sich in bösen Schmerzen auf ihrer Bahre. Aber ehe sie abtransportiert wird, will sie ihren Bornas sehen. Man trägt sie am Stall vorbei. Dem Pferd ist beim Sturz ins Orchester wunderbarerweise so gut wie nichts geschehen. Eine Hand tätschelt sein Maul, dann sinkt diese Hand herab, und ohnmächtig trägt man die lütte Mica zum Arzt.

»Was suchen Sie hier, junge Frau?« Ein Rübezahl ist aus seinem Kellergewölbe gekrochen.

»Meinen Bornas! Meinen Märchenprinz! Meine Ponys Plus und Minus! Meine Freiheitspferde ...«

»So«, sagt der Mann. »Sie sinn wohl ooch vom Zärgus«?

Wir sitzen am qualmigen Kanonenofen im Kellerreich des Rübezahl. Ich gebe ihm Zigaretten.

»Ihr Bornas is dohd. Ihr Märchenprinz is dohd. Ihre Bonnies sinn och dohd!« referiert der Alte. Und er erzählt, wie es gekommen ist. Schon bei den ersten Brandbomben, mit denen die wohl grausigste und erbarmungsloseste Bombennacht des zweiten Weltkrieges begann, hat Trude Sarrasani befohlen: Pferde raus!

Zwei treue Kutscher an der Spitze – ist die Karawane der schönsten Pferde losgezogen. Bis zur Carolabrücke sind sie gekommen – ein Volltreffer hat Menschen und Tiere zerrissen. Sie starben in den ersten Auftakten des Höllenkonzerts. Als das unmenschliche Werk vollendet war, als militärische Räumkommandos anrückten, haben diese unter Bergen von Kadavern den Leichnam eines Zirkus-Lehrmädchens gefunden.

Die kaum Schulentlassene hielt fest umschlungen den Zügel ihres Doppelponys, auf dem sie noch vor Stunden Voltige geritten hatte, und das nun mit verglasten Augen neben ihr am Brückenpfeiler lag.

»Schlimm!« beendete der Rübezahl seinen Bericht. »Nu bassn Se mal uff: een Deil von die Sarrasani-Ferde war doch in de Sächsische Schweiz ausgelacherd, newwa? Verleichd sinn da noch Ferde von Ihn' derbei?«

Ich weiß das. Und ein Zehn-Meter-Möbelwagen ist bereits von Berlin auf der Landstraße unterwegs, um die paar Pferde, die Wasserbüffel und meinen Guanako abzuholen.

Im idyllischen Dorf, hart an der tschechischen Grenze, begegne ich verlegenen Gesichtern. Meine fünf Pferde? Ja bitte – sie verdienen sich beim Bauern hinter Pflug und Ackerwagen ihr schmales Brot.

Und wo ist unser Zirkusstar, der die weitesten Sprünge machen kann? Der Guanako hockt in einer kalten Scheunenecke.

Nur meine wertvollen Büffel finde ich nicht. Raus mit der Sprache, meine Herrschaften – wo stecken die Büffel?

Aufgegessen sind sie ... Ich bin zur rechten Zeit gekommen, um Guanako und Pferde vor der Bratpfanne zu bewahren.

Am nächsten Mittag trifft aus Berlin der alte LKW mit dem angehängten Möbelwagen ein. Ich bezahle einen hübschen Batzen Kostgeld für meine Tiere, dann werden sie in den Möbelwagen verfrachtet. Eduard, der jugendliche Tierpfleger, setzt sich zu ihnen, ich klettre ins Führerhäuschen.

»Na, Herr Krickborn, werden wir's schaffen?«

»Hammse wat zu roochen?« ist die Gegenfrage des Steuermanns.

Im Unterrock steckt eine Zwanzigerpackung, in der Manteltasche sogar eine Wurst für S. M., den Herrn wilden Fuhrunternehmer. Jeden Liter Schwarzbenzin, jeden Liter Öl berechnet er mir zu märchenhaften Preisen, und jetzt will er mir für die voraussichtliche Verunreinigung seines Möbelwagens einige Hunderter extra abzwicken.

Die Steuerung der alten Mühle hat gefährlich viel totes Spiel, die Scheinwerfer leiden unter Wackelkontakt, die Seitenfenster der Kabine sind ohne Glas. Wie eine einstürzende Brücke donnert der Möbelwagen hinter uns her, und um Mitternacht knallt es entsetzlich ...

Wir halten mitten in einem kleinen Dorf. Herr Krickborn flucht. Ich steige aus und leuchte mit Zündhölzern die Bescherung ab. Die Pferde haben ein paar Seitenbretter aus der alten

Möbelkiste herausgeschlagen, obwohl der Eduard sein Bestes getan hat, sie an ihr schaukelndes Gefängnis zu gewöhnen.

Wir besehen uns den Schaden, wir beruhigen die Tiere und – wo steckt der Krickborn?

Da höre ich es leise hämmern. Aha! Aber nicht mit mir, mein Junge!

Wie ein Teufel springe ich aus dem Möbelwagen und stehe vor Krickborn: »Hände weg von der Kupplung!«

Der Mann läßt den umwickelten Hammer sinken, mit dem er heimlich den Kupplungsbolzen zwischen Auto und Möbelwagen heraustreiben wollte. Aber er schreit: »Ich hab's satt!! Ich fahr allein nach Berlin zurück! Sie mit Ihrem verfluchten Viehzeug! Und einen neuen Möbelwagen verlang ich!«

»Bolzen wieder rein! Und zwar sofort!« kommandiere ich.

»Wann weitergefahren wird, bestimme ich! ... Ich hab nämlich den Zündschlüssel abgezogen – damit Sie's wissen, Sie traurige Nuß, Sie!«

Kein Wort wahr vom Schlüsselabziehen. Doch die Sprache des Volkes tut ihre Wirkung. Wenn's sein muß, kann ich ganz hübsch massiv werden; das lernt man so als Chausseevagabundin im zweiten Jahr.

»Und nun dalli!« pfeife ich den Verdutzten an. »Im Dorf ist sicher ein Schmied. Der muß her und was auf das Pferdeguckloch nageln!«

Wie ein Zeltmeister robustester Prägung feldwebele ich durch die Nacht. Und siehe da – der schnoddrige Herr Krickborn, wahrscheinlich bei Muttern auch nur trauriger Pantoffelheld, tapst los. Jetzt erst hole ich mir den Magnetschlüssel des alten »Protos« und steck ihn in meine Joppe.

Dann setze ich mich neben Eduard zu den Tieren. Wir rauchen. Und ich muß lachen – dieser Monsieur Krickborn! Ach ja ––– die Männer, die Herren der Schöpfung ...

Wohl haben mir immer treue Freunde zur Seite gestanden. Und die Herrscherin im Zirkusreich hat auch einen Prinzgemahl besessen, der ihr das Regieren erleichterte und das Leben verschönte. Aber auch in diesem glücklichen Jahrzehnt wünschte ich die verantwortliche Chefin, das letztlich entscheidende Haupt meines fünfköpfigen Männer-Direktoriums zu sein.

Und ist das immer gut gegangen? dürften die Leserinnen dieses Buches fragen.

Nun – keiner meiner Ressortchefs hat sich durch den Dienst bei mir ein Gallenleiden zugezogen. Keiner ist von mir in die Grube geärgert worden, obwohl ich als junge Frau nicht frei gewesen bin von gelegentlichen Starrkopfanfällen, von ungestümem Drang nach Neuerungen, gegen die meine getreuen Eckarts oft mit Recht protestierten.

Einen dummen Fehler, dem »regierende Frauen« (wahrscheinlich aus seelenschlummerndem Geschlechterhaß) oft verfallen, habe ich vermieden. Nie verletzte ich wissentlich das Selbstbewußtsein meiner Mitarbeiter, auch wenn sie es ab und zu ein wenig übersteigert hatten ... Im stillen allerdings verwunderte ich mich, daß der auf Logik, auf verstandeskühle Lebensführung bedachte Mann ab und an die Selbstkontrolle verliert und sich dann der oft an den Frauen belächelten Eitelkeit hingibt.

»Brüaderl, i kenn di!« hab ich mir gedacht, wenn sich bei der Morgenbesprechung in meinem Büro gelegentlich einer zu viel Goldstaub ins Haar pustete. Meist aber sorgten die Herren gegenseitig für die nötige kalte Dusche – besonders der Regisseur Steinmann und der kaufmännische Leiter waren miteinander auf diesen Liebesdienst eingespielt.

Und noch etwas hat die Frau Direktor eines Großbetriebs nie aus den Augen gelassen: obwohl sie schwere Männerarbeit verrichtete, blieb sie eine Frau. Vermied also in Kleidung, Geste, Sprache jede Anleihe bei der Männerwelt. Ich war und bin eine Frau. Jeder blaubestrumpfte Anarchismus war mir so zuwider wie die hausbackene Biedermeierei vieler Geschlechtsgenossinnen.

Nein. Ich, die Frau mit dem zirkustraditionellen Titel »Madame«, versuchte jederzeit, nett auszusehen und mein vom Himmel gegebenes Maß an Hübschheit zu erhalten und zu pflegen, ohne an die Grenze der Affektiertheit zu geraten.

Gemäß der Schillerschen Forderung sollen die Sitten der Männer von den Frauen geformt werden. Sogar das Gemütsleben der Männer sei weitgehend mitbestimmt durch weiblichen Einfluß, meinen moderne Seelenforscher.

Nun, mir genügte es schon, wenn ich die manchmal bärbeißigen, manchmal übersteigert sorgenwichtigen Mienen meiner Herren Mitarbeiter mit dem sanften Licht einer lächelnden Freundlichkeit anleuchten konnte, wenn es mir selbst in verzwickten Situationen gelang, Charme und Ruhe zu bewahren.

Im Zirkusbetrieb gibt es verdammt rauhe Gesellen, die direkt dazu herausfordern, auf einen groben Klotz einen groben Keil zu setzen. Mich hat bei einer Stellprobe zu einem Manegestück mal ein gewaltiger Erzflegel auf die Hörner nehmen wollen bis zum tatsächlichen Angriff.

Ich habe mich nur zu den übrigen Mitspielern gewendet: »Meine Herren – hat Ihre Madame jemals so zu Ihnen gesprochen?«

Auf Antwort brauchte ich nicht zu warten. Ein paar Männer haben den Burschen stillschweigend gegriffen und rausgeschmissen. –

O lieber Himmel, was sind wir nunmehr für ›hart boiled‹ Figuren geworden! Wie ein Tratschweib vom Wiener Burgtor meiner Kindheit lauf ich umher. Wie eine Megäre muß ich den Hallodri von Lastwagenchauffeur anspringen. Wie eine alte Komitatschi-Mutter hocke ich im Dreck eines alten Karrens.

Aber – was soll die geistige Rekonstruktion der Vergangenheit, die Fixierung der momentanen kläglichen Situation! Hauptsache, wir kommen endlich weiter. Die Kälte sitzt mir in den Gedärmen.

Herr Krickborn tapst heran mit einem Großvater und verbeulten blechernen Reklametafeln, die sie von einer Scheune abgerissen haben. Mit »Bergmann-Privat« und »Barmer Sterbekasse« werden die kaputten Möbelwagenbretter vernagelt. Opa fordert bescheiden einen Hundertmarkschein für die nächtliche Konsultation und die Blechlieferung.

Jetzt fährt Krickborn manierlich. Sein erbittertes Schweigen bricht er nur einmal: »Sie, junge Frau ... von wejen den Möbelwagen ... janz mit ohne Jeld jeht die Jeschichte nich ...«

Ich beruhige den Herrn: eine ganz neue Seitenwand kriegste, mein Herz, und den Boden deines Möbelwagens lasse ich mit Eau de Cologne scheuern.

»Jüterbog!« sagt Krickborn besänftigt und deutet auf das Ortsschild.

Und »Stoj!« winkt eine Silhouette im Scheinwerferkegel. Russe mit Maschinenpistole. Hopst auf der Straße herum, reißt das scheußliche Schießeisen von der Schulter, und der Kosakenmensch kann noch lauter schießen, als wir über die Jüterboger Katzenköppe krawallen.

Denn mein Herr Krickborn hat geistesgegenwärtig dem Vater »Protos« die Sporen gegeben. Wie der leibhaftige Satan toben wir am Schilderhaus, am Schießrussen, an den Häusern der Ackerbürger vorbei. Dem Iwan und seinen Genossen mag der nächtliche Spuk vielleicht als der letzte Überrest der sagenhaften Armee Wenk erschienen sein; wir hörten sie noch ein paar Minuten wild herumballern.

Ich gedenke nicht, nun weiterhin meine Leser mit jenen Stories zu ennuyieren, die als schweißbeperlte, hungerknirschende Ouvertüre dem deutschen Wiederaufbau allerorten vorausgegangen sind.

In jedem Industriewerk, dessen Schornsteine heute wieder mächtig rauchen, hängen im Direktionszimmer die Trümmerfotos mit der Unterschrift: »Wie wir wieder anfingen!«

Der Circus Busch war noch nicht bei diesem Anfang, was das Jahr 1945 angeht. Gegen Ende dieser ersten sieben Friedensmonate sah es bei mir noch gottserbärmlich aus. Eine Tagebuchnotiz, drei Tage vor dem eisigen Weihnachtsfest, erhelle grimmig-heiter die Geschäftslage:

> *21. 12. 1945.* Ich kann heute nicht auf Pferdefutterjagd gehen, weil meine einzige Wollhose gewaschen wurde und im kalten Zimmer nicht trocken wird.

Und wie stehe ich ein Jahr später da? Der zerfledderte Taschenkalender von 1946 enthält die ebenso drastische Eintragung:

> *18. 11. 1946.* Das Futter für die einundfünfzig Pferde reichte bis gestern früh. Jetzt fressen sie nur noch Stroh. Ich sitze bei den hungrigen Pferden

und weine. Wenn die Engländer mir kein Futter bewilligen, nehme ich eine Axt und erschlage die Tiere. Und dann ab ins Gefängnis.

Leere Futtertröge und am Rand der Verzweiflung – so sah das Fazit meiner ersten Zirkussaison aus, deren Vorstellungen von den halbverhungerten Berlinern gestürmt worden sind, als ob wir markenfreie Koteletts zu verkaufen hätten.

Mittwoch, der 3. Juli 1946, 3 Uhr nachmittags: Premiere der

ASTRA-SCHAU-ARENA

im Zoologischen Garten Berlin auf einem freien Platz zwischen dem erhalten gebliebenen Affenhaus und den Trümmern des Antilopenhauses.

»Det Publikspielen haben wir ja off die Landstraße jelernt«, sagt Clown Zilias und betrachtet mit ironischem Stolz die aus der Grasnarbe ausgestochene Manege und das von uns aus Trümmerbrocken angeschüttete Amphitheater mit den wackligen Gartenstühlen, zwischen denen wir in wenig pompöser Aufmachung als Platzanweiser umhergeistern.

Ich stehe hinter einem Stück aufgespannter Zeltplane, Ersatz für die »Rote Gardine«. Neben mir macht die Wasserminna Hänschen, das Guanako, schön. Ihm haben wir beigebracht, über drei Pferde zu springen. Eine Dreiminutennummer.

»Madame«, fragt Minna und reckt die Nase über den Verschlag, »die Leute strömen. Un det Wetta sieht ooch so aus, als ob et bald strömen wird. Aba schietegal! ... Wat ick Ihnen frachen wollte, Madame: Sie werden sich nich mehr offn olln Radebrecht besinnen können? Ick hab ihn noch als Kind erlebt, den fein' Pinkel, wenn er wie'n Fridericus sein längsta Fahnträcha mit de Jasanzündestange in de Manege vom Circus

Astra-Schau-Arena
Der Circus Busch spielt wieder

Busch inmarschierte ... Lackschuhe, weißseidne Schtrümpe, dito Handschuhe, feuarota Frack mit Joldknöppe un eene gravitätische Art am Leibe, als ob er nich die zehn Kronleuchta ansteckt, sondern die janze himmlische Milchstraße persönlich in Betrieb setzen müßte. Der olle Radebrecht ...«

»Kämm dein Hänschen, Minna! Was geht uns der olle Radebrecht an, wo wir hier überhaupt keinen Strom bewilligt bekommen!«

Minna bleibt in vergangenen Zeiten: »War dat scheen un feialich, wie vor fufzich, sechzich Jahre eene Zirkusvorstellung losjing! Wie bei eene Weihnachtsbescheerung! ... Det Publikum wurde von unsre hochherrschaftlichen Diener in Empfang jenommen, als käm' et offn Schloß ... die Herrn mit de Frackmäntel un Zylinder oda in Jala-Uniform ... un och die Fraun off de Ränge hatten ihr Schwarzseidnes anjezogen ... halt doch schtille, Hänseken, wenn ick dir 'n Scheitel ziehe ... sie haben eben Respekt voreinander jehabt: die Zirkusbesucher un de Zirkusleute ... un wenn nun alles vasammelt war un der olle Radebrecht mit die festliche Illumination fertich war ...«

Die Wasserminna pustet den Kamm aus und sieht sich seufzend um: »... wie offn Jahrmarkt is et hier ... ick seh ihn noch, wie er rinnkommt, unsa Kommissionsrat Busch ... wie er wirdevoll off seine Loge Eins zujeht, wie er an de Bristung tritt un sich vabeucht ... nach links, nach rechts un ruff zu de Ränge. In de Logen vabeuchen se sich ooch, oben in de Ränge klatschen sie ... und nun breitet der Rat seine Frackschwänze auseinanda un setzt sich ... un wie nun allet sitzt un allet mucksmäuschenschtille is, da nickt er zu de Musiker un nun jings los ... Det war noch eene Zirkusvorstellung! ...«

Ich weiß das alles so genau wie die in der Vergangenheit versponnene Minna. Aber ich muß alle strahlenden Erinnerungsbilder verwischen, alle Sonnen glücklicher Zeiten auslöschen – die Sonne dieses 3. Juli 1946 ist viel wichtiger.

Noch hält sie die schwarzen Regensäcke am Himmel in Schach, und unser lüttes Familienprogramm schaukelt sich ein: eine kleine Reiterei, Fräulein Else Jädicke als Schulreiterin, die Kamele laufen mal nach rechts, mal nach links durch die Manege, der Zauberkünstler Recha arbeitet als »Teufel im Frack«, Priëto macht Spaß mit seinen zwei spanischen Eseln, und der Beifall prasselt.

Beifall von der Lebensmittelkarte V (Hausfrauen, 1550 Kalorien), von der Karte III (1630 Kalorien) und Karte II (2050 Kalorien). Hungerschwach, mit hohläugigem Blick saßen meine Berliner in der stechenden Sonne, rührten in mitleidiger Begeisterung für die klapprigen zwei- und vierbeinigen Artisten die knöchernen Hände, und wie gern, wie gern hätte ich zur Feier des Tages jedermann eine Bockwurst mit Salat (895 Kalorien) spendiert!

Statt dessen platzte ganz unvermutet ein Regensack über uns. Frau Lina Panzer steht allein mit ihren singenden und auf Kommando sprechenden Papageien in der Arena. Die tausend Besucher stürmen das Affenhaus, im weiten Umkreis das einzige Gebäude mit einem Dach. Schimpfend kippen die Musiker das Wasser aus ihren Trompeten und stellen sich unter die Bäume.

Das hat sich in der Saison 46 oft wiederholt, und niemals ist es mir bei einer Kartenstelle oder bei einem Bezugsamt gelungen, ein paar Wischlappen fürs Abtrocknen der nassen Stühle zu bekommen. Und selbst über Clopapier verfügte die deutsche Armut nicht.

Anno 47 schenkte mir der Himmel für das zweite Zoogastspiel ein Zelt. Das heißt: gegen eine tägliche Pachtsumme von tausend Reichsmark verfügte ich über ein altersschwaches Chapiteau, das schon vor der Premiere ein kräftiger Frühlingswind auseinanderriß.

Als zweite Kostbarkeit hatte ich mit Tagesgage von fünfhundert Mark eine der damals in Deutschland selten gewordenen Raubtiergruppen engagiert.

Und als weitere Glanzpunkte des Programms konnte ich Bruno Fritz in einer einfach umwerfenden Soloszene und dazu eine kleine Revue bieten, die aus der Feder des späteren »Insulaner«-Chefs Günter Neumann stammte.

Da aber in Berlin noch nirgends ein Schornstein rauchte, da das Pfund Mehl außerhalb der Karten bereits zwanzig Mark kostete, da sich der Sparstrumpf der Bevölkerung geleert hatte, mußte ich mein großes Programm zu kleinen Preisen verkaufen. Und von jeder Karte war eine Mark an den Zoologischen Garten als meinen Herbergsvater abzuführen. Einige hunderttausend Mark hat der Circus Busch von 1946 bis 1948 dem Zoo eingebracht und damit zu dessen Wiederaufstieg kräftig beigetragen.

Im Nachkriegsjammer hat wohl jedermann eine ganze Kollektion Hoffnungssterne besessen, ohne die sich ja damals gar nicht leben ließ.

Natürlich wärmte auch ich mich an großen und kleinen Hoffnungsstrahlen, und am Montag, dem 30. September 1956, abends gegen ein halb zehn Uhr schien ein Komet des Glücks auf mich zustürzen zu wollen.

Der Abend ist mild, und im Umkreis des Bahnhofs flüstern die Schwarzhändler im Licht der wenigen Laternen.

Mein Sekretarius Günther, ein breitschultriger Mann mit guten Fäusten, hat im bindfadenverschnürten Pappkarton die Tageskasse unterm Arm und sieht mit Blazer und Halstuch selbst aus wie einer von der Kolonne, bei der man Revolver, Rauschgift, Fett und Zigaretten zu Räuberpreisen einhandeln kann.

»Sie, Günther ... die Schieber scheinen hier eine Art Depot zu haben?« Wir stehen vor den Mauerresten des Berliner Planetariums, das 1926 erbaut worden ist. »Das wäre doch was für uns? Für ein Hippodrom, für ein kleines Zirkusvarieté? Dann wüßten wir doch, wohin im Winter!«

»Nee, Frau Paula! Die Bude dürfte gänzlich hin sein! Schon weit vor Kriegsende ist da ein abgeschossenes Flugzeug rinngestürzt, und das übrige haben die Bomben versorgt ...«

»Aber die Grundmauern stehen doch noch? Und das Netzwerk der Kuppel ließe sich schließlich auch wieder flicken! Morgen beschnuppern wir den Bau!«

Doch jetzt müssen wir uns verziehen; die Schwarzhändler wollen an und in ihrem Hauptquartier ungestört sein.

Meine Fachleute geben mir recht: aus der Ruine des Planetariums ist noch etwas zu machen. Und nun wird das zuständige

Bezirksamt berannt: Paula Busch möchte jene Trümmerstätte pachten, die einmal ein kleiner Tempel der Wissenschaft gewesen ist. Im Berliner Planetarium am Zoo haben jährlich über eine Viertelmillion Menschen bei vierzehnhundert Kurzfilmen, bei siebzehnhundert astronomischen Vorträgen gesessen.

Schon im Dezember 1946 habe ich eine Baulizenz. Die Stadt kann ja nichts mit dem kleinen Rundbau beginnen (bis heute hat Berlin noch kein neues Planetarium!). Die Stadtverwaltung kann nur begrüßen, wenn private Initiative ihr beim ersten Wiederaufbau behilflich ist.

Wie aus einem verfallenen Gasometer pumpen die Requisiteure des Circus Busch das Wasser, und unsre Pferde müssen die Flugzeugreste und den Trümmerschutt abfahren.

»Arme Irre!« sagen die Bekannten zu mir, muß ich mir selber sagen. Wenn mir ein Schuhband reißt, muß ich es durch ein Stück Bindfaden (in Tinte eingefärbt) ersetzen, denn nicht einmal einen lumpigen Schnürsenkel gibt es in der ganzen Viertelmillionenstadt Berlin zu kaufen. Und ich maße mir an, eine elegant-intim ausgestattete Unterhaltungsstätte mitten in das Herz des einst so großartigen Berliner Westens zu zaubern!

Vater, guter Vater Busch – hast du nicht auch einmal sehr kühn alles auf eine Karte gesetzt?

Wie war es, als du vor dreiundfünfzig Jahren in deinem Holzbau zu Köln am Rhein den Besuch eines enthusiasmierten Zirkusfreundes empfingst? Der Herr hatte schon viele Abende hintereinander deine herrlichen Pferdedressuren bewundert. Der Herr machte dir jetzt einen Vorschlag, der dir den Atem verschlug:

»Also, verehrter Direktor Busch – hören Sie! Ein Monarch regiert nicht in der Hütte. In jeder Gastspielstadt bauen Sie sich für dreißigtausend Mark ein Holzprovisorium und müssen es dann stehenlassen. Das ist doch Wahnsinn! Und im übrigen gehören Sie nach der Reichshauptstadt! In Berlin muß der modernste Zirkus Europas stehen! Was, schätzen Sie, betragen die Baukosten?«

»Eine Million Mark!« hat mein Vater seelenruhig geantwortet und hinzugefügt: »Berlin, werter Herr, ist meine Vaterstadt. Berlin wird einen Traumpalast von Zirkus besitzen! Aber erst in fünf oder zehn Jahren!«

»Nein! In zwei Jahren!« hat der Fremde bestimmt.

Es war der bekannte Bankier Albert Simon, und sechs Wochen später hat er den Zirkusdirektor Busch zu einer Abschlußbesprechung ins Hotel Continental am Bahnhof Friedrichstraße gebeten.

Unter Führung der Darmstädter Bank stellten drei Großbankiers im Vertrauen auf die überragenden Fähigkeiten des Direktorenehepaars Paul und Constanze Busch ein sofort verfügbares Kapital von einer Million Goldmark bereit ...

Und Vater Busch saß schon am nächsten Tag im Preußischen Finanzministerium und handelte ein zentral gelegenes Pachtgelände an der Spree aus, in nächster Nähe des Lustgartens, des Schlosses, des S-Bahnhofes Börse.

Mit einer Million Mark Schulden hast du deine Berliner Karriere begonnen, Vater! Mit welchem Sorgenherzen magst du vor den schnell wachsenden Baugerüsten des neuen Zirkus gestanden haben? Wie wirst du in den ersten Jahren Nacht für Nacht die Kassenrapporte überprüft haben – langt es für den Zinsendienst und für allmähliche Rückzahlung des riesigen Kapitals?

Das große gefährliche Wagnis ist dir geglückt, lieber Vater. Am zehnten Jahrestag der Gründungssitzung hat im Hotel Continental in Berlin ein Souper stattgefunden, und vor deinem Platz stand, in Silber getrieben, das Abbild deines Lieblingspferdes. Auf derart charmante Art haben dir deine Geldgeber gratuliert, daß du an diesem Tag alleiniger Besitzer des Millionenobjektes geworden bist.

Keinen Palazzo mit weitleuchtender Kuppel kann ich errichten. Keine Bank- und Börsenfürsten drängen mir ihren Reichtum auf. Keine Bauunternehmer überschütten mich dienstfertig mit ihren Kalkulationen.

Ich baue meinen zirzensischen Musentempel sozusagen aus der hohlen Hand auf. Aber ich habe ja in den letzten Jahren gelernt, Fährten zu wittern und sie zäh zu verfolgen. Ich rieche es förmlich, in welcher Straße Berlins, auf welchem Dorf der Umgebung für meine armen Pferde ein paar Zentner Heu oder auch nur Sägespäne zu Phantasiepreisen käuflich sind.

Entwickeln wir also auch einen sechsten Sinn für die Be-

Sowjetische Soldaten als Besucher der Astra-Schau-Arena im Zoo

schaffung von Baumaterialien, Clobecken, Dampfkesseln, Elektromotoren für die Belüftung und Scheinwerfern!

Und nun wechseln in meinen Taschenbüchern von 46/47 die Notizen von Triumphen und Backpfeifen:

> »Fahre bei sechs Fouragefirmen vorbei und habe am Abend nicht mehr als zweieinhalb Zentner Häcksel für meine fünfzig Pferde zusammen! Ich kann vor Angst keine Nacht schlafen.«
>
> »Heute schlossen die Dachdecker die drei größten Löcher in der Kuppel des Planetariums. Allein die nötigen Zigaretten kosten ein kleines Vermögen ...«
>
> »Sechs Sack Futter aus Seegefeld geholt. Ich erhielt sie von dem edlen Menschen L. ...«
>
> »Halleluja! Treue Verwandte bringt mir aus dem Harz meinen sorgfältig versteckten Nerzmantel zurück. Diesen sofort an Amerikanerin verkauft, denn ich brauche dringend Geld für Pferdefutter und für Dachbretter (Kassenraum Planetarium).«
>
> »Russen beschlagnahmen alle Melasse für Schnaps ... Alliierte Dienststellen wollen mir keine Futterscheine mehr geben. Deutsche Kinder brauchen keinen Zirkus, meint ein Höherer Offizier ...«
>
> »Das Wunder ist geschehen – aus dem Spreewald habe ich tatsächlich zwei LKW mit Brettern heil nach Berlin gebracht. Jetzt ist Holz da für Dach, Türen, Podium in ›meinem‹ Planetarium. Mit dem Bezirksamt wird Pachtvertrag für zehn Jahre besprochen.«

Am Mittwoch, dem 5. Februar 1947, bin ich in Hamburg. Dicke Staubwolken wälzen sich vom Zirkusweg hinüber zur Reeperbahn, und den ganzen Tag über zittern dumpfe Explosionen durch die Luft.

Ich stehe mit dem Taschentuch vor dem Mund in diesen grauen Nebeln und sehe fassungslos zu, wie der letzte meiner drei Riesen endgültig stirbt: die Umfassungsmauern des Hamburger Circus Busch werden wegen der drohenden Einsturzgefahr umgelegt. Bei dem Großangriff auf Hamburg am 24. Juli 1943 war der Zirkus zerstört worden.

Als 1935 die Spitzhacken der Berliner Bauarbeiter mir direkt ins Herz fuhren, als ich in wochenlanger Qual miterlebte, wie der Circus Busch in Berlin sinnlos zerschlagen wurde, da habe ich die Stätte meiner Kindheit und den Mittelpunkt meiner Lebensarbeit verloren.

Heute aber, an diesem milden Februartag, versinkt im grauen Staubmeer eines Trümmerfeldes die Sonne meines Daseins.

Denn mit Birkengrün, Frühsommer und göttlicher Sonne begrüßte die Freie und Hansestadt uns, wenn wir alljährlich zum Derby unsren Hamburger Zirkus mit festlicher Premiere eröffneten.

Leuchtendweiße Sommerkleider, mohnrote Sonnenschirme, blumengarnierte Sommerhüte mit heliotropfarbenen Schleiern – so wogte vor den Hamburger Zirkusportalen ein farbenglühendes Bild, gleich einem Gemälde von Signac oder von Paul Baum, den Meistern des Pointillismus ...

Flutete dann dieser Farbenstrom der Sommerheiterkeit in die kühlen Vestibüle, wurde er dort flankiert von schwerduftenden Fliederzweigen, von Goldregen, von Maiengrün, von überaus festlicher Lichterpracht.

Wie in Berlin, so saß auch in Hamburg die exklusive Gesellschaft in den Logen des Zirkus, und Gegenspieler zu ihrer ein wenig steifen Würde waren die exotischen Gäste in märchenhaften Gewändern und oft mit so temperamentvollen Beifallskundgebungen, daß die Vorstellung ins Stocken geriet.

Die vier Monate in unserem Hamburger Zirkus – sie waren unsre Sommer- und Sonnenzeit gewesen, unsre »Ferien« in einem Beruf, der keine Ferien kennt. Denn im Hamburger Haus mußten ja schon wieder die Proben für die Berliner Wintersaison beginnen. –

»Geschwaderanflug von der Nordsee und vom Westen. Geschwader auch vom Süden her!« hatte der Drahtfunk am Ende einer heißen Juliwoche des Jahres 1943 verkündet. Die Uhr zeigt 22 Uhr 30 an diesem Sonnabend, dem 24. Juli.

Vor Jahresfrist hat Hamburg die letzten Großangriffe erlebt. Seitdem gab es zwar oft Alarme, aber man nahm sie nicht mehr sehr wichtig.

Im Zirkus läuft eine Revue »Sonnenschein für alle!« Der

Bunker schluckt im Handumdrehen die dreitausendfünfhundert Besucher, die nach dreiviertelstündigem Warten ungeduldig werden und heimwollen, da der Drahtfunk meldet, daß die Geschwader zur Ostsee drehen.

»Kiek man rut!« drängen die Leute.

Da bricht die Hölle los, und schon eine halbe Stunde später flüstern die Bunkermenschen erregt: »Dat stinkt nach Rook!« Aber keiner kann riskieren, nur für eine Minute auf Schleichpatrouille zu gehen ...

In dieser Nacht und in den weiteren sechs Angriffen bis zum 3. August sind auf Hamburg 25 000 Sprengbomben, 3 Millionen Stabbrandbomben, 85 000 Phosphorbomben, 500 Phosphorkanister, 1200 Luftminen niedergegangen und haben 50 000 Menschenleben vernichtet.

Der Circus Busch, unsre geliebte Sommerresidenz, ist mit Phosphor übergossen worden. Die Feuerbäche sind auf den Wellblechdächern der Seitengebäue ins Innere des Zirkus gelaufen, haben die Sitzeinrichtung, den Fundus, das hölzerne Dachwerk der Kuppel von allen Seiten ergriffen, und früh morgens um einhalb vier Uhr ist im Feuersturm der Prachtbau zuammengesunken, den Ernst Renz einst erbaute, Paul Busch zu neuer Blüte gebracht hat, und den seine Tochter noch wenige Jahre zuvor mit einer halben Million Mark Kosten modernisiert und zu Deutschlands einzigem Zirkusvarieté ausgebaut hatte ...

Und nach seinem gigantischen Feuertod hat der Circus Busch seinen Hamburgern, die ihn vierzig Jahre lang als ureigensten Besitz betrachtet haben, noch einen Liebesdienst erwiesen.

Schon am nächsten Tag – die Trümmer waren noch nicht ausgeglüht – konnte die obdachlose Bevölkerung ringsum zu unsrer Wassermanege kommen, wenn sie mit dieser letzten Gabe ihres Zirkus Kaffee und Kartoffeln kochen wollte.

Der Zirkusriese ist tot, das Zirkusbaby wächst heran: ich feiere Richtfest im Planetarium, das nunmehr tatsächlich wieder ein heiles Dach, stabile Türen, Heizung und Entlüftung besitzt.

Paula Busch »organisiert« Futter für ihre Tiere

Jedes Paket Nägel, jedes Türschloß, jeder elektrische Schalter mußte irgendwo organisiert werden, kostete das Zehn- oder das Fünfzigfache seines regulären Preises.

So blank bin ich noch nie in meinem Leben gewesen wie im Frühjahr 1948!

Aber Geduld! Zwei Goldadern werde ich anschlagen können: im Zoo beginne ich diesmal vor dreitausend Zuschauern, die in einem beinah friedensmäßigen Chapiteau sitzen und ein beinah friedensmäßiges Weltstadtprogramm sehen werden.

Und wird es im Zelt herbstlich ungemütlich, soll der neue stabile Kleinzirkus (fünfzehnhundert Sitzplätze) die Pforten öffnen und als Varieté und Hippodrom Geld bringen.

Paula Busch ist aus dem ärgsten heraus. So denkt sie, diese ewig hoffnungsfrohe Frau.

Hereinspaziert! »Fünfzig schöne Frauen im Roten Ring« begrüßen am 1. Mai 1948 das Publikum zur Zoopremiere, und fortan müssen an vielen Tagen drei Vorstellungen angesetzt werden – so strömt Berlin zum Circus Busch.

»Ick weeß nich, Madame«, sagt an einem schönen Maiabend die Hauptkassiererin beim Geldscheinbündeln, »ick weeß nich – wie Dreck schmeißen die Leute ihr Geld raus! Und wenn wir für dieses Jeld Futter oder sonstwas kaufen wollen, stellen sich die Lieferanten quer und haben nischt!«

Und fünf Minuten später holt mich der Stallmeister zu den Pferden: »Mit dem Futter, das uns bewilligt wird, geht's nicht mehr weiter, Madame! Hier, sehen Sie: die Isabella und den Bento, die krieg ich nicht wieder hoch ... Und alle werden sie uns eingehen! Blankes Gift, dieses Mischfutter mit dem Fußmehl dazwischen!«

Auf nacktem Boden – denn schon lang gibt's kein Stroh mehr – wälzen sich die beiden unglücklichen Pferde.

Ich stopfe eine Aktentasche voll mit Papiergeld und fahre nun täglich zweimal auf Betteltour. Und wenn ich auch nur einen halben Zentner Hafer aufspüre, gehe ich im Stall von Stand zu Stand und bringe auf der Blechschüssel jedem Tier seine fünfhundert Gramm Himmelsspeise ...

Noch steht die Sonne des Jahres 1948 nicht im Zenit, da

bricht das Unheil los, das meine dreijährige Aufbauarbeit mit drei harten Schlägen hinwegfegt.

Die beiden ersten erleide ich mit zwei Millionen Mitbürgern – Westberlin wird blockiert, ist abgeschnitten von aller Welt. Doch schon donnern die amerikanischen Lufttransporter über uns. Wir Menschen können weiterhin auf unsre Lebensmittelkarten das Nötigste kaufen.

Aber wird man in dieser zernierten Stadt noch Futterscheine einlösen können? Futterscheine für zweiundfünfzig Tiere? Oder naht die Sterbestunde für diese edelblütigen Geschöpfe, die mir geduldig gefolgt sind über die schneeverwehten Landstraßen Schlesiens, durch die typhusverseuchten Dörfer, durch das ganze hungervolle Nachkriegsdasein?

Jetzt jagen sich die amtlichen Verordnungen. Vergnügungsbetriebe ohne Speisenabgabe sollen schließen. Die Gaszuteilung wird um fünfzig Prozent gekürzt. Elektrischer Strom nur noch an Haushaltungen und nur vier Stunden am Tag.

Dicht neben dem ersten Vernichtungsblitz geht der zweite auf mich nieder. Für Berlin ist die Währungsreform eine nicht nur schmerzhafte, sondern auch äußerst turbulente Prozedur.

Ostberlin kontert die DM West, schiebt in den Währungswirrwarr seinerseits ein neues Geld: die Kupon- oder Tapetenmark. Vier Wochen lang leben diese komischen Geldscheine, dann müssen wir uns tagelang anstellen, um sie in Ostberlin gegen neue Erzeugnisse der dortigen »Deutschen Notenbank« einzutauschen. Das Kursverhältnis zwischen West- und Ostmark verschiebt sich täglich.

Zirkus geschlossen. Zirkus wieder eröffnet nach dreiwöchiger Pause. Publikum bringt »altes« Geld, Musiker und Artisten wollen »neues«. Lichtkontingent erlaubt nur vier Spieltage in der Woche.

Eine Frau zwischen Zirkuspracht und Zirkusnacht. Die Zirkusnacht wird immer finsterer ...

Und Mittwoch, den 30. Juli 1948, werde ich vollends in den Abgrund geschleudert.

Zum dritten Mal versuchen britische Pioniere ihre Sprengkunst an dem gewaltigsten Bunker Berlins. Er steht am Bahnhof Zoo, er ist eine Betonfestung, ein Zementgigant, der auch den schwersten Luftangriffen gleichmütig standgehalten hat.

Diesmal spicken die Briten das Ungetüm mit Sprengladungen wie einen Hasenbraten mit Speck, und wenn es auch an diesem Julitag nur zum Teil zusammenstürzt – ein Totalerfolg ist ein paar hundert Meter weiter zu verzeichnen.

Mein »Winterzirkus«, das von mir mit letzten Barmitteln, mit tausend Mühen und Sorgen aufgebaute Schmuckkästlein ––– der wiedererstandene Sternentempel ist abermals ein Trümmerhaufen.

Das Schicksal hat mich ausgezählt. Ich liege endgültig am Boden. Westberlin hatte zu jener Zeit sechs Wochen Blockade hinter sich und wird noch elf Monate in lebensgefährlicher Umklammerung vegetieren müssen. Soeben wird bekanntgegeben, daß man als Winterheizung je Haushalt mit einem Viertelzentner Steinkohlen und drei Kasten Holz auszukommen habe. Und die Arbeitslosigkeit wächst.

In dieser zerteilten Riesenstadt, in der noch vor Sonnenuntergang die Straßenbahn stillgelegt wird, in der man sich bei Kerzenlicht zur Arbeit fertigmacht und die Trockenkartoffelschnitzel röstet, hat jeder, jeder sein gewaltiges Päckchen zu tragen.

Doch trotzdem – das Berliner Herz ist nicht blockiert, ist nicht abgeriegelt. Es läßt mich spontan seine Wärme fühlen. »Paula und ihre armen Ferde« – darüber wird nicht nur mitleidvoll debattiert, nein, man versucht zu helfen.

Ein Muttchen im schlohweißen Haar überreicht mir die dritte Dekade ihrer Brotkarte: »For Ihre Tiere, Frau Direktor! So 'ne Ollsche, wie ick bin, braucht nich mehr so ville zu essen!«

Die Schrebergärtner schicken aus ihren Kolonien regelmäßig Möhrenspenden: »Wenn eure Pferde auch kein Futter mehr haben, sollen sie wenigstens etwas Kompott bekommen!«

Hausfrauen schieben pfundschwere Tüten mit Küchenabfällen durch die kleinen Fenster der Kassenhäuschen. Täglich und stündlich rücken ganze Kolonien von »Grashüpfern« an, wie ich die Schulkinder nenne, die dicke Rundsäcke mit »handgemähtem« Gras heranbuckeln. Sie dürfen in den Stall kommen, sie wählen sich ein »Patenpferd« aus und verschwinden eilig wieder, um ihrer »Cordula« oder ihrer »Mary« fix »noch wat for's Abendessen« zu verschaffen.

Keiner der Jungberliner spekuliert auf Freikarten. Ein Händedruck von »Tante Paula« macht sie stolz. Ich sorge dafür, daß zur Fütterung Unbrauchbares diskret, und von Kinderaugen unbemerkt, beiseite gebracht wird. Denn Flaschenhülsenstroh und Seegras aus altem Kanapee sind für Lipizzaner schwer verdaulich.

Ein Zentner Heu, irgendwo schwarz ergattert, kostet vierzig Westmark. Ich kaufe zusätzliches Futter zu jedem Preis und verkaufe ohne Wimpernzucken meine letzten Pretiosen. Vielleicht ist morgen oder nächsten Sonntag die Blockade zu Ende.

Davon träume ich oft, wenn ich sorgenschwer eingeschlafen bin. Ich träume, wie ich all meine Schönen – die Rappen, Füchse, Falben, Schimmel – in der Manege versammle. Überschlank sind die Leiber der Pferde, scharf hat der Hunger ihre edlen Stirnen zerdrückt, fiebriger Glanz brennt in den dunkelgroßen Augen, schnuppernd umdrängen mich die Samtmäuler.

Ich aber lache fröhlich, so träume ich. Ich klatsche dreimal in die Hände. Und was geschieht?

Aus der Zeltkuppel prasselt plötzlich ein Hagelwetter in die Manege. Aber es sind goldene Hagelkörner ––– guter, allerbester Hafer regnet auf uns herunter! Ohne Aufhören schüttet, rieselt, trommelt der Hafersegen.

Und die Logen ringsum sind volle Futterkisten geworden, und meine ausgehungerten Pferde umstehen sie und fressen prustend, laut mahlend, übermütig wiehernd Hafer, Hafer, Hafer.

Ich aber schüttle mir in meinem schönen Traum lachend den Hafer aus dem Haar, nehme die Röcke hoch, wate durch das Hafermeer und setze mich hinauf in den Rang, wo ich mit seligem Auge das Festmahl der Pferde, die Erlösung aus höchster Not betrachte ...

In solche Märchenträume rettete sich oft meine zerquälte Seele. Sollten sie Stärkung oder gnädiges Narkotikum für das grausame Ende sein, das mit den Herbststürmen nahte?

Am Sonntag, dem 19. September 1948, verbrauchten wir zur Abendvorstellung die letzten Kilowatt der uns zugestandenen minimalen Strommenge. Dann war es aus.

Der Circus Busch ist eines der vielen Blockadeopfer Berlins geworden. Durch die Vernichtung des Planetariums ist auch seine Zukunft auf ungewisse Zeit zerstört.

Bis zur Neige soll der Kelch geleert werden; seine letzten Tropfen lähmen mich wie Herzgift: ich muß mich von meinen Pferden trennen, wenn ich sie nicht dem Hungertod überantworten will.

Wo ich auch vorspreche und kniefällig um ein Minimum von Futtermitteln bitte – ein bedauerndes Kopfschütteln ist die Antwort. Westberlin, nur durch die Luftbrücke am Leben erhalten, muß sich auf einen gefährlichen Blockadewinter einrichten.

Auch in der Erinnerung schreibt es sich nicht leicht nieder, was mir damals zu tun übrigblieb. Für mich ist ein Abschied von den Tieren gleich bitter wie der von Menschen. Abschied von den Sachgütern der Welt habe ich in den letzten Jahren oft und oft bestehen müssen. Er schlägt mir nicht mehr unheilbare Wunden.

Aber dieser Oktober 1948! Ich laufe im Herbststurm durch den abgeholzten, jämmerlich mißhandelten Grunewald. Ich setze mich ins tote Gras, ich blicke auf die Überreste des toten Waldes, auf die Baumstümpfe, die seine Grabmäler sind.

Und ehe die Dämmerung sich vollendet, schreibe ich eine Reihe von Namen in mein Taschenbuch. Die Schriftzüge schwimmen auseinander, ertrinken in Tränen, die ich so heiß nur an der Bahre des Vaters geweint habe.

Dann aber stecke ich mit festem Griff das Buch in die Manteltasche.

Sie werden rasch und schmerzlos sterben, meine Ältesten im Stall des großen Hungers. Ihre stolzen Häupter sollen nicht die Kutscherpeitsche fühlen, sie werden nicht vor einem Kohlenwagen kraftlos zusammenbrechen, nicht für halbes Futter in eine Altersfron gehen, zu der sie Gott nicht erschaffen hat und die langsamen, qualvollen Tod bedeuten würde.

Eine frostklare Mondsichel steigt auf, liegt über dem Friedhof der Baumstümpfe, und im Geisterlicht des Mondes wandre ich dem finsteren Charlottenburg zu.

Das Buch in der Tasche – es enthält keine Todesurteile. Mit festem Herzen werde ich meinen Alten, Getreuen den letzten Liebesdienst erweisen. Niemals habe ich mir früher müde, nicht mehr zirkustaugliche Pferde brutal vom Hals geschafft. Vater und ich sahen es als eine Selbstverständlichkeit an, unsren Treugedienten ihr Gnadenbrot bis zu ihrem Ende zu geben.

Nicht alle meine schönen Pferde müssen sterben. Ich finde in letzter Minute Wege, die noch kompletten Gruppen befreundeten Zirkussen zu übermitteln.

Obgleich sie selbst in Futtersorgen für ihre Tierbestände fast erstickt, kommt mir auch die warmherzige, kluge Direktorin des Berliner Zoologischen Gartens zu Hilfe. Dr. Käte Heinroth, mir schon lange freundschaftlich verbunden, nimmt meine Kamele, und auch der Guanako gehört nunmehr dem Zoo.

Im In- und Ausland erscheinen ausführliche, respektvolle, sehr mitfühlende Nekrologe für den Circus Busch.

Rapid und hoch hinauf – so las ich an einer Stelle – sei dieser Komet gestiegen und durch mehr als ein halbes Jahrhundert sei er in unvermindertem Strahlenglanz über den zirzensischen Himmel gezogen, bis er in den Nebeln der Kriegs- und Nachkriegszeit versank.

Mit vielen Federn der internationalen Journalistik bekannt, bedankte ich mich überall für die guten Abschiedsworte.

Dem lieben Dr. St. aber, dem Sternenkundigen, schrieb ich: »Rechnen wir damit, daß es auch wiederkehrende Kometen gibt! Vielleicht ist der Circus Busch einer, wie der berühmte Enkesche Komet, von dem ich in der Zeitung las, daß er in drei Jahren und vier Monaten wieder der Sonne näherkommen und aufleuchten wird ...«

Diese Hoffnung, geschrieben im November 1948, hat sich auf Wochen genau erfüllt.

SIEBZEHNTES KAPITEL

Tigerbaby als blinder Passagier bei PAA
Der Zirkus ist zweihundert Jahre alt,
wie kommt er über das dritte Jahrhundert?
Naturkundemuseum auf Rädern
Nicht nur Pferde, sondern auch Sperlinge
werden großstadtselten
Vom Kleiderrausch einer Frau
Ernst Reuters Telegramm zum Comeback
Elefant Tine setzt den Schlußakt bei der Premiere von 1952
Die Krawatte des Polizeipräsidenten
Mitternachtsgespräche mit der Wasserminna

»Ausgezeichnet, Professor! Sie kommen mir gerade recht! Ich brauche Rückendeckung!«

Der Professor Dr. N. setzt sich leicht verwundert neben mich. Wir haben noch zehn Minuten Zeit bis zum Abflug. Im Rhein-Main-Flughafen herrscht Hochbetrieb, und der Frühlingszauber dieses 10. Mai 1952 hat den Damen am Mikrophon besondere Stimmbänderkraft gegeben. Schrill wie die Heidelerchen jubeln sie alle zwei Minuten an unser Ohr, daß Mister Peppermint aus Madison noch immer nicht an der Abfertigung erschienen ist.

»Hoffentlich geht alles gut!« seufze ich und deute hinaus auf unsren Silbervogel, der soeben getankt wird.

»Leiden Sie an Luftkrankheit?«

»Nö, lieber Professor. Ich nicht. Aber vielleicht meine Konterbande ...« Ich deute auf meinen schwedischen Reisebeutel, der zwischen uns steht und dessen bauchige Seiten öfter konvulsivisch zucken.

»Konterbande?« Der Professor beugt sich unauffällig nieder, befühlt die Tasche, schnuppert.

»Felis tigris?«

»Felis tigris Bengalis!« bestätige ich. »Drei Wochen alt. Die Mutter nimmt ihn nicht an. Deshalb muß er nach Berlin. Unsre Freundin, die Tierärztin v. M., muß ihn hochpäppeln!«

»Und wenn wir im Flugzeug erwischt werden? Ein Tiger in der Kabine! Panik! Notlandung im Luftkorridor!« Hinter der pompösen Hornbrille funkeln die lustigen Augen eines Mannes, der auch im Grauhaar jung geblieben ist.

»Das Baby gehört zu Ihnen, Professor! Ich bin nur Ihre Sekretärin. Sehen Sie zu, wie Sie fertig werden!

»Na, dann wollen wir mal!« sagt der lange, hagere Herr, ergreift den ominösen Beutel, hängt sein schottisches Cape darüber und trottet hinter mir her wie ein braver Ehemann.

Dann stürmt er aber auf das Flugzeug los und betritt es als erster.

»Entschuldigen Sie!« meint er, als wir uns auf den vordersten Sitzen anschnallen, »hier haben wir den dicksten Motorlärm. Falls die Konterbande spektakeln sollte ...«

Zwischen uns steht der Reisebeutel. Er wackelt hin und her.

»Ich bin gestern erst von Berlin weg, Frau Busch. Die ganze Stadt schwimmt in ihrer Vorpropaganda. Als alter Zirkusfreund: ergebensten Hals- und Beinbruch für die Premiere am 16. Mai!«

»Danke, danke, lieber Freund. Mein Herzchen klopft, wenn ich an unser Comeback denke in Berlin ...«

»Aber wieso? Die Zeitungen melden doch: Busch wieder Großzirkus mit 200 Leuten, 300 Tieren, 26 Programmnummern von Klasse ...«

»... und dazu acht Wochen Anlauf in der Provinz, in den Städten am westlichen Harz. Und ich muß sagen: meine Tochter hat ihre Sache gut gemacht. Das von ihr gestaltete Programm steht! Aber wir werden fleißig verdienen müssen, um die Gründungskosten hereinzubekommen!«

»Glaub ich gern. Was mag das heute kosten, ein neues Zelt und die Sitzeinrichtung dazu?«

»Chapiteau von 42 Metern 40 Mille, Gradin dazu 50 Mille, Wagenpark einschließlich Traktoren 140 Mille – um nur ein paar der größeren Posten zu nennen ...«

Der Professor bietet Zigaretten an. Der Lichtschein des Streichholzes scheint in das kleine Gefängnis gedrungen zu sein.

Felis trigris Bengalis stößt einen impulsiven Freiheitsschrei aus.

Lange Hälse bei den Umsitzenden. Und schon ist die Stewardeß herangeschwebt:

»Ist der gnädigen Frau nicht wohl? Darf ich mit einer Tablette ...?«

»Danke schön, liebes Fräulein.« Der Professor ist ganz Kathederwürde. »Danke, danke. Der kleine Schrei stammte von mir, ich komme nämlich aus Ägypten und habe meiner Frau vorgemacht, wie Kamele schreien!«

»Dann bin ich beruhigt! ... Ich glaubte schon ...« Die Stewardeß entfernt sich mit diskretem Lächeln. Der fröhliche Lügner wendet sich mir wieder zu:

»Sie haben Mut, verehrteste Freundin! Ringsum wieder einmal das große Zirkussterben, und Sie – Sie setzen Hunderttausende aufs Spiel ... Ist denn der Zirkus überhaupt noch eine Angelegenheit dieses Dezenniums der tausend Wandlungen?«

»Guter Professor – im Jahr 1955 werden wir den zweihundertsten Geburtstag des nachrömischen Zirkus feiern. In Wien hat's begonnen, im K. K. privilegierten Amphitheater haben sich im Mai 1755 dreitausend Menschen die erste Zirkusvorstellung angeschaut ... Etwas später konnten sich schon die berühmten englischen Reiter feste Zirkusgebäude bauen ... im 19. Jahrhundert begründeten in Deutschland Renz, Schumann, Busch ihre Dynastie, und in allen Ländern der Welt gibt es Zirkusse mit ruhmvollen Namen, die heute vegessen sind ... Neue Männer, neue Namen kamen, nicht alle hielten sich – – – aber was zur Spitzengruppe gehörte, das hat die Weltkriege und ihre Folgen überdauert. Und es sieht nicht so aus, als ob uns das Volk von seinem Herzen stoßen will ...«

Der Professor pflichtet bei: »Jaja ... sie blüht noch immer, im Sand des Roten Rings, umweht von den Odeurs de manège ...«

»Dank für Blumen, respektive für bewußte Blaue Blume der Romantik, lieber Herr Professor! Aber sagen Sie ... duftet das hier nicht plötzlich auch nach Parfum de manège?? Quel malheur! Schnell – stellen Sie den Frischluftpuster an!«

Die Frischluft rauscht. Doch, was der schwedischen Reisetasche entströmt, ist von penetranter Deutlichkeit.

Mein Begleiter enteilt zur Kombüse und bestellt dort: »Zwei Doppelgrogs, liebes Fräulein! Und recht schnell, bitte!«

Wir nebeln uns in Zigarettenrauch ein. Hinter uns zischelt es: »Frechheit! Stinketen Käs mit ins Flugzeug zu nehmen!«

Die Grogschwaden besiegen die Urwalddünste und deren Urheberin. Unser undichtes Baby ist eingedämmt, und auch ich spüre eine wohlige Müdigkeit und kippe meine Rückenlehne zurück:

»Hören Sie, Professor ... ich möchte eigentlich mal wissen, wieviele Totenscheine dem Zirkusgedanken, der Zirkusexistenz bereits ausgestellt sind! Schon in meiner Jugendzeit, kurz vor dem ersten Weltkrieg, sang man dem Zirkus Sterbeliedchen. Der Grund damals? Weil im Zeichen der Kinoschaulust, im Zeichen der ersten Motorisierung die speziellen Pferdenummern nicht mehr ein Drittel, sondern nur noch ein Viertel der Zirkusprogramme ausmachten. Ich habe das Protestgedicht noch im Kopf, das der Humorist Oskar Blumenthal meinem Vater ins Haus schickte:

> Vier Dinge gehören in unseren Zeiten
> zu den allerseltensten Seltenheiten:
> Ein *Nonsens*, der nicht in Musik gesetzt wird,
> ein *Zugstück*, das nicht als Plagiat verpetzt wird,
> ein *Preis*, der nicht neidisch umstritten wird,
> *und ein Zirkus*, in dem noch geritten wird!«

Der Professor lacht: »Interessant! Also schon der Blumenthal, der witzige Direktor des Berliner Lessingtheaters, hat dem Zirkus die große Frage gestellt: Soll das treue Zirkuspferd vom Hauptakteur zur Randfigur degradiert werden?«

Ich schüttle den Kopf: »So undankbar sind wir Zirkusleute nie gewesen. Und selbst das Publikum in seinen vielen und plötzlichen Umstimmungen hat niemals völligen Abschied von Pferdedressuren verlangt. Die Zeiten der ›Pferdemüdigkeit‹ dürften vorbei sein ... wir jedenfalls werden den wiedererstandenen Großcircus Busch, Berlin, mit einer stattlichen Pferdeparade eröffnen!«

»Es wird sich lohnen!« meint der Professor. »Das aus den Großstädten verschwindende Pferd bekommt allmählich Seltenheitswert! Und wenn es sich in seiner Hochform zeigt, wird es bestimmt wieder echte Manegensensation! Und wenn ich Sie auf eine andre kuriose Verschiebung im Tierreich aufmerksam machen darf: mit dem Pferd nimmt der Sperling Abschied vom Asphalt! Er vergißt seine Domestizierung und wird wieder ein richtiger Waldvogel. Versäumen Sie also nicht, in etwa zwanzig Jahren dafür zu sorgen, daß Ihrem Publikum ein Schwarm gutdressierter Spatzen vorgeführt wird!«

»Bitte anschnallen!« Das Leuchtschild flimmert den Befehl, die Stewardeß weckt die Schlafenden. Die Havel unter uns grüßt heimatlich.

»Ein freches Sperlingskonzert über der Manege – warum nicht? Der Zirkus als wandelndes, lebendes Naturkundemuseum – warum nicht auch diese Nebenaufgabe? Mit unserem exotischen Tierbestand sind wir ja sowieso der wirkungsvolle Zooersatz für die sieben Dutzend Mittelstädte und die vielen hundert kleineren der Bundesrepublik ... Jedenfalls, lieber Tigerbabywärter: der moderne Zirkus sucht und findet immer von neuem echte Funktion im großen Getriebe der Welt ... Auch bei unsrer Berliner Premiere in acht Tagen werden Sie vielerlei gedanklichen Umbau, Anbau und Versuch feststellen, um die Zirkusfreude so zeitgemäß zu gestalten wie die Sportfreude, die Freude am Technischen, die Freude an diesem ganzen aufgelockerten Lebensgefühl des 20. Jahrhunderts ... Gelingt uns das, wird der Zirkus sein drittes Jahrhundert bestehen ––– trotz Finanzamt, trotz Platznot in den Städten, trotz immer neuer Tariferhöhungen der Eisenbahnen. Trotz der Untergangsprophezeiungen, die wir nach altem Zirkusglauben ruhig als das Immergrün des Lebens betrachten wollen ...«

Vater hatte einstmals darauf bestanden: Mein erstes Erscheinen in der Öffentlichkeit sollte mich als distinguierte junge Dame zeigen, an der Seite eines distinguierten älteren Herrn in Frack und mit Ordenskette –– Vater und Tochter auf dem Presseball, einem der gesellschaftlichen Höhepunkte der Reichshauptstadt.

Im Atelier Becker, Tiergartenstraße, Anprobe über Anprobe. Rosa Tüll mit rosa Röschen, handgestickt in verschiedenfarbigsten Nuancen.

»Phänomenal!« sagten die Freundinnen, als sie die Abendtoilette musterten. Das ulkige Schlagwort aus dem Leutnantsjargon hatte die jeunesse dorée übernommen, zu der ich Halbflügge anscheinend nunmehr gerechnet wurde. Ich, die passionierte Einzelgängerin, ein in Trotz und Traum versponnenes Jungmädchen als Ballfee!

Fräulein Bärwald oder Baermann oder wie die Chefdirektrice im Atelier Becker hieß, ahnte wohl mein tiefes Bedürfnis nach Empörung und beeilte sich, mich durch Verengung des an sich wirklich schon zaghaften Dekolletés zu besänftigen.

Ich erschien zum Ball der Bälle in befohlener grande toilette. Mein Protest aber gegen die in meinen Augen völlig überflüssige Einführung in die Gesellschaft war deutlich sichtbar:

Von Natur aus mit den in unsren Tagen als »Marina Vlady-Locken« bezeichneten Ringellocken gesegnet, hatte ich selbige mit dem Lockenstab zu züngelnden Nattern aufgeputscht und zu einer Lockenfontäne aufgebunden, die mich wild berieselte.

Mein armer konsternierter Vater tat mir leid. Was da an seinem Arm durchs festliche Getümmel schritt, sah nicht aus wie sein holdseliges Töchterlein, sondern wie ein Hirtenmädchen aus dem tibetanischen Hochgebirge.

Dem Rudolf Herzog gefiel das eigenwillige Kind. Der damals vielgelesene Schriftsteller führte mich hoheitsvoll zum Tanz und nickte väterlich, als ich ihm gestand, daß ich mich nicht dem leeren Geschwätz der Salons, sondern der schöpferischen Einsamkeit hinzugeben gedächte.

Und Jahre später stehe ich wieder im Atelier Becker. Nicht mehr Opponentin, sondern eine Freundin, wenn auch nicht sklavische Anbeterin der Göttin Mode.

Ich bin jetzt Mitdirektorin, Mitinhaberin eines Weltunternehmens, und ich habe zu repräsentieren. Den modischen Knallprotzereien der diversen Neureichs der zwanziger Jahre weiche ich mit Verachtung aus. Die Direktrice des Hauses Bekker hat sich an meine höchstpersönlichen Entwürfe zu halten: in weißem Seidenchiffon wird sie die Große Robe klassisch-einfach arbeiten lassen, und auf dem Leipziger Brühl kaufen ihre Pelzkundigen die schönsten Hermelinfelle für das zur Abendtoilette gehörende Cape ...

Nicht, daß sich in meinen privaten Kleiderschränken der

Luxus breitmachte! Ich stand ja im harten Erwerbsleben. Der Alltag sah mich im braunen Lederjackett in der kalten Manege, auf dem Zirkushof, in der Schneiderei, bei den Tieren. Und am Abend saß ich zumeist am Schminktisch und hatte wie jeder andere Darsteller oder Artist der Glocke des Inspizienten zu gehorchen, um als Fürstin oder Bettlerin, als Dollarprinzessin Vicky oder als indische Göttin Durgha, als Mondfee oder als Lady Hamilton im Mittelpunkt unsrer Schauspiele zu erscheinen.

Die weibliche Lust an schönen Kleidern, die Freude an Wechsel und Wandlungen, an Steigerung und Vermummung habe ich an vielen tausend Manegeabenden auskosten dürfen. Wie apart auch manchmal die Einfälle der internationalen Mode sein mögen – sie sind letztlich nur ein à conto auf die wahren, fernsten Kleiderträume einer Frau von persönlicher Geltung. Sie erfüllen nur zum Teil ihr Kleiderwunschbild, sie schenken nicht den künstlerischen »Kleiderrausch«, der von den Männern belacht wird, weil er ihnen unverständlich ist.

Dank dem Freund und Gestalter meiner letzten großen Pantomime »Die Schlange der Durgha«! Lächelnd hörte sich Professor Haas-Heye an, wie in meinen Impressionen die Göttin der Güte mit überirdischem Glanz aus dem Dunkel irdischen Elends aufsteigen müsse.

Der Professor nahm meine Bleistiftskizzen mit, er konturierte und kolorierte sie mit seinem empfindsamen Geist, mit der visionären Kraft des Malers, und er schuf das »Kleid meines Lebens«, in dem ich als verklärte Himmelsgestalt in einer Silberwolke entschwand. Dieses Kleid wäre würdig gewesen, in einem Kunstgewerbemuseum als vollkommenste Inkarnation einer Idee aufbewahrt zu werden.

Im Breslauer Circus Busch ist mein göttlicher Kleidertraum verbrannt. Und ich ging im schafledernen Kutscherpelz auf die Flucht, hinein in die dickste Finsternis meiner langwährenden Zirkusnacht.

Heute, im fliedersüßen Mai des Jahres 1952, wollen Paula und Micaela Busch wie Phönix aus der Asche steigen. Und Berlins bester Salon wird die beiden Wundervögel anziehen, wenn sie gemeinschaftlich vor ihr Berliner Publikum treten. Sie beide verstehen die schwierige Kunst, sich mit hochoffiziellen Schleppenkleidern auch im tiefsten Sand einer Manege aimabel zu bewegen ...

Oben, im Restaurant des Berliner Funkturms, sitzen wir mit Freunden von der Presse des In- und Auslands. Und hinunter blicken wir auf unsre Wiedergeburt: auf das lindgrüne Riesen-Chapiteau, umschlossen von weißsauberen langgestreckten Stallzelten und von einer Wagenburg, die in strahlenden Farben vielhundertmal aufleuchten läßt:

CIRCUS BUSCH BERLIN

Diese Wagenburg
ist die Heimat für 200 Menschen und 300 Tiere

Man holt mich ans Fenster. An den Masten der Fassade werden festliche Flaggen aufgezogen – die traditionsreichen Farben des Vaterlands, die Europafahne als Glaubenszeichen einer neuen Menschheit, die Flaggen der europäischen Nationen und ––– die Menschenmenge auf dem Zirkusplatz bricht in lautesten Beifall aus ––– an den beiden Flankenmasten steigt langsam der Berliner Bär hoch – seit 672 Jahren das Wappentier meiner Heimatstadt ...

Und in dieser Minute, da wir Buschens wirklich wieder zu Haus sind ... da mir, ich kann's nicht verhindern, dicke Tränen ins Sherryglas tropfen, überbringt mir unser Geschäftsführer ein Telegramm. Es hat mich schon am Rhein-Main-Flughafen erreichen sollen, aber da war ich bereits mit meinem Tigerbaby in der Luft.

Das Telegramm kommt von Ernst Reuter. Ein Stadtvater schickt einer Tochter der Stadt sein Willkommen. Er, der

Vor dem Comeback in Berlin

wahrhaft große Politiker und Mensch, tut dies mit schlichtherzlichen Worten. Es ist eine Botschaft, erfüllt von seinem ewigen Glauben, der auch der meine ist: das gute Werk wird gute Früchte tragen.

Wenige Stunden später an diesem 16. Mai 1952. Fräulein Elly, die treue Seele, hängt im Wohnwagen der Juniorchefin die »Gedichte« aus silberdurchwirktem Seidentaft zurecht, arrangiert Sonderbeleuchtung des Toilettetisches, stellt eine Wache gegen jede Störung vor die Tür und sie, die Friseuse und eine Abgesandte des Modesalons, beginnen die »Kostümierung« der beiden Zirkusdirektorinnen.

»Wie im Märchen ...«, sagt Zirkusassistentin Elly sarkastisch.

»Vom Grafenschloß ins Armenhaus und wieder retour ... Vor bald zehnmal *sieben* Jahren begannen Glanz und Herrlichkeit. Vor zweimal *sieben* Jahren ging das Unglück los, als Sie Ihren Berliner Zirkus verloren. Vor genau *sieben* Jahren lag die Flüchtlingsfrau Paula Busch in einer Görlitzer Hinterstube auf den Tod und hat ausgesehen wie ein Gruftgespenst aus der Peter-Paul-Kirche ... und nun, und nun ...«

»Sei still!«, brummte Micaela, »vielleicht wollen die Berliner nix mehr von uns wissen, und du mußt dann wieder mit dem Blechteller kassieren gehn auf dem Dorfanger ...«

Aber es sieht nicht so aus, als ob die Busch-Premiere unter Ausschluß der Öffentlichkeit stattfinden würde.

Das vierzig Mann starke Blasorchester der Berliner Verkehrsgesellschaft ist vor der Zirkusfassade aufmarschiert und bringt ein erstes Ständchen –– wie vor einem halben Jahrhundert den Vater der Musikzug seines alten Regiments an Ehrentagen begrüßte.

Lauter Wortwechsel bricht auf der Treppe zu unsrem Wohnwagen aus. Eine männliche Stimme besteht energisch auf Einlaß.

Es ist der Anführer einer Ehrengarde, die von der Schornsteinfegerinnung entsandt wurde. Wir lassen ihn ein. Im vollen Berufsornat tritt er vor uns, schwenkt Kugel und Besen zur Begrüßung und meldet, daß er mit zwei Dutzend seiner Kollegen als Glücksbringer »für Paula'n und unsa'n alten Circus Busch«

fungieren werde. Ich biete ihm lächelnd die Stirn, und er setzt mir einen kohlrabenschwarzen Glückspunkt zwischen die Augenbrauen ...

Die Kassen sind längst ausverkauft. Das letzte Abendlicht spiegelt sich auf den Wagendächern der nur noch mühsam zu ordnenden Autokarawanen, und der Widerschein unsrer lichtgleißenden Fassade liegt auf tausend und aber tausend enttäuschten Gesichtern.

Sie hellen ein wenig auf, als ich durch Lautsprecher meinen Gruß, meinen Dank über den weiten Platz schicke.

Ich bin tief gerührt, als mir unsre sechs Kassiererinnen später große Mulden mit Blumensträußen überbringen: »Jeben Sie det Paula'n und saachen Sie ihr, ick wär jern bei ihr'n Ehrentach dabeijewesen!« So haben viele Berliner an den ausverkauften Kassen gesprochen.

Kurz vor Mitternacht des 16. Mai 1952 geht die Premiere des wiedererstandenen Circus Busch ihrem Ende zu.

Die Mitwirkenden von fünfundzwanzig internationalen Weltnummern ordnen sich zum Finale, zur Schlußparade, ziehen ein, verhalten in der Mitte, um stürmische Beifallsnachzahlung in Empfang zu nehmen, und reihen sich dann am Manegenrand auf.

Ja – zu guter Letzt müssen sich wohl die beiden Chefinnen des Circus Busch noch einmal in Dank verbeugen.

Vor vier Stunden, als ich ans Manegenmikrophon trat, um den Circus Busch »zurückzumelden« in seine Heimat Berlin, hat sich bei den Worten, die der alten Reichshauptstadt, die meinem Vater und den Zirkustriumphen in unsrem Prachtbau an der Spree galten, manches Auge mit Tränen gefüllt.

Dann aber ist man aufgesprungen, und mit Händen und mit Füßen hat man klatschend und trampelnd ein minutenlanges Bravogedröhn veranstaltet: Buschens haben es wieder geschafft!

Jetzt aber, in der Mitternachtsstunde, weiß man, daß Circus Busch in schönster Form wieder da ist. Aschenputtel hat die Schüssel Linsen, die das Schicksal ihm vor die Füße geworfen, geduldig aus Trümmerschutt und Landstraßenstaub aufgelesen. Aschenputtel ist im stolzen Kleid aufs Fest des Lebens zurückgekehrt.

16. Mai 1952
Wiedereröffnung des Circus Busch Berlin

Das pompöse Eröffnungsprogramm wird 300000 Berliner begeistern, und 300000 Hamburger und 400000 Menschen im Verlauf der weiteren Tournee.

Langsam schreiten Mutter und Tochter hinein in das Meer der wogenden Farben, der schmerzhaft grellen Lichter, der donnernden Kapellen, der heißen Flut von viertausend Menschenstimmen.

Wir können nicht winken, denn unsre Arme werden vollgestopft mit schweren Blumensträußen. Wir können keinen Schritt vorwärts oder rückwärts, denn wie bei einer Denkmalweihe umlegt man uns mit riesigen Schleifenkränzen, mit Blumenkörben, mit Plüschbären, Sektgebinden, Mammut-Likörflaschen.

Die Wochenschaumänner arbeiten sich heran, buddeln unsre Gesichter aus dem Blumenhain und drehen rasch ein paar Meter.

Schon längst ließ der Abendregisseur die Ausgänge öffnen. Die Kapellen intonieren »Muß i denn, muß i denn ...« Es ist alles vergeblich. Unsre Berliner pfeifen auf ihre letzten Verkehrsanschlüsse, sie stehen und applaudieren und lassen uns in Sprechchören hoch, höher, am höchsten leben.

Die Pferde in der Manege werden unruhig, unsre Elefanten trompeten. Auf dem größten thront Tarzan, der Herr der Tiger. Wie der Dirigent eines Riesenorchesters hebt er zu den letzten Takten beide Hände – dann dreht sich auf leises Kommando unsre »Tine«, bahnt stallwärts eine Gasse, und hinter dieser grauen Mauer können wir uns schicklich und endlich zurückziehen.

Eine Stunde später. Drüben, im Restaurationszelt, ist noch Hochbetrieb.

»Hier, Madame!« Eine Taschenlampe blitzt auf, aus dem Schatten meines Wohnwagens tritt ein älterer Mann.

Er geleitet mich am Gatter des Platzes entlang, hebt einen Zaunteil aus, läßt mich durch, verschließt die Lücke wieder und führt mich zur Seitenstraße, wo jene Victoria wartet, mit der vor wenigen Stunden die Wasserminna, angetan mit einer Seidenrobe des vorigen Jahrhunderts, in die Manege gefahren ist, um huldvoll die Ovationen ihrer Berliner entgegenzunehmen.

Auch jetzt sitzt sie, heiter ihre Zigarette paffend, im blauen Polster.

»Na, Minnecken?« Ich steige ein.

»War det scheen, Madame!« Fräulein Minna Schulze drückt mir die Hände.

»Max – wir fahren über den Reichskanzlerplatz und ein Stück die Heerstraße hinunter ... Luft schnappen!«

»Ist recht, Madame. Auch den Pferden wird's gut tun, die haben den ganzen Tag gestanden!«

Minna, in der Positur einer alten Reichsgräfin, blickt zu den Frühlingssternen: »Wenn det der olle Rat noch mitjekricht hätte! Det Schapitoh mit die vornehme jrine Farbe, die elejanten Uniformen von's Orchesta und von's Personal ... un wie die Berlina jeheult haben bei Ihre Rede – mir inklusive!«

»Mir is dabei ooch ganz anders geworden, Madame!« bemerkt Max, der Kutscher, ohne sich umzudrehen.

»Jaja, liebe Kinder ... wir haben eben zu viel durchmachen müssen. Und scheint uns endlich wieder ein Stück Sonne, kriegen wir nasse Augen. Hören Sie, Max – fahren Sie am Reichskanzlerplatz mal scharf an den Bürgersteig!«

Im mäßigen Licht dieses Platzes hocken einige schwärzliche Großruinen, auf den guterhaltenen Gebäuden der Südseite weht die englische Flagge, ein plumpes Wasserbassin neueren Datums macht diese westlichste Verkehrsdrehscheibe Berlins nicht großstädtischer.

Aber eine wirkliche Weltstadtavenue durchschneidet den Platz. Ostwärts laufen die flimmernden Lichterketten des Kaiserdamms ins alte Herz von Berlin: zur Siegessäule, zum Brandenburger Tor, zu den Linden, zur Spree, an deren Ufer vor siebenundfünfzig Jahren Paul Busch in millionenteurem Zirkuspalast seine Premierengäste empfangen hat.

Und westwärts, am Saum der großzügig angelegten Heerstraße, war Vaters private Residenz gelegen, seine schöne, weiträumige Grunewaldvilla.

Ich erhebe mich im Wagen und blicke stumm hinunter zur Siegessäule, hinter der im Nachkriegsfieber eine gespenstische Grenzmauer aufgewachsen ist.

Liebe Straße zwischen den zwei Polen meines Lebens! Wie viele hundert Nächte hat unsre Victoria, unser Coupé, diese fünfzehn Kilometer zwischen Berlin C2 und dem Grunewald zurückgelegt!

Todmüde lag ich oft an der breiten Schulter des aufrecht sitzenden Mannes, der mich in seinen weiten Havelock mummelte und der in Stichworten, die mehr Selbstgespräch als Mitteilung waren, an den nächsten Tag dachte:

»Weißt du – Hundenummer glattes Malheur! Dem Mann Gage auszahlen und ihn nach Haus schicken!«

»An den Opernintendanten Dankschreiben raus! Hülsen-Haeseler hat uns seine ›Nibelungen‹-Figurinen für die nächste Pantomime überlassen!«

»Die Martha soll mal ihre Reitschleppe besser ausbürsten lassen! Den Staub sieht man ja bis zur Galerie!«

»Heda, Florian! ... Hören Sie nicht, daß die Pferde falsch traben?«

»Paulchen, tu mir den Gefallen: Wenn die Schulreiterin umsteigt und das Ballett sich am Sattelplatz gruppiert – das ist ein toter Punkt im ersten Teil! Der muß weg!«

»Ja, Papa!« versprach ich und machte mir in meine lange Halsuhrkette heimlich einen Knoten. Der Herr Rat schätzte nicht, an einen seiner Aufträge erinnern zu müssen.

Aber dann, wenn »unsre« Straße die letzten Häuser von Charlottenburg verließ und dem Grunewald zulief, dann reckte sich der alte Herr, dann nahm er sichtbar Abschied vom businesstrend, von Reitschleppen, von schlecht exerzierten Kaskadenritten, vom Vor- und Rückwärtssteiger »Hassan«, der ihm am Vormittag Ärger gemacht hatte. Aus, vorbei, Feierabend!

Fuhren wir an den ersten Grunewaldkiefern beim S-Bahnhof Heerstraße vorbei, fielen die Pferde von selbst in Schritt, pfiff der Rat leise ein paar Takte aus dem »Frühlingsstimmen«-Walzer, und wir waren Menschen. Nachts um ein Uhr waren wir Menschen, und nur ein Stück Waldweg entlang.

Denn im Wintergarten der Villa, neben den Teetassen und der Rotweinkaraffe lagen vielleicht schon wieder Telefonzettel:

Engagement der südamerikanischen Flugnummer geplatzt! Oder Alarm aus dem Marstall: ein Tigerschecke aus dem Zwölferzug wälzt sich im Kolikanfall ...

Der treue Privatkutscher Florian mußte später dem Privatchauffeur William weichen. »Meine« Straße war unruhig geworden. Revolutionszeiten! Und später dann die Motorisierung des Tag und Nacht brausenden Großstadtverkehrs.

Was aber schlimmer war: Vater saß nicht mehr neben mir! Er hatte mich auf immer verlassen, und allein fuhr ich in meinem Steyr-Kabriolett, allein mit meinen Sorgen, mit dreifacher Direktionslast der Häuser in Berlin, Hamburg und Breslau.

Du, liebe Straße, verstärktest immer mehr dein Mitternachtslicht. Grelle Reklamesonnen schossen ihre Strahlen ins Auto. In den dicken Aktentaschen neben mir ruhte der unerledigte Schreibtisch des Arbeitstages. In meinem Hirn formten sich Szenen des Finales der nächstfälligen Pantomime, kobolzten Rapportziffern, trat manches Mal als advocatus diaboli die dunkle Lebensfrage: Warum, wozu dieses überdrehte, überhitzte Tempo, das mir nur Minuten zur persönlichen Besinnung erlaubte und mir alle Wesensruhe nahm?

Straße zwischen Spree und Grunewald – du, mein Stück Lebensstraße ... in deine Nähe bin ich nach langer, gefährlicher Irrfahrt zurückgekehrt.

»Weiter, Max!« Ich lasse mich in den Fond des Wagens fallen.

»Kommt, Kinder, wir trinken noch irgendwo einen Schluck!«

»Madame hat die Spendierhosen an!« stellt Minna befriedigt fest.

Die Pferde laufen. Der Funkturm glitzert wie ein buntgeschmückter amerikanischer Christbaum. Im Gebüsch der Villengärten sitzen die Nachtigallen und hängen ihre süßklingenden Tongirlanden zwischen die nachtschwarzen Zweige, und das Trommeln der Pferdehufe stört sie so wenig wie das Kurvengekreisch der letzten S-Bahn.

Max biegt rechts ab, hält vor einem kleinen Lokal. Das ist noch gut besetzt. Auf der dunklen Veranda lassen wir uns nieder.

Frau Wirtin bestaunt die nächtlichen Herrschaften per Kutsche. Sie erkennt mich und will mit lautstarker Herzlichkeit ihre Begrüßung loslassen.

»Wollen Sie wohl, liebe Wirtin ... kein Wort im Lokal ... und ganz unauffällig eine Flasche Sekt für uns, bitte ...«

»Aber ja, Frau Busch ... Nein, so'n Schreck in der Abendstunde ... Ich hol schnell 'ne Pulle aus dem Keller!«

Schnell? Keine Spur. Endlich kommt die Gute angehuscht. Den Sektkühler hat sie in einen wandelnden Fliederbusch verwandelt, und neben ihm steht eine Wurstplatte.

»Det is *mein* Glückwunsch for'n heutigen Tag, Frau Direktor! Die Leberwurst haben Sie doch immer gern bei uns gegessen ...« Schon ist sie entschwunden.

Max, schon oft Serviceraushilfe in meinem Haus gewesen, öffnet lautlos den Sekt. Minna erhebt sich, den Kelch in der Hand. Das gelbe Licht einer Straßenlaterne fällt ein wenig auf ihr Schwarzseidenes.

Minna flüstert, und ihre Stimme klingt noch eine Etage tiefer: »Madame ... im ersten Akt fuhrn wa in 'ne joldne Karosse, im zweeten Akt laachen wa alle Mann in die Josse, un in drittn Akt sitzn wa jottseidank wieda in' Landauer! Hochachtungsvoll! Die Wasserminna!«

»Verrücktes Mädchen!« Unsre Gläser läuten diskret gegeneinander.

Drin im Lokal dicke Diskussionen von wechselnder Windstärke. Es geht um den Berliner Polizeipräsidenten und um Jakob Tiedke, den Senior der Berliner Schauspieler.

»Hat der Dr. Stumm jekiekt, als er keine Krawatte mehr am Halse hatte!«

»Un wie der jute alte Tiedke beinah die Hosen valorn hätte, wie ihn der ›Dieb von Bagdad‹, dieser Borsuks, mitten in die Manege de Hosenträger vor alle Leute abjeknöppt hat, ohne daß er's merkt!!«

»Na, uff jeden Fall – det Programm in der Paula ihrn Zirkus is ne Bombe! Da looft janz Berlin hin!«

Und plötzlich verstummt das Stimmengewirr. Bums, pautz ––– die drei Außenlampen über unsrer Veranda leuchten auf –– wir sitzen im vollsten Licht –– unsre Pferde auf der Straße ziehen erschreckt an.

Paula Busch, die Grande Dame des deutschen Zirkus

Die etwa zwanzig Gäste des Lokals stimmen an: »Solang noch Unter'n Linden ...« und schon kommen sie in Zweierreihe heraus, umringen uns, und ein richtiger Urberliner tritt vor mich hin und sagt treu und schlicht:

»Paula – dette wieda da bist! Un hör zu: wenn wa endlich wieda *ein* Berlin sind ... West- und Ostberlin wieda *eine* Stadt, wie wa det siebenhundert Jahre jewesen sind ... dann kriegt Paula Busch ooch wieda ihrn festen Zirkusbau! Da werden alle Berliner für sorjen! Det jeloben wa dir in diese Stunde!«

Ich gebe jedem Teilnehmer dieser nächtlichen Rütli-Szene fest die Hand.

Wird mir das Schicksal noch letztes Glück gewähren, in einem wiedervereinigten Berlin den Circus Busch so fest und wohlbegründet aufzubauen wie einst Vater Busch an der Spree?

Nina, die schottische Schäferhündin, sitzt neben mir. Und nach rechts flankiert mich Jupp, der rabenschwarze Neufundländer.

Und vor dem Fenster, im Astgewirr der Weymouthskiefer, warten meine beiden Hörnchen: Eichhörnchen Wotan (einäugig) und seine Frau Mariechen.

Und außerdem habe ich den Balkonfutterkasten für meine fünfzig Spatzen, meine acht Rotschwänzchen, meine Amseln, meine beiden Kernbeißer, meinen Freund Grünspecht noch nicht fertiggemacht.

Verstehen Sie, nachsichtiger Leser, daß ich jetzt resolut das Buch meines Lebens zuklappe? Schluß, Punkt, Streusand drüber, wenn's noch welchen gäbe.

Also entschuldigen Sie, ich muß meine Tiere füttern gehen. Und schönsten Dank fürs Zuhören und vielleicht auch fürs Miterleben des »Spiels meines Lebens« durch ein paar Jahrzehnte, die doch ein Nichts sind vor der großen Ewigkeit.

INHALT

ERSTES KAPITEL

Ein Zirkuspalast ist zum Tode verurteilt · Zimmermädchen Lisbeth und die Dame von Nr. 6 · Audienz bei Hermann Göring · Vierzig Millionen Besucher in vierzig Jahren · Das »Monstre-Tableau von sechzig Hengsten« · In Vaters Loge versagen die Nerven 8

ZWEITES KAPITEL

Paul schenkt seine »Goldene Mücke« einem armen Artistenkind · Im Circus Salamonsky-Odessa zieht einer die Pistole · Die Feuerwehr rast zum Berliner Markthallen-Zirkus · Eine gefeierte Kunstreiterin wird Krankenschwester 17

DRITTES KAPITEL

Ohrfeigen vorm dänischen Kronprinzen · Zehn Runden »Pas de bas« · Fürst Leszcynski hat ein Fräulein im Nachthemd auf dem Schoß · Mein Gastspiel in »Münstedts Zwergentheater« · Ein Kind beschloß, »Kapitalist« zu werden · Die Demütigung am Hackeschen Markt 29

VIERTES KAPITEL

Adolph v. Menzel und seine »Weiße Dame« · Meine berühmte Stiefschwester Maria Dorée läßt sich entführen · Das Konfirmationsgeschenk der Kaiserin · Sondermaßnahmen, wenn sie in den Circus Busch kam · Stallmeister Adolf bäckt Klöße für Elefantenbabies 41

FÜNFTES KAPITEL

Zum Geburtstag: Ponys, Jagdwagen und Groom · Thomas, der Küchenschabenfresser und postillon d'amour des Zirkus · Eine Oberprimanerin liebt Plato · Im Wiener Circus Busch stürzt ein Goldgebirge aus der Zirkuskuppel herunter · Abitur mit Rosen und Tränen 54

SECHSTES KAPITEL

Der Rector magnificus will zu meiner ersten Premiere kommen · Zirkuspracht mit 235 Pferden · Madame Constanze Busch möchte den ersten Kinematographen kaufen · Russische Botschaft protestiert gegen eine Zirkuspantomime, und Mutter rächt sich · Wie der gagman Georg Footit arbeitete . . . 65

SIEBENTES KAPITEL

Paul Busch besitzt acht Millionen Goldmark und ist unglücklich · Wettfahrt mit Wilhelm II. auf dem Kurfürstendamm · Heimliche Trauung im Londoner Kleinleuteviertel · Monstretableau mit hundert Pferden · Die Blaue Blume der Romantik im Roten Ring · Vineta will nicht in den Fluten versinken 78

ACHTES KAPITEL

Am 9. November 1918: »Imma rinn, Jenossen!« · Der Arbeiter- und Soldatenrat auf der Elefantentonne · Domglocken läuten Sturm, und das Licht geht aus · Liebknechts Avantgarde erscheint · Mitternachtserinnerungen an den Zirkuskrawall von 1903: Koch legt Eberle auf die Matte 93

NEUNTES KAPITEL

Ottilie Pfannstiel, Balletträtin · Als sich noch die Zirkuskutscher nachts im »Mimieren« übten · Graf Yorkens Schlachtroß als Nachtgespenst · Gottfried speist mit dem Rentier »Fritze« aus einem Topf · Die berühmte Wasserminna verunglückt mit dem »Haifisch-Torpedo« · Eheabschiedsmittag bei Kempi · Ausklang eines schwarzen Freitags 106

ZEHNTES KAPITEL

Im Zirkusfundus hängen 5000 Kostüme · Professor Haas-Heye zerschneidet ein Vermögen für die neue Pantomime · Mimiker Terzy mit der untergeknöpften Wärmeflasche · Über den Umgang mit Riesenschlangen · Man soll nicht brennend auf ein Pferd springen · Der Zauberring der Durgha . . 118

ELFTES KAPITEL

Ich schlage mein Artistenalbum auf · Zwergclown François reitet auf einem Dackelpferd in den Weltruhm · Renzens Chefclown vor dem Boudoir der Constanze Busch · Ich lerne Clown-Dompteuse beim Trio Fratellini und »arbeite« vor der Kronprinzessin · Die Rasso-Krawatte: jeder Mann ein Kraftmeier! · Als Vom-Auto-Überfahrenwerden noch eine Zirkusnummer war · Ich schenke den Sachsen einen neuen August den Starken · Mister Houdini und die preußischen Schutzleute · Der Herr, der Frösche ohne Mostrich aß · Kapitän Schneiders Löwen fressen täglich zwanzig Märtyrer · Yoghi Blacaman mit dem lila Totenhemd · Zwei denkwürdige Geburtstage mit der *Weißen Dame* 127

ZWÖLFTES KAPITEL

Ich will in den Löwenkäfig reiten · Als mich Claire Heliot auf ihren »Sascha« setzte · Sprungtuch unter dem »Magnetischen Stern« · Löwin »Roma« springt, und Pferd »Sultan« geht in die Knie 163

DREIZEHNTES KAPITEL

Die schwarze Farbe steht bereit · Von der Wellblechrotunde zum Zirkustheaterbau · Was dem Zirkusfilm fehlt · Wie ich zu einem Meister der Zirkustechnik kam · Im Reitergang schlafen Kriegsgefangene · Die ersten Bomben gehen ins Kostümmagazin · Zeigen Sie mir Ihr scharfgeschliffenes Messer! · Der Jacko und der Blockpuster 183

VIERZEHNTES KAPITEL

Letzte Kriegsweihnacht auf unserem Gut Mühlatschütz · Breslau wird Festung, Circus Busch in Nacht und Schnee auf der Landstraße · Millionenwerte gehen hinter vernagelten Scheunentoren verloren · Sechzig Menschen mit achtzig Tieren sitzen in Bad Warmbrunn fest · Die Rote Armee marschiert ein · »Nix gut die Tänzerin mit den nackten Beinen« · »Frau gehen, Polen kommen!« sagt der Sowjetkommandeur 194

FÜNFZEHNTES KAPITEL

Momentaufnahmen vom »Circo Internazionale« · Der Traum am Bombentrichter · Banditen springen auf meine Ferkelequipage · Wie wir kurz vor Grenzschluß über die Neiße gekommen sind · Ich kriege ein Kamelbaby und die Rote Ruhr · Wollen wir in Görlitz verhungern? · Circus Busch macht wieder 300 Kilometer und spielt auf dem Dorfanger · Mit dem Blechteller am Kollektetisch 207

SECHZEHNTES KAPITEL

Ein Zirkustreck zieht in seine geschlagene Heimatstadt ein · Ich suche meine Schulpferde in der Dresdner Sarrasani-Ruine · Als Micaela Busch mit ihrem »Bornas« ins Orchester stürzte · Die blaue Wollhose der Frau Direktor · Die Astra-Schau im Berliner Zoo · Der Bankier mit der Goldmillion im Hintergrund · Ein Hoffnungsstern: das Berliner Planetarium · Wie der Hamburger Zirkus im Bombenregen unterging · Drei Faustschläge des Schicksals, und wieder ist alles vorbei 219

SIEBZEHNTES KAPITEL

Tigerbaby als blinder Passagier bei PAA · Der Zirkus ist zweihundert Jahre alt, wie kommt er über das dritte Jahrhundert? · Naturkundemuseum auf Rädern · Nicht nur Pferde, sondern auch Sperlinge werden großstadtselten · Vom Kleiderrausch einer Frau · Ernst Reuters Telegramm zum Comeback · Elefant Tine setzt den Schlußakt bei der Premiere von 1952 · Die Krawatte des Polizeipräsidenten · Mitternachtsgespräche mit der Wasserminna 250